浙江省普通高校“十三五”新形态教材
高等教育 iPraclass 新形态教材

生涯规划体验手册

主　审　吴小英
主　编　王　丽　胡惠庆
副主编　沈陆娟　徐　竞　祝世海　郭祺佳
参　编　张英英　边玉臣　王春丽　蒋艳燕
　　　　汪燕春　郑克明　龚晓陶　徐　静
　　　　张慧敏　董才安　王菲菲

北京理工大学出版社
BEIJING INSTITUTE OF TECHNOLOGY PRESS

图书在版编目（CIP）数据

生涯规划体验手册 / 王丽，胡惠庆主编. —北京：北京理工大学出版社，2020.5（2023.8 重印）

ISBN 978-7-5682-8363-2

Ⅰ. ①生… Ⅱ. ①王… ②胡… Ⅲ. ①职业选择-高等学校-教材 Ⅳ. ①G647.38

中国版本图书馆 CIP 数据核字（2020）第 059796 号

出版发行 / 北京理工大学出版社有限责任公司
社　　址 / 北京市海淀区中关村南大街 5 号
邮　　编 / 100081
电　　话 /（010）68914775（总编室）
　　　　　（010）82562903（教材售后服务热线）
　　　　　（010）68944723（其他图书服务热线）
网　　址 / http：//www.bitpress.com.cn
经　　销 / 全国各地新华书店
印　　刷 / 涿州市新华印刷有限公司
开　　本 / 787 毫米 × 1092 毫米　1/16
印　　张 / 16.5
字　　数 / 387 千字
版　　次 / 2020 年 5 月第 1 版　2023 年 8 月第 4 次印刷
定　　价 / 43.00 元

责任编辑 / 江　立
文案编辑 / 江　立
责任校对 / 周瑞红
责任印制 / 施胜娟

前 言

党的二十大报告提出："促进高质量充分就业"，要实现更加充分、更高质量就业，抓住重点群体是关键。职业生涯规划教育可以让我们明白"我要去哪里""我该选择什么样的生活"，远远比"我该如何成功""我该怎么应对某事"更为重要和迫切。我了解，适配不是唯一的目标，适合也未必是最好的，特别是随着易变性生涯时代的到来，职业世界有着更多不确定的因素。对于学生而言，重要的是学习"规划"与"应变"、学习"适应"与"发展"，倾听内心的声音、了解自己的生涯主题；洞察工作世界的需求，与所在的组织积极地互动；扩大人际交往，积累人力资本；努力在现有的工作中"发掘兴趣""培养技能""寻求真我价值""持之以恒地学习与成长，从学习、经验中打造自己核心的职场胜任力""明晰自己想要的生活模式、创造自己想要的人生"，生活就会慢慢往你要的方向发展。当我们以好奇、乐观、热诚、开放的态度去对待生涯时，我们想要的生涯就"如影相随"了。

我们相信世界上没有适合每个人的人生时间表，也不存在每个人都应该追随的热门职业。每个人都有自己成长的速度和方向，每个人的生命都可能出彩，如果我们让教育充满温度，每个学生就有机会绽放生命的光彩——成长为自己最满意的样子。这个理念放在职场中，就是职业生涯规划教育的根本。

职业生涯规划是一门研究人如何能在职场中获得更多满意和幸福的学问。关于职业生涯规划的流派主要有 5 种：匹配论、适应论、发展论、经验论和建构论。匹配论认为人要主动选择与自己的特质相匹配的职业环境，才能获得成功与幸福；适应论认为人应该了解和适应各种工作环境，不断地学习新的技能；发展论认为人应该在发展的不同阶段完成阶段内的任务，包括职业和各个主要生涯角色，以获得人生的圆满与平衡；经验论认为生涯的发展不是被动而是一个主动建构的过程，人可以主动地寻找生活中的"角色榜样和良师益友"，并以此为经验学习有关生涯的知识；而建构论则更加后现代一些，认为每个人都有心中的最佳职业与工作的哲学，我们需要明晰自己的模式以找到自己最好的生活方式。

本手册主编之一系浙江水利水电学院基础社科部职业发展与职业核心能力教研室主任，负责的课程"大学生职业发展与就业指导"入选教育部首批大学生职业发展与就业指导全国示范课程。在教育实践中，我们发现：职业生涯规划课程是一门实践性很强的课程，其课程的实效性既体现在学生的"体验"与"分享"的参与度，也反映于学生"反思"与"感悟"的深度，这就有赖于教师对于教学情境的精心设计与组织，而任课教师大多是学工系统的年轻辅导员，教学经验有待提升，急需能够在课堂中使用起来的教学辅助用书。因此，笔者联合国内一些职业生涯规划课程的主讲教师一起编写了这本手册。训练手册的特点是实用性强、操作性强，可作为本专科学生的课堂训练手册，也可用作教师的教学参考用书。在编写的过程中我们引进了最新的生涯规划理论，突出大学生职业生涯规划课程的经验性、实践性、活动性特点。在手册中每一单元都设置四大模块，通过各模块的练习、阅读、案例分析，能有效激发学生的主动性和参与性，提高教学效果。

一、感悟与训练

职业生涯规划课程的组织要“讲”“练”结合，以“练”带“讲”，在某种程度上，教师在课堂教学中更多地承担了教练者的角色，引导学生积极投入课堂活动，并与小组成员分享互动。

二、职场案例与生涯故事

本手册提供了大量真实典型的职场案例和生涯经典小故事，任课教师可灵活引入小故事，讲授相关理论，也可引导学生对案例进行有针对性的讨论，提高学生对相关问题的认识。

三、相关阅读与专家视角

编写了大量与教材内容相关、互为补充的知识，供学生课后阅读，专家对案例的剖析和解释能引导学生真正地了解职业生涯规划在职场的运用。

四、实践项目

与教材配套，设计了若干实践项目，要求学生完成，深化课堂教学效果，引发生涯行动。

作者在编写本书的过程中参阅了大量已经出版的相关书籍，一些 GCDF 的职业咨询案例。部分材料来源于知遇网、中国 GCDF 联盟、中国职业规划网等专业网站；部分作业示例来自笔者所在学校的学生作业；其中穿插了笔者辅导的一个学生生涯规划比赛案例，这个案例的辅导技术借鉴了后现代生涯咨询的一些方法，比较完整，故事性较强，可以帮助阅读者深化对职业生涯规划知识点的理解。非常感谢这些同学，特别是贯穿式案例的提供者——计算机系 2010 级应用专业孙陆明同学，他提供了参加浙江省职业生涯规划比赛的获奖作品《游戏策划 创我人生》。

编　者

目　录

第一单元　职业发展与规划导论 …… 1
一、感悟与训练 …… 1
活动一　畅想 20 年——新闻发布会 …… 1
活动二　我的生命线 …… 2
活动三　认识你的生活角色 …… 4
活动四　我的旅游计划 …… 5
二、职场案例与生涯故事 …… 6
三、相关阅读与专家视角 …… 9
四、实践项目 …… 11
第二单元　兴趣探索 …… 15
一、生涯探索与训练 …… 15
活动一　我的爱好 …… 15
活动二　我的愿望 …… 17
活动三　六岛环游 …… 18
活动四　我的喜好我的梦 …… 19
活动五　我的爱好与职业探索 …… 21
活动六　兴趣探索小结 …… 31
二、职场案例与生涯故事 …… 31
三、相关阅读与专家视角 …… 36
四、相关安全 …… 37
第三单元　性格探索 …… 44
一、感悟与训练 …… 44
活动一　发现你的 MBTI 类型 …… 44
活动二　讨论与观察 …… 45
活动三　讨论 …… 45
活动四　描述 …… 46
活动五　手工活动 …… 47
活动六　讨论 …… 47
活动七　分组讨论 …… 48
活动八　分组讨论 …… 48
二、职场案例与生涯故事 …… 48
三、相关阅读与专家视角 …… 51

四、实践项目 …… 52
第四单元　能力与技能探索 …… 61
一、感悟与训练 …… 61
活动一　能力卡片 …… 61
活动二　初识我的能力与技能 …… 62
活动三　完形填空 …… 62
活动四　成就事件练习 …… 63
二、职场案例与生涯故事 …… 64
三、相关阅读与专家视角 …… 66
四、实践项目 …… 67
第五单元　价值观探索 …… 77
一、感悟与训练 …… 77
活动一　你心中最有价值的工作 …… 77
活动二　最开心的事情 …… 78
活动三　我的蝴蝶大梦 …… 78
活动四　价值大拍卖 …… 79
活动五　有关价值观的完形填空 …… 81
活动六　价值观市场 …… 81
二、职场案例与生涯故事 …… 82
三、相关阅读与专家视角 …… 84
四、实践项目 …… 85
第六单元　职业和工作世界探索 …… 91
一、感悟与训练 …… 91
活动一　头脑风暴——“手机” …… 91
活动二　关于职业信息 …… 92
活动三　职业博览会 …… 92
二、职场案例与生涯故事 …… 93
三、相关阅读与专家视角 …… 95
四、实践项目 …… 104
第七单元　职业生涯决策与行动计划 …… 112
一、感悟与训练 …… 112
活动一　我的个人决策风格 …… 112
活动二　阅读并分析 …… 113
活动三　阅读并分析 …… 114
活动四　非理性风格识别 …… 115
二、职场案例与生涯故事 …… 116
三、相关阅读与专家视角 …… 118

四、实践项目 …… 123
职业生涯规划设计书 …… 131
《职业生涯规划书》基本内容 …… 132
一、自我探索 …… 132
二、职业探索 …… 133
三、决策与应对 …… 133
四、自我监控 …… 134
附录一 专业选择与霍兰德职业兴趣类型对应表 …… 139
附录二 MBTI 16 种人格类型详解 …… 143
附录三 体验式职业生涯规划课程教学的理论与实践 …… 235
附录四 基于后现代生涯咨询理论的职业生涯规划比赛辅导 …… 242
附录五 职业生涯规划咨询案例 …… 246
参考文献 …… 254

第一单元　职业发展与规划导论

谁若游戏人生，他就一事无成；谁不能主宰自己，就永远是一个奴隶。

——歌德

生命的可贵，在于它的短暂，在于它对于我们每一个人来说都只有一次，不可能重来。同学们，为了一次春游，我们会计划准备，什么时候该去买票了，该穿、该带什么衣服，该准备多少零用钱，不能忘了带照相机……那么，对于宝贵的人生旅途，你是否精心地计划过、探索过？

我们无法决定生命的长度，却可以努力拓展生命的宽度，挖掘生命的深度。生涯规划，就是摆在你面前的一把钥匙。拥有了它，代表着你拥有了正视人生的积极态度，拥有了理性科学的行动方法。你也许不能成就什么惊天动地的大事业，但你一定可以微笑着回首往事，拥抱属于自己的成功和丰富人生。

学习目标

- 理解生涯规划的概念和重要作用；
- 学习舒伯的职业生涯发展理论；
- 正确地理解生涯规划的理念，提高对生涯规划意义的认识，从而积极地对自己的生涯进行规划。

一、感悟与训练

活动一　畅想20年——新闻发布会

（一）活动目标

畅想20年后的你，初步思考你的职业生涯，了解职业生涯的内涵。

（二）规则与程序

（1）你对20年之后的自己有憧憬吗？是否仔细想过20年后的你是怎样的？大家来畅想一下20年以后的自己吧。

（2）4～6人一组，选择一个共同关心的主题，想想20年后的自己，处于人生的什么位置？你是怎样达到这个程度的？假如你畅想的是20年后成为某集团的人力资源总监，需要具备什么素质和什么能力？小组成员共同搜集信息，保证畅想内容的合理性。

(3) 同一小组的同学不但要搜集你所畅想的内容信息，还要集思广益，设想记者团可能会提出的问题，以便做好准备，接受记者团的提问。

(4) 每一小组成员针对其他各组的主题设想出3～5个问题，并选出3个问题作为对其他组发言的提问。

(5) 每一小组中，选出1名同学作为新闻发言人，2名同学作为记者，新闻发言人根据本小组的畅想情况进行发言，记者负责收集小组成员对其他小组发言提出的问题。

新闻发言人的职责：用5分钟来讲述你"20年后的畅想"的内容，然后用5分钟的时间接受记者的采访，回答记者的提问。

记者的职责：根据新闻发言人的主题提问，可以由小组成员共同提出，也可以根据新闻发言人的内容现场提出你认为重要的问题。

(三) 讨论

(1) 在畅想活动中，你看到的20年后的景象是什么？

(2) 你的理想与现实之间主要的差距是哪些？

(3) 怎样才能实现你的理想？

(四) 总结

通过对自己理想的职业生涯状态的畅想，能了解自己期待的职业生涯愿景，初步觉察自己的职业生涯状态，树立职业生涯规划的意识。

活动二　我的生命线

(一) 活动目标

帮助你认识生涯的概念，了解过去生活中重要事件对你的影响。

(二) 规则和程序

(1) 请每个同学在白纸上画一条直线，这条直线的长度代表了你生命的长度。思考一下，你期待自己活到多少岁？将直线的一端视为你生命的开始，另一端写上你期待可以活到的年龄。

(2) 在这条生命线中找到你现在的年龄点，并标记出来，写下你现在的年龄。

(3) 回顾你过往生命历程中发生的重大事件，在直线上方写出两到三件对你有积极影响的事件，并在直线相应位置上标明年龄和关键词；在直线下方写出两到三件对你有消极影响的事件，并在直线相应位置上标明年龄和关键词。

(三) 讨论

思考一下这些事件对你的影响，你是如何成为今天的你的。

(四) 总结

生涯不是一个静止的点，它是一个动态的过程，不只发生在人生的某一个阶段，而是相伴我们的一生。

0～12 岁

影响我的积极事件：

影响我的消极事件：

我的收获与经验：

13～18 岁

影响我的积极事件：

影响我的消极事件：

我的收获与经验：

19～22 岁

影响我的积极事件：

影响我的消极事件：

我的收获与经验：

活动三　认识你的生活角色

（一）活动目标

正确理解生涯的概念：除了职业角色外，还包括任何与工作有关的角色，职业生涯不等于工作。

（二）规则和程序

（1）提问同学，你现在的生活角色有哪些？将来可能的生活角色有哪些？

（2）写出你目前所扮演的全部生活角色，然后按照投入的大小画一个饼图。

（3）如果你的生活可以朝着你理想的方向发展，那么，请把你理想的角色分配成一个饼图。

（4）对照现实的饼图和理想的饼图，看看有什么因素妨碍了你的理想实现，或者你准备做什么可以让你的理想尽可能实现？

（三）讨论

对于目前的生活角色你满意吗？说说你未来的理想工作状态与生活方式。

（四）总结

多种生活角色是我们理解生涯概念的良好途径，每个人在其人生中的不同时期担当着一个或者多个角色，人的社会任务或者职业生活是不断变化的，角色也随之变化。我们要理性地看待不同时期我们的生命角色，并采取必要的行动，使自己生活得更为满意。

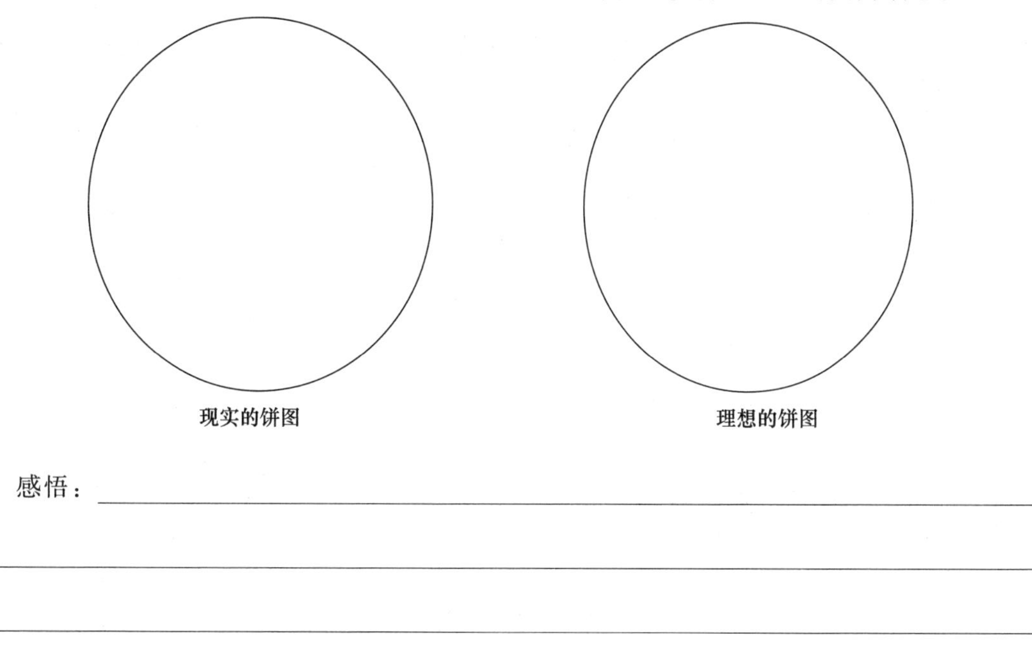

感悟：____

____

____

____

____

活动四 我的旅游计划

（一）活动目标

认识到职业生涯规划教育对每一个人的意义所在，积极思考自己的职业方向，以及应具备什么样的职业意识。

（二）规则和程序

步骤一，教师将一张地图挂在黑板上。

步骤二，请同学参考世界地图，为自己制订一个详细可行的旅游计划。

步骤三，将同学分成3人小组讨论：

——你的旅游计划是什么？

——你制订这个计划经过了哪几个步骤？

——你将如何落实这个旅游计划？

——这个过程与职业生涯规划有哪些相似之处？

小组总结，并在全班讨论交流。

（三）讨论

通常我们旅游前会做好哪几方面的准备？你会像精心准备旅游一样来策划你的人生吗？

讲一讲你的打算。

（四）总结

生涯规划是一个过程，规划的功能在于设定目标，并找出达成目标所需要采取的步骤，目标可以为人生带来希望和意义。

感悟：____

____

____

____

____

二、职场案例与生涯故事

案例一　职业方向带我回归自我

刘鹏（化名），现年32岁，大学毕业后来到北京工作。现在在一家业内知名的企业任销售经理。他的三口之家拥有私家车、花园式住房。

“我是个合格的销售经理。大学刚毕业就孤身闯荡京城，当时由于种种压力，选择了销售这一行业。从小公司的销售员开始，做到目前这家大公司的销售经理，我的销售业绩很好。我个人可以说属于高收入人群了，有私家车、花园式住房；婚姻美满，儿子也很聪明可爱。在旁人的眼中，我年轻有为，老家的一些乡亲都以我的奋斗经历为榜样教育下一代。”

“其实我不喜欢这个职位。我是一个很内向的人，这些年的销售工作，让我感到很疲惫！我大学本是工科出身，毕业时并没有找到专业对口的工作，因为生存的压力不得不做了销售。后来也一直是形势所迫，才走到今天。现在随着年龄的增长，我很希望可以安静地做些事情，可越来越多的应酬、出差，频繁的商业交往，让我对现在工作的热情和耐心变得越来越少。说句心里话，我真的觉得很累、很疲惫，感觉自己比实际年龄老了好多！”

“感觉失去太多。几年来，出差、加班是家常便饭，几乎没有时间陪伴家人。家里甚至连‘食堂’都算不上了。在儿子的眼里，我是个‘失信’的父亲！记得很早以前我就答应儿子带他去动物园玩，到今天已经一年多了，我还没有兑现对儿子的承诺。其实小家伙一直都记得，每当他说‘爸爸说话不算数’的时候，我都特别地难过和内疚。这几年公司发展的速度特别快，我也就特别忙，一年有七八个月都在外地出差，对家里的照顾和对孩子的教育我做得实在太少了。我现在最大的愿望就是，等我有了时间，一定要天天陪儿子玩！算是补偿吧！”

“我到底该怎么做？现在有不同的机会摆在我面前，但无论我怎么选择都需要放弃很多，其实我自己也不知道放弃以前的积累是不是值得！我现在的职位、收入都很好，在业内也已经形成了我个人的口碑，而且和公司的成员配合十分默契。但是我又希望将来能向专业化方向发展，成为专家、顾问那样的人，现在有几家咨询类的公司邀请我加入。放弃做销售，一切就要从头做起，这样就等于放弃了以前的积累。我担心这样的放弃是不是值得，尤其是家人、朋友、上司、同事都劝我留下来，使我自己也感到很犹豫，像是走到了人生的十字路口，十分迷茫！”

【思考】你认为刘鹏到底应该怎么做才能走出迷茫？

专家分析：

刘鹏目前希望做的，其实是想回归到真正的自我，做自己真正想做的事情！

他主要担心的是若放弃眼前的一切，朝理想的方向重新来过，是不是太可惜了？风险指数有些大。其实选择与放弃并不是非此即彼，二者之间可以找到一条更加稳妥的路！

(1) 认清自己，明确自己的方向。

向顾问转型。结合刘鹏的描述与他的测评报告可以得出结论，向顾问类型的职业转换已是毋庸置疑的方向。结合他的积累状况，目前领域相关技术专家、营销类顾问、企业智囊成员等都是不错的选择。

(2) 具体策略。

逐步转换。从专家的眼光来看，刘鹏彻底放弃已有的积累无疑是很可惜的，但是因此就放弃转变从长远来看更不值得。此时最应采取的策略就是逐步转换，步骤如下：做好当前职位→归纳总结、形成体系→及时展现→完成转换。

转换方法：有内部与外部两条道路。内部：及时地与上司沟通，提出自己想转变的想法并展示自己的实力，在企业内部寻得适合的职位；外部：在不影响当前工作的前提下，参加相应的培训、沙龙、讲座等，多与咨询类的企业和相关人士接触，提出自己的观点或者发表相应的文章，逐步地使自己被新行业接纳。

(3) 做出抉择。

经过选择，刘鹏决定在企业内部进行转换。在精心地准备和与公司上层进行了充分的沟通后，公司决定让刘鹏担任培训部经理，主要负责对公司市场销售方面人员的培训。

尾声：现在的刘鹏十分开心，天天按时回家，指导儿子作业，周末全家出去郊游，并且培训部经理的职位并没有减少他的收入，一家人的生活还是那么有滋有味。

职业方向：只有那个真正适合自己的职业方向，才能指引人们走上适合自己的职业道路！所能得到的将不仅仅是职业的满足，更是生活、家庭等一切幸福因素的改善，因为它是你真正喜欢的！就这么简单。

案例二　你的未来不是梦——南丁格尔的故事

弗洛伦斯·南丁格尔被誉为“提灯女神”。她是世界上第一个真正的女护士，开创了护理事业。“5.12”国际护士节是全世界护士的共同节日，就是为了纪念这位近代护理的创始人而设立的，这一天就是弗洛伦斯·南丁格尔的生日。

1820 年，南丁格尔出生于英国一个富有的家庭。她的父母希望她学习文学艺术。南丁格尔年轻时在日记中这样写道：“我想就职、经商，只要是需要的事，什么都可以，那种值得我全力以赴去干的工作，对我来说无论如何是必需的，我一直在寻求它。”南丁格尔说：“摆在我面前的只有三条路：一是成为文学家；二是结婚当主妇；三是当护士。”她不顾父母的反对，毅然选择了第三条道路。于是她下定决心为解除人们的病痛而当一名护士。她 25 岁那年，把这一迫切的想法告诉了家里，结果遭到强烈反对。在她的坚持下，父母终于妥协，她得到了父亲的资助。19 世纪 50 年代，英国、法国、土耳其和俄国进行了克里米亚战争，英国的战地战士死亡率高达 42%。南丁格尔主动申请，自愿担任战地护士。她率领 38 名护士抵达前线，在战地医院服务。她竭尽全力排除各种困难，为伤员提供必需的生活用品和食品，对他们进行认真的护理。仅仅半年左右的时间伤病员的死亡率就下降到 2%。每个夜晚，她都手执风灯巡视，伤病员们亲切地称她为“提灯女士”。战争结束后，南丁格尔回到英国，被人们推崇为民族英雄。

南丁格尔在克里米亚的巨大成功和忘我的工作精神，博得各国公众的赞扬。护士工作的重要性为人们所承认，护理工作从此受到社会的重视。1860 年，南丁格尔用政府奖励的 4000 多英镑创建了世界上第一所正规的护士学校，随后，她又创办了助产士及经济贫困的医院护士培训班，被人们誉为现代护理教育的奠基人。1901 年，南丁格尔因操劳过度，双目失明。1907 年，英王颁发命令，授予南丁格尔功绩勋章。后来南丁格尔还发起组织国际红十字会。她终身未嫁。1908 年 3 月 16 日南丁格尔被授予伦敦城自由奖，1910 年 8 月 13 日，南丁格尔在睡眠中溘然长逝，享年 90 岁。为了纪念她的成就，1912 年，国际护士会（ICN）倡议各国医院和护士学校在每年 5 月 12 日南丁格尔诞辰日举行纪念活动，并将 5 月 12 日定为国际护士节，以缅怀和纪念这位伟大的女性。

在中外历史上，能以坚持的信念，排除一切困难并建立特殊功业的人物向来不多，尤其女性人物更为鲜见。现代护理的鼻祖及现代护理专业的创始人弗洛伦斯·南丁格尔就是最具代表性的一位伟大女性。

【思考】

（1）请将案例中触动到你的地方画线。（词或者语句）

（2）这些词语或者语句让你想到了什么事？

（3）结合南丁格尔的故事和自己的生活现状，说说你对未来的想法和期待。

总结：人人都会追求美好的未来，只要踏踏实实、努力创造就能实现梦想。

生涯故事一　蚯蚓的目标阶梯

一个人名字叫蚯蚓。

18 岁，高中毕业典礼上：“我发誓要当李嘉诚第二！我要当中国首富！”

20 岁，春节老同学团聚会上：“我想创立自己的公司，30 岁之前拥有资产 2000 万元。”

23岁，在某市工厂当技术员，第二职业是炒股："我正在为离开这家工厂而奋斗，因为在这里工作太没有前途了。我将全力炒股，3年内用5万元炒到300万元。"

25岁，炒股失意而情场得意，开始准备结婚："我希望一年后能有10万元，让我能风风光光地结婚。"

26岁，不太风光的结婚典礼上："我想生一个胖小子，不久的将来当个车间主任就行，别的就不想了。"

28岁，工厂效益下滑，偏偏正是妻子怀胎十月的时候："希望这次下岗名单里千万不要有我的名字。"

摘自：《广州日报》，作者：大峰

不少过来人经历了"雄心壮志——怀才不遇——满腹牢骚——撞钟混日——担心下岗——走投无路"这样一个职业历程，问题就在于：分不清美好愿望与目标的区别；没有处理好自己与企业的关系；总是抱怨，不懂得适应、利用和改变环境；只有良好愿望，没有好的职业生涯路径；只有好的愿望，没有相应的知识、能力和态度的支持。

生涯故事二　要做生涯的赢家——蜘蛛爬墙的故事

雨后，一只蜘蛛艰难地向墙上已经支离破碎的网爬去，由于墙壁潮湿，它爬到一定的高度，就会掉下来，它一次次地向上爬，又一次次地掉下来……第一个人看到了，他叹了一口气，自言自语："我的一生不正如这只蜘蛛吗？忙忙碌碌而无所得。"于是，他日渐消沉。第二个人看到了，他说："这只蜘蛛真愚蠢，为什么不从旁边干燥的地方绕一下爬上去？我以后可不能像它那样愚蠢。"于是，他变得聪明起来。第三个人看到了，他立刻被蜘蛛屡败屡战的精神感动了。于是，他变得坚强起来。

【思考】

（1）在生活中你看到或者听到过类似的故事吗？

（2）这个故事给你带来的触动有哪些？谈谈自己的想法。

（3）带着这样的想法，你觉得该如何面对不可知的未来呢？

总结：面对生活中的种种挫折，我们的应对方式不同。失败并不可怕，关键是怎么样对待。只要努力，就能够掌握自己的命运，变得内心强大，做自己生涯的赢家。

三、相关阅读与专家视角

（一）职业生涯的四大误区

误区之一：因小失大。

著名的职业顾问托尼·罗宾斯总是喜欢提醒人们："别把精力放在鸡毛蒜皮的小事上，想想大事！"许多人在面临职业生涯选择时总显得犹豫不决，这个现象称为"被艾尔维斯所干扰"。如果你总是"被艾尔维斯所干扰"，就永远无法在职业生涯上有所作为——在其他许多重要方面也成不了什么大器。关于人们逃避现实的这种倾向，亨利·戴维·索洛曾这样描述道："假设把生活比作开火车，如果让人们完全按照本性去生活一天，我担保每列火车都会走上岔路。"

误区之二：习惯拿别人的意见当拐杖。

许多成年人仍旧没有摆脱父母的支配和管教，包括某些童年时建立起来的"家规"的约束。这无疑将使之对世界和对自己的认识受到局限。早期所接受的负面或限制性的"家规"使许多人成年后在不少方面仍无法依靠自己的力量做出抉择。谁是你要取悦的人呢？是自己还是别人？喜剧明星范尼·布莱斯曾说过这样一段话："你就是你，不是别人眼中的你。如果你习惯了拿别人的意见当拐杖，当某一天这根拐杖消失了，你该怎么办呢？"

误区之三：老板至上。

你有没有在某种程度上把老板当作父亲或是母亲的替身，认为只有他才能为你做出最佳抉择？

在很多情况下，你会不知不觉地从老板那里寻求一种类似于成长时期建立的对父母及长辈的依赖感。这种现象并不罕见，值得引起你的注意。如果你习惯于取悦他人，想与别人和睦相处，并渴望得到别人的青睐，就更容易染上这种综合征。

误区之四：自我局限。

人们总是习惯于低估自己，结果往往是弄假成真。对此，心理学家罗洛·梅总结道："许多人觉得，在命运面前，自己的力量微不足道，打破现有的框架需要非凡的勇气，因而许多人最终还是选择了安于现状，这样似乎更舒适些。所以在当今社会，'勇敢'的反义词已不是'怯懦'，而是'因循守旧'。"

（二）生涯规划设计七问

第一个问题：我喜欢做什么？

从事一项自己喜欢的工作，工作本身就能给你一种满足感。兴趣是最好的老师，是成功之母。调查表明：兴趣与成功概率有着明显的正相关性。在设计自己的职业生涯时，要考虑自己的特点，不要压抑自己的兴趣，选择自己喜欢的职业。一个热爱工作的人往往比不热爱工作的人愿意多付出一些额外的努力，也因此往往表现得更为卓越。

第二个问题：我擅长做什么？

任何职业都要求从业者掌握一定的技能、具备一定的能力条件，而一个人一生中不能将所有技能全部掌握。每个人最大的成长空间在于其最终的优势领域。你可以把自己已经证明的能力和自认为还可以开发出来的潜能一一列出来，在进行职业选择时择己所长。

还要分析自己讨厌的事情以及自己的弱点是什么。当工作使你感到压抑、不愉快，并且成绩平平时，你干这些事的能力便是你的弱点。管理学大师彼得·德鲁克博士在1999年3—4月的《哈佛商业评论》中发表了一篇名为《管理自己》的论文，强调充分发挥自己长处的重要性，指出这是成为杰出人士的必由之路。对于一个集体，需要克服的是"短板定理"；而对于个人，不要想着努力去补齐短板，而是应该去发挥自己的长处。

第三个问题：环境支持或允许我做什么？

回答这个问题前要分析周边的环境，包括本单位、本市、本省、本国，甚至国际环境；

分析内外环境给自己职业生涯的机遇和阻碍，只要认为自己有可能借助的环境，都应在考虑范畴之内；分析在这些环境中，自己可能获得什么支持。

还要分析目前自己所处的行业、企业和职位有哪些威胁，又有哪些机会。在任何时候、任何地方，机会和威胁都是相互依存并可互相转化的。

第四个问题：社会需要什么？

社会的需求不断演化着，旧的需求不断消失，新的需求不断产生。昨天的抢手货或许今天就会变得无人问津。所以在设计职业生涯时，一定要分析社会需求趋势。

第五个问题：我要什么？

也就是确定自己的人生目标。为什么而活？在自己理想的框架内制订职业生涯目标，并将它分解成阶段目标。

职业是个人谋生的手段，其目的在于追求个人幸福。在择业时，首先考虑的是自己的预期收益——个人幸福最大化。明智选择个人利益最大化的职业取向，从社会角度和个人意向中取舍，从而在由收入、社会地位等变量组成的函数中找出一个最大值，这就是在选择职业生涯中的收益最大化原则。

第六个问题：怎样进行职业生涯规划？

根据设定的目标，制订整体的职业生涯规划，作为纲领性的长期规划；制订一个3～5年的职业生涯规划，作为一种发展的中期规划；制订一个1年的职业生涯规划，作为一个可操作性强、变化较小的短期规划。

职业生涯策略是指实现职业生涯目标的行动策略，一般较为具体，有很强的可行性，如构建人际关系网、参加组织培训计划、跳槽等。职业生涯策略还包含一些前瞻性的准备，包括上进修班、掌握一些额外的技能或专业知识（如获得律师执业资格证、攻读工商管理学位）等。

第七个问题：干得怎么样？应该怎么干？

每过一段时间，要审视内在和外在环境的变化，获得反馈，并且及时调整自己既定的职业生涯规划。

四、实践项目

项目一　绘出我的生涯彩虹

我们在自己的生命历程中正在或者将要扮演很多角色。每一重角色构成了一道风景线，多重的角色整合起来就构成了我们的生涯彩虹。下面，我们一起来动动手，做一个填色游戏，画出自己的生涯彩虹图。

想象你期待的未来职业生涯，写出你未来的理想工作形态与生活方式。

请你在彩虹图上绘出你的人生彩虹，彩虹的长度代表时间的长短，彩虹的宽度代表你投入精力的大小。把自己已经扮演或者正在扮演的角色年龄段用实线描下来；根据自己已有的感受和未来期望，给相应的扇形格涂色。幸福感、成就感越高的，用越暖的颜色，如红色、黄色等；反之用冷色，如紫色、蓝色等。

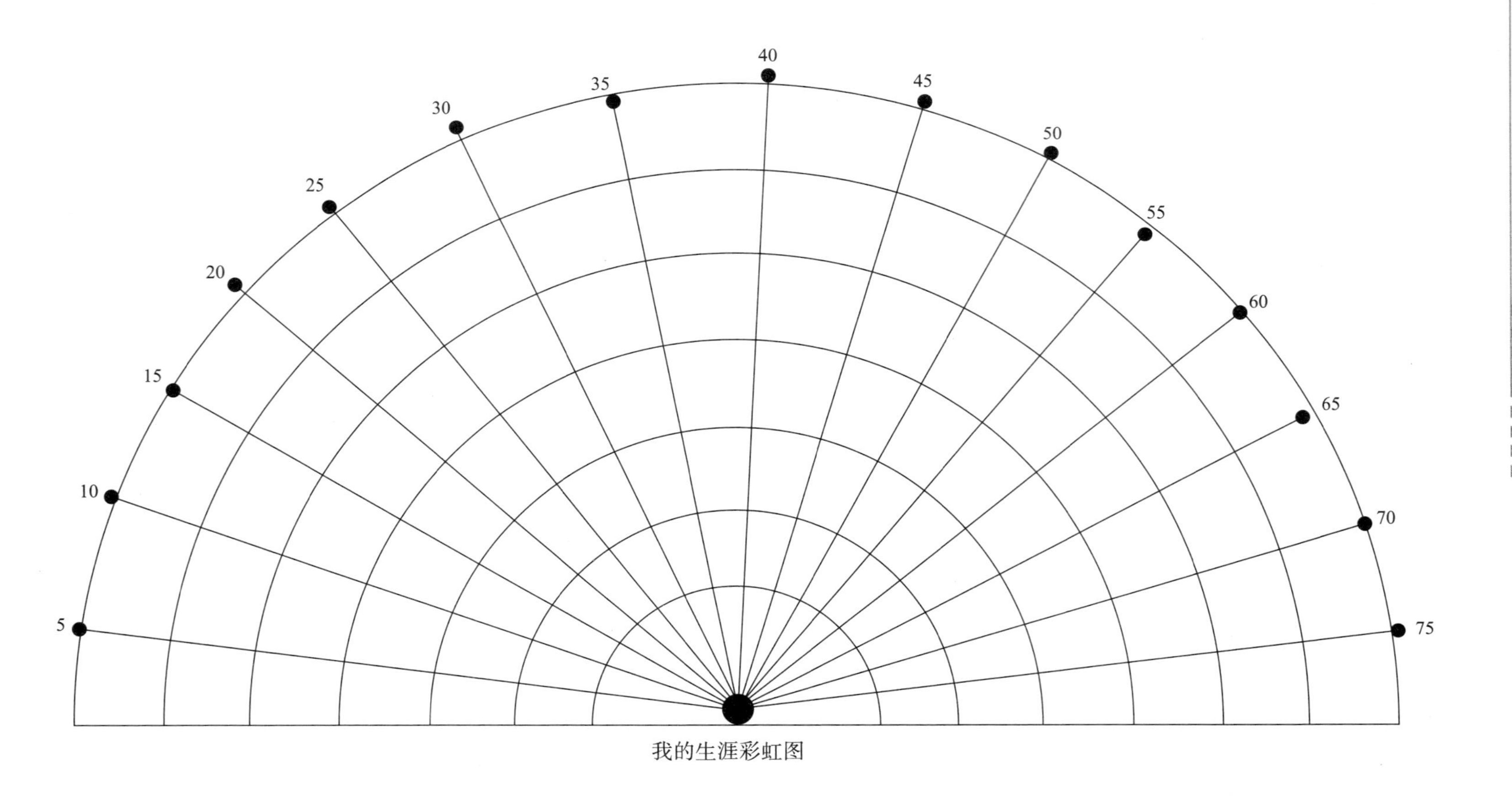

我的生涯彩虹图

绘出你的生涯彩虹图之后，构想一下未来 10 年的人生。先想想未来 10 年在不同的角色上，要完成的目标是什么？你会面临哪些事情？周围的环境如何？思考你要完成的事情和目标。

预估未来 10 年，我可能面临的事情：
在未来 10 年中，我必须面对的生涯发展课题：
在不同角色中，我想要完成的事情和目标：
学生：
工作者：
休闲者：
公民：
持家者：
孩子：

（1）各个角色的起止点如何？对你的意义是什么？

（2）何时角色要加重？何时要减少其重要性？

（3）不同阶段的主要任务是什么？

（4）对每个角色的胜任情况按 1～10 打分，1 为最不满意，10 为最满意。目前的分数各是几分？

（5）对你来说，最想改变的是哪个角色？在这个角色上，如果想提升 1 分，你可以做哪些改变？

项目二　20 年后的我

（1）想象你在 20 年后，很幸运地完成了你的愿望，那会是什么状态？你在做什么？别人怎么称呼你？描述越具体、越真实越好。

(2) 如果这个故事如愿实现，能不能告诉我，从现在起的六个月内你会做什么？

(3) 你能不能告诉我，假如这半年的努力有可能实现，未来这三周内你想做什么？

(4) 最后，你能不能告诉我，假如这三周的努力有可能实现，明天你能做什么？

(5) 我如何知道你做了努力？

(6) 从1到10，你给现在的自己打几分？如果在未来的一年里，想提高1分，你会做什么？

(7) 当这个愿望实现的时候，有谁会为你高兴？他会说什么？

项目三　现在我要做的事

请闭上眼睛想一想，目前有哪些事情是你关心的、困扰自己的或者自己想要做的？例如："如何与寝室同学相处""未来的职业方向""如何提高英语口语能力""如何提升自信心""如何了解专业""如何安排自己的休闲生活"等，尽量写下每一件你所想到的事情。

从1～10打分，最不满意的为1分，最满意的为10分，请你为目前自己在某方面达到的满意程度打分，并试写一下可以做的一个改变。

目前关心的、想要做的事情	当下的分值	本学期理想达到的分值	本周拟采取的行动，完成时请划√

DCS产品生产制造和管理岗

第二单元　兴趣探索

虽然我们做了几十年的研究，但预测个人选择最有效的办法却是询问这个人自己想做什么。

——约翰·霍兰德

兴趣是什么？兴趣是人们认识某种事物或从事某种活动的心理倾向，它是以认识和探索外界事物的需要为基础的，是推动人认识事物、探索真理的重要动机。美国著名华人学者丁肇中教授曾经深有感触地说：“任何科学研究，最重要的是要看他对自己所从事的工作有没有兴趣。”巴菲特也曾说过：“我和你没有什么差别。如果你一定要找一个差别，那可能就是我每天有机会做我最爱的工作。如果你要我给你忠告，这就是我能给你的最好的忠告了。”一个人对化学感兴趣，就可能激励他积累各种化学知识，研究各种化学现象，为将来研究和从事化学方面的工作打基础。对美术感兴趣的人，对各种油画、美展、摄影都会认真观赏、点评，对好的作品进行收藏、模仿。一个人对跳舞感兴趣，她就会主动地、积极地寻找机会去参加相关的活动，而且在跳舞时感到愉悦、放松和乐趣，表现出积极和自愿自觉。兴趣是职业生涯选择的重要依据。正像你在日常中喜欢从事自己感兴趣的活动一样，具有一定兴趣类型的你更倾向于寻找与此相关的职业类型。因而，对你的兴趣类型有了正确评估后，就可以预测或者帮助你进行职业生涯选择。兴趣，往往是你在工作中感到愉快、投入、发展、成就、自信、满足、自我实现等一系列良性循环的起点。所以，我们在认识自己之前首先要做的，就是认识自己的兴趣。

学习目标

- 了解兴趣的概念，理解兴趣与职业发展的关系；
- 学习霍兰德职业类型理论；
- 通过兴趣探索练习对个人兴趣进行探索，并学会使用“霍兰德索引”等工具对职业进行考察，评估个人与职业兴趣的匹配程度。

一、生涯探索与训练

活动一　我的爱好

（1）从小到大你担任过哪些职务？你喜欢的是哪些职务？不喜欢的是哪些？请说明为什么。

（2）你最敬佩的人是谁？他对你产生了什么影响？

（3）你最喜欢看哪种杂志？这些杂志中的哪些部分吸引你？你到书店去，通常会停留在哪类书架前？

（4）你最喜欢什么科目？为什么？

（5）通常你喜欢哪个频道的电视节目？为什么？

____

____

____

____

____

____

（6）你的答案中有什么共同点？是否可以归纳出什么主题或者关键词？这些词和霍兰德的哪些类型相对应？

____

____

____

____

____

____

活动二　我的愿望

写出 7 件让你感到高兴、骄傲，而且希望自己常常从事的活动，你也可以写一些自己很喜欢做但从未做过的活动。如果可能，请尽量在纸上写出 15～20 件事情，每一件事情用一张纸写，对于你所提到的每一项活动，问自己如下问题：“它与未来的工作或职业有关吗？”如果是就在该活动后面把职业的名称写下来。

	你希望常常从事的活动	它与未来的工作或职业有关吗	未来的工作或者职业的名称
（1）			
（2）			
（3）			
（4）			
（5）			
（6）			
（7）			

活动三　六岛环游

如果有机会让你到以下六个岛屿旅游，不用考虑费用问题，你最想去的是哪个？可以按照喜欢程度选出三个。

A 岛

美丽浪漫的岛屿。岛上有美术馆、音乐厅，弥漫着浓厚的艺术文化气息。同时，当地的原住民还保留了传统的舞蹈、音乐与绘画，许多文艺界的朋友都喜欢来这里找寻灵感。

I 岛

深思冥想的岛屿。岛上人迹较少，建筑物多僻处一隅，平畴绿野，适合夜观星象。岛上有多处天文馆、科博馆以及科学图书馆等。岛上居民喜好沉思、追求真知，喜欢和来自各地的哲学家、科学家、心理学家交换心得。

C 岛

现代化的岛屿。岛上建筑十分现代化，是进步的都市形态，以完善的户政管理、地政管理、金融管理见长。岛民个性冷静保守，处事有条不紊，善于组织规划。

R 岛

自然原始的岛屿。岛上保留着热带的原始植物，自然生态保持得很好，也有相当规模的动物园、植物园、水族馆。岛上居民以手工见长，自己种植花果蔬菜、修缮房屋、打造器物、制作工具。

S 岛

温暖友善的岛屿。岛上居民个性温和、十分友善、乐于助人，社区均自成一个密切互动的服务网络，人们多互助合作，重视教育，弦歌不辍，充满人文气息。

E 岛

显赫富庶的岛屿。岛上的居民热情豪爽，善于企业经营和贸易。岛上的经济高度发展，处处是高级饭店、俱乐部、高尔夫球场。来往者多是企业家、经理人、政治家、律师等，衣香鬓影，夜夜笙歌。

选择同一岛屿的人交流一下，为什么选择这个岛屿，看看大家有什么共同的兴趣爱好，归纳关键词。根据大家的交流给自己的小组命名并选取一个标志物，在大白纸上制作一张宣传图，每个小组请一位代表用 2 分钟时间展示自己小组的图，并在全班分享一下小组成员的共同特点。

如果在岛屿上需要住 30 年：

我最想去的岛屿是__________　原因：______________________________

我其次想去的岛屿是__________　原因：______________________________

我第三想去的岛屿是__________　原因：______________________________

我最不想去的岛屿是__________　原因：______________________________

我的兴趣主题有____

我喜欢的职业环境描述____

结论：

六个岛屿代表着六种典型的职业生涯兴趣类型（其中，第一个是主要兴趣，第二、三个是辅助兴趣）。外部环境也有六种职业环境，如果能找到我们感兴趣的职业环境，就会充分发挥我们的主动性，带来成就感和幸福感。

活动四　我的喜好我的梦

以下描述的是霍兰德职业兴趣理论。

职业兴趣理论主要是由美国著名的职业指导专家霍兰德提出和发展的。他认为人在一生中面临许多选择，职业方面的选择是关乎一生幸福的重要内容之一。其中职业兴趣起到了极为重要的作用。

根据霍兰德的观点：一个人的职业兴趣会极大地影响职业的适宜度。当他从事的职业与其兴趣相吻合时，就可能发挥最佳水平，易于做出成就；反之，则可能感到极不适应或者毫无兴趣，即使取得一定成绩也难以获得成就感。霍兰德经过大量的分析研究，把职业兴趣分为六种基本类型，我们每个人都归属于其中的一种或几种类型。六种职业兴趣类型简述如下。

1. 现实型：(R)

共同特点：愿意使用工具从事操作性工作，动手能力强，做事手脚灵活，动作协调。偏好于具体任务，不善言辞，做事保守，较为谦虚。缺乏社交能力，通常喜欢独立做事。

性格特点：感觉迟钝、不讲究、谦逊、踏实稳重、诚实可靠。

典型职业：喜欢使用工具、机器，需要基本操作技能的工作。要求具备机械方面才能、体力，或从事与物件、机器、工具、运动器材、植物、动物相关的职业，并具备相应能力。

如：技术性职业（计算机硬件人员、摄影师、制图员、机械装配工），技能性职业（木匠、厨师、技工、修理工、农民、一般劳动者）。

2. 研究型：(I)

共同特点：思想家而非实干家，抽象思维能力强，求知欲强，肯动脑，善思考，不愿动手。喜欢独立的和富有创造性的工作。知识渊博，有学识才能，不善于领导他人。考虑问题理性，做事喜欢精确，喜欢逻辑分析和推理，不断探讨未知的领域。

性格特点：坚持性强、有韧性、喜欢钻研。为人好奇、独立性强。

典型职业：喜欢智力的、抽象的、分析的、独立的定向任务，要求具备智力或分析才能，并将其用于观察、估测、衡量、形成理论、最终解决问题的工作，并具备相应的能力。

如：科学研究人员、教师、工程师、电脑编程人员、医生、系统分析员。

注：工作中调研兴趣强的人做事较为坚持，有韧性，善始善终；调研兴趣弱的通常做事容易浅尝辄止。

3. 艺术型：(A)

共同特点：有创造力，乐于创造新颖、与众不同的成果，渴望表现自己的个性，实现自身的价值。做事理想化，追求完美，不重实际。具有一定的艺术才能和个性。善于表达、怀旧、心态较为复杂。

性格特点：有创造性、敏感、容易情绪化、较冲动、不服从指挥。

典型职业：喜欢的工作要求具备艺术修养、创造力、表达能力和直觉，并将其用于语言、行为、声音、颜色和形式的审美、思索和感受，具备相应的能力。不善于事务性工作。

如：艺术方面（演员、导演、艺术设计师、雕刻家、建筑师、摄影家、广告制作人），音乐方面（歌唱家、作曲家、乐队指挥），文学方面（小说家、诗人、剧作家）。

注：通常在企业中艺术兴趣高的人倾向于理想化，做事追求完美。在企业中，艺术的测试不是指人们做艺术工作，而是工作中的艺术，倾向于将事情做得漂亮、有美感、有情调、锦上添花，追求完美。

4. 管理型：(E)

共同特征：追求权力、权威和物质财富，具有领导才能。喜欢竞争、敢冒风险、有野心/抱负。为人务实，习惯以利益得失、权力、地位、金钱等来衡量做事的价值，做事有较强的目的性。

性格特点：善辩、精力旺盛、独断、乐观、自信、好交际、机敏、有支配欲望。

典型职业：喜欢的工作要求具备经营、管理、劝服、监督和领导才能，以实现机构、政治/社会及经济目标的工作，并具备相应的能力。

如：项目经理、销售人员、营销管理人员、政府官员、企业领导、法官、律师。

注：工作中通常要求管理人员和销售人员有较强的企业兴趣，企业兴趣强则做事目的性强，务实，推动性也较强；若企业兴趣弱（＜40%），则做事的推动性较弱，速度较慢。

5. 社会型：(S)

共同特征：喜欢与人交往、不断结交新的朋友、善言谈、愿意教导别人。关心社会问题、渴望发挥自己的社会作用。寻求广泛的人际关系，比较看重社会义务和社会道德。

性格特点：为人友好、热情、善解人意、乐于助人。

典型职业：喜欢与人打交道的工作，能够不断结交新的朋友，从事提供信息、启迪、帮助、培训、开发或治疗等事务，并具备相应能力。

如：教育工作者（教师、教育行政人员），社会工作者（咨询人员、公关人员）。

6. 常规型：(C)

共同特点：尊重权威和规章制度，喜欢按计划办事，细心、有条理，习惯接受他人的指挥和领导，自己不谋求领导职务。喜欢关注实际和细节情况，通常较为谨慎和保守，缺乏创造性，不喜欢冒险和竞争，富有自我牺牲精神。

性格特点：有责任心、依赖性强、高效率、稳重踏实、细致、有耐心。

典型职业：喜欢要求注意细节和精确度、有系统有条理，具有记录、归档、据特定要求或程序组织数据和文字信息的职业，并具备相应能力。

如：秘书、办公室人员、记事员、会计、行政助理、图书馆管理员、出纳员、打字员、投资分析员。

（1）请用你喜欢的彩色笔画出与你最相符的三句话，并记录在下面的横线上。

（2）用你最不喜欢的彩色笔画出与你最不相符的三句话，并记录在下面的横线上。

（3）用你喜欢的彩色笔画出你最喜欢的职业，并说出理由。

（4）用你不喜欢的彩色笔画出你不喜欢的职业，并说出理由。

活动五　我的爱好与职业探索

RCCP 通用人职匹配测试量表

我国学者陈社育自 1997 年参照霍兰德理论的框架，开展了基于中国国情的职业兴趣研究，研制了“RCCP 通用人职匹配测试量表”。依据霍兰德理论，该项研究区分了六种典型的职业兴趣类型及其特征：现实型（R）、研究型（I）、艺术型（A）、社会型（S）、管理型

(E)、常规型（C）。一般说来，完全属于某一种典型兴趣类型的人并不多。大多数人除了可以主要地划分为某一种兴趣类型外，还可能同时具有另外一种兴趣类型的特点。这样两两交叉就形成了36种职业兴趣类型。

“RCCP通用人职匹配测试量表”可以帮助你根据测试结果获知自己的人格特征更适合从事哪方面的工作，请根据你对每一题目的第一印象作答，不必仔细推敲，答案没有对错之分。回答题目根据与实际情况符合程度来判断，与你的实际情况相符合的用“是”表示；不符合的用“否”表示；难以回答的用“?”表示。对于有些你没有机会从事的工作，你也可以在“假设”从事过这些工作的情况下做出判断。与实际相符的得2分，不符合的得0分，难以回答的得1分。做完后分类统计各自总分填入成绩登记表。

现实型（R）问题（1～18）：

（1）你曾经将钢笔全部拆散加以清洗并能独立地将它装起来吗?

（2）你会用积木搭出许多造型吗？小时候常拼七巧板吗?

（3）你在中学里喜欢做实验吗?

（4）你对一些动手较多的技术工作（如修钟表、印照片、织毛线、绣花、剪纸等）很感兴趣吗?

（5）当你家里有些东西需要小修小补时（如窗子关不严、凳子坏了、衣服不合身等），常常是由你来做吗?

（6）你常常偷偷地去摆弄不让你摆弄的机器或机械（诸如打字机、摩托车、电梯、机床等）吗?

（7）你是否深深体会到身边有一把指甲钳或老虎钳等工具，会给你提供许多便利?

（8）看到老师傅在做活，你能很快地、准确地模仿吗?

（9）你喜欢把一件事做完后再做另一件事吗?

（10）在做事情前，你经常害怕出错，而对工作安排反复检查吗?

（11）你喜欢亲自动手制作一些东西，从中得到乐趣吗?

（12）你喜欢使用锤子、斧头一类的工具吗?

（13）如果掌握一门手艺，并能以此为生，你会感到非常满意吗?

（14）你曾渴望当一名汽车司机吗?

（15）小时候，你经常把玩具拆开，把里面看个究竟吗?

（16）你喜欢修理自行车、电器一类的工作吗?

（17）你喜欢与各类机械打交道吗?

（18）你亲手制作或修理的东西经常令你的朋友满意吗?

研究型（I）问题（19～36）：

（19）你对电视或单位里的智力竞赛有兴趣吗?

（20）你经常到新华书店或图书馆翻阅图书（文艺小说除外）吗?

（21）学生时代你常常会主动地做一些有趣的习题吗?

（22）你对一件新产品或新事物的构造或工作原理感兴趣吗?

（23）当有人向你请教某件事情如何做时，你总喜欢讲清内部原理，而不仅仅是操作步骤吗?

（24）你常常对一件想知道但又无法详细知道的事物想象出它将是什么或怎么变化吗?

（25）看到别人在为一个有趣的难题争论不休时，你会加入进去或者独自一个人思考，直到问题解决为止吗？

（26）看推理小说或电影时，你常常分析推理谁是罪犯，并且这种分析时常与最后结果相吻合吗？

（27）你喜欢做一些需要运用智力的游戏吗？

（28）相比而言，你更喜欢独自一个人思考问题吗？

（29）你的理想是当一名科学家吗？

（30）你经常不停地思考某一问题，直到想出正确的答案吗？

（31）你喜欢抽象思维的工作吗？

（32）你喜欢解答较难的问题吗？

（33）你喜欢阅读自然科学方面的书籍和杂志吗？

（34）你能够做那种需要持续集中注意力的工作吗？

（35）你喜欢学数学吗？

（36）如果独自在实验室里做长时间的实验，你能坚持吗？

艺术型（A）问题（37～54）：

（37）你对戏剧、电影、文艺小说、音乐、美术等其中的一两个方面较感兴趣吗？

（38）你常常喜欢谈论文艺界的明星吗？

（39）你参加过文艺演出、绘画训练或经常写写诗歌、短文吗？

（40）你的朋友经常赞扬你把自己的房间布置得比较优雅并有品位吗？

（41）你对别人的服装、外貌以及家具摆设等能做出比较准确的评价吗？

（42）你认为一个人的仪表美主要为了表现一个人对美的追求，而不是为了得到别人的赞扬和羡慕吗？

（43）你觉得工作之余坐下来听听音乐、看看画册或欣赏戏剧等，是你最大的乐趣吗？

（44）遇到美术展览会、歌星演唱会等活动，你常常去观赏吗？

（45）音乐能使你陶醉吗？

（46）你喜欢成为人们注意的焦点吗？

（47）你喜欢不时地夸耀一下自己取得的成就吗？

（48）你喜欢做戏剧、音乐、歌舞、摄影等方面的工作吗？

（49）你能较为准确地分析美术作品吗？

（50）你爱幻想吗？

（51）看情感影片或小说时，你常禁不住眼圈湿润吗？

（52）当你接受一项新任务时，你喜欢以自己独特的方法去完成它吗？

（53）你有文艺方面的天赋吗？

（54）与推理小说相比，你更喜欢言情小说吗？

社会型（S）问题（55～72）：

（55）你常常主动给朋友写信或打电话吗？

（56）你能列出五个你自认为够朋友的人吗？

（57）你很愿意参加学校、单位或社会团体组织的各种活动吗？

（58）你看到不相识的人遇到困难时，能主动去帮助他，或向他表示你同情与安慰的心情吗？

(59) 你喜欢去参加新活动并结交新朋友吗？

(60) 对一些令人讨厌的人，你常常会由于某种理由原谅他、同情他甚至帮助他吗？

(61) 有些活动虽然没有报酬，但你觉得这些活动对社会有影响吗？

(62) 你很注意你的仪容风度，这主要是为了让人对你产生良好的印象吗？

(63) 大家公认你是一名勤劳踏实、愿为大家服务的人吗？

(64) 旅途中你喜欢与人交谈吗？

(65) 你喜欢参加各种各样的聚会吗？

(66) 你很容易结识同性朋友吗？

(67) 你乐于解除别人的痛苦吗？

(68) 对于社会问题，你很少持中庸的态度吗？

(69) 听别人谈“家中被盗”一类的事，很容易引起你的同情吗？

(70) 你通常不喜欢一个人独处吗？

(71) 在工作中，你喜欢听取别人的意见吗？

(72) 和一群人在一起时，你能经常找到恰当的话题吗？

管理型（E）问题（73～90）：

(73) 当你有钱后，你愿意用于投资吗？

(74) 你常常能发现别人组织的活动的某些不足，并提出建议让他们改进吗？

(75) 你相信如果让你做一个个体户，一定会成为万元户吗？

(76) 你在上学时曾经担任过某些职务（诸如班干部、课代表等）并且自认为干得不错吗？

(77) 你有信心去说服别人接受你的观点吗？

(78) 你对一大堆的数字感到头疼吗？

(79) 做一件事情时，你常常事先仔细考虑它的利弊得失吗？

(80) 在别人跟你算账或讲一套理由时，你常常能换一个角度考虑，从而发现其中的漏洞吗？

(81) 你曾经渴望有机会参加探险吗？

(82) 你认为在管理活动中以个人的意志影响别人的行为是很有必要的吗？

(83) 如果待遇相同，你宁愿当一名商品推销员，也不愿当一名机关办事员吗？

(84) 当你开始做一件事后，即使碰到再多的困难，你也会执着地干下去吗？

(85) 你总是主动地向别人提出自己的意见吗？

(86) 你更喜欢自己下了赌注的比赛或游戏吗？

(87) 和不熟悉的人交谈对你来说毫不困难吗？

(88) 和别人谈判时，你不愿放弃自己的观点，是吗？

(89) 在集体讨论中，你不愿保持沉默，是吗？

(90) 你愿意从事虽然工资少但是比较稳定的职业，是吗？

常规型（C）问题（91～108）：

(91) 你能够用一两个小时坐下来抄写一份你不感兴趣的材料吗？

(92) 你能按领导或老师的要求尽自己的能力做好每一件事吗？

(93) 无论填报什么表格，你都非常认真吗？

（94）在讨论会上，如果不少人已经讲的观点与你的不同，你就不发表自己的观点了吗？

（95）你常常觉得在你周围有不少人比你更有才能吗？

（96）你喜欢重干别人已经做过的事情而不喜欢做那些要自己动脑筋摸索着干的事吗？

（97）你喜欢做那些已经很习惯了的工作，同时最好这种工作责任心小一些，工作时还能聊聊天、听听歌曲吗？

（98）你经常将非常琐碎的事情处理好吗？

（99）你总留有充裕的时间去赴约会吗？

（100）对别人借你的和你借别人的东西，你都能记得很清楚吗？

（101）你喜欢经常请示上级吗？

（102）你喜欢按部就班地完成要做的工作吗？

（103）对于急躁、爱发脾气的人，你仍能以礼相待吗？

（104）你是一个沉静而不易动感情的人吗？

（105）你喜欢把一切安排得井井有条吗？

（106）你经常收拾房间，保持房间整洁吗？

（107）你办事常常思前想后吗？

（108）每次写信你都要好好考虑，写完后至少重复看一遍吗？

职业兴趣自我测评

类　型	得　分
现实型（R）	
研究型（I）	
艺术型（A）	
社会型（S）	
管理型（E）	
常规型（C）	

如果你在某一部分的得分明显高于其他部分，说明你属于该种典型类型的人。一般来说，综合性的兴趣特征者在生活中居多数。那么，怎样确定你自己的综合特征呢？

第一步，列出得分最高的两个兴趣类型的代号（　　）（　　）。

第二步，将得分最高的兴趣类型代号的字母填入第一空格。例如，你是现实型，则填（R）。

第三步，将得分最高的兴趣类型代号，从高至低依次填入空格。如果第二个特征是I，则填（R）（I）。

第四步，据此可知这位填表者的兴趣特征是现实研究型。然后，依据这个类型代号在表中查询，便可知道自己的主要职业兴趣。

典型现实型（RR）：需要进行明确的、具体的、按一定程序要求的技术性、技能性工作，如：机械操作人员、电工技师、技术工人。

研究现实型（IR）：具有一定科技含量的技术技能性工作，如：计算机编程人员、工程技术人员、质量检验人员。

艺术现实型（AR）：需要一定艺术表现的技术或技能性工作，如：雕刻、手工刺绣、家具制作、服装制作。

社会现实型（SR）：与人打交道较多的技术或技能性工作，如：出租汽车驾驶员、家电维修人员。

管理现实型（ER）：需要一定管理能力的技术或技能性工作，如：领航员、动物管理员。

常规现实型（CR）：常规性的技术或技能性工作，如：计算机操作人员、机械维修人员。

典型研究型（II）：需要通过观察和科学分析而进行的系统的创造性活动的科学研究工作和理论性工作，如：数学/物理等学科的研究人员、学术评论者。

现实研究型（RI）：侧重于技术或技能性的科学研究工作，如：机械、电子、化工行业的工程师、化学技师、研究室的实验人员。

艺术研究型（AI）：艺术研究方面的工作，如：文艺评论家、作品编辑、艺术理论工作者。

社会研究型（SI）：社会科学研究方面的工作，如：社会学研究人员、心理学研究人员。

管理研究型（EI）：管理研究方面的工作，如：管理学科研究者、管理类刊物编辑。

常规研究型（CI）：常规性的研究工作，如：数据采集者、资料搜集人员。

典型艺术型（AA）：需要通过非系统化的、自由的活动进行艺术表现的工作，如：演员、诗人、作曲家、画家。

现实艺术型（RA）：运用现代科技较多的艺术工作，如：电视摄影师、录音师、动画制作人员。

研究艺术型（IA）：具有探索性的艺术工作，如：剧作家、时装艺术大师、工艺产品设计师。

社会艺术性（SA）：侧重于社会交流或社会问题的艺术工作，如：作家、播音员、广告设计、时装模特。

管理艺术型（EA）：具备一定管理能力的艺术工作，如：节目主持人、艺术教师、音乐指挥、导演。

常规艺术型（CA）：常规性的艺术工作，如：化妆师、花匠。

典型社会型（SS）：需要更多时间与人打交道的说服、教育和治疗工作，如：教师、公关人员、供销人员、社会活动家。

现实社会型（RS）：具有一定计划或技能的社会型工作，如：护士、职业学校教师。

研究社会型（IS）：需要做些分析研究的社会型工作，如：医生、大学文科教师、心理咨询人员、市场调研人员、政治思想工作者。

艺术社会型（AS）：具有一定艺术型的社会性工作，如：记者、律师、翻译。

管理社会型（ES）：需要一定管理能力的社会工作，如：工商行政人员、市场管理人员、公安交警。

常规社会型（CS）：常规性的公益事务工作，如：环卫工作人员、工勤人员。

典型管理型（EE）：需要胆略，冒风险且承担责任的活动。主要指管理、决策方面的工作，如：企业经理、金融投资者。

现实管理型（RE）：具有一定技术或技能的管理性工作，如：技术经理、护士长、船长。

研究管理型（IE）：需侧重于分析研究的管理工作，如：总工程师、总设计师、专利代理人。

艺术管理型（AE）：与艺术有关的管理工作，如：广告经理、艺术领域经纪人。

社会管理型（SE）：与社会有关的管理工作，如：销售经理、公关经理。

常规管理型（CE）：常规性的管理工作，如：办公室负责人、大堂经理。

典型常规型（CC）：严格按照固定的规则、方法进行重复性、习惯性的劳动，并具有一定自控能力的相关工作，如：出纳员、行政办事员、图书管理员。

现实常规型（RC）：需要一定技术或技能的常规性工作，如：档案资料管理员、文印人员。

研究常规型（IC）：需要经常进行一些研究分析的常规性工作，如：估价员、土地测量员、报表制作人员、统计分析员。

艺术常规型（AC）：与艺术有关的常规性工作，如：美容师、包装人员。

社会常规型（SC）：需要更多时间与人打交道的常规性工作，如：售票员、营业员、接待人员、宾馆服务人员。

管理常规型（EC）：需要一定管理能力的常规性工作，如：机关科员、文秘人员。

附：职业索引——职业兴趣代号与其相应的职业对照表

R（现实型）：木匠、农民、操作X光的技师、工程师、飞机机械师、鱼类和野生动物专家、自动化技师、机械工（车工、钳工等）、电工、无线电报务员、火车司机、长途公共汽车司机、机械制图员、机器修理师、电器师。

I（研究型）：气象学者、生物学者、天文学家、药剂师、动物学者、化学家、科学报刊编辑、地质学者、植物学者、物理学者、数学家、实验员、科研人员、科技作者。

A（艺术型）：室内装饰专家、图书管理专家、摄影师、音乐教师、作家、演员、记者、诗人、作曲家、编剧、雕刻家、漫画家。

S（社会型）：社会学者、导游、福利机构工作者、咨询人员、社会工作者、社会科学教师、学校领导、精神病工作者、公共保健护士。

E（管理型）：推销员、进货员、商品批发员、旅馆经理、饭店经理、广告宣传员、调度员、律师、政治家、零售商。

C（常规型）：记账员、会计、银行出纳、法庭速记员、成本估算员、税务员、核算员、打字员、办公室职员、统计员、计算机操作员、秘书。

下面介绍与你3个代号的职业兴趣类型一致的职业表，对照的方法如下：首先根据你的职业兴趣代号，找出相应的职业，例如你的职业兴趣代号是RIA，那么牙科技术人员、陶工等是适合你兴趣的职业；然后寻找与你职业兴趣代号相近的职业，如你的职业兴趣代号是RIA，那么，其他由这三个字母组合成的编号（如IRA、IAR、ARI等）对应的职业，也较适合你的兴趣。

RIA：牙科技术员、陶工、建筑设计员、模型工、细木工、制作链条人员。

RIS：厨师、林务员、跳水员、潜水员、染色员、电器修理、眼镜制作、电工、纺织机器装配工、服务员、装玻璃工人、发电厂工人、焊接工。

RIE：建筑和桥梁工程、环境工程、航空工程、公路工程、电力工程、信号工程、电话工程、一般机械工程、自动工程、矿业工程、海洋工程、交通工程技术人员、制图员、家政经济人员、计量员、农民、农场工人、农业机械操作、清洁工、无线电修理、汽车修理、手表修理、管工、线路装配工、工具仓库管理员。

RIC：船上工作人员、接待员、杂志保管员、牙医助手、制帽工、磨坊工、石匠、机器制造、机车（火车头）制造、农业机器装配、汽车装配工、缝纫机装配工、钟表装配和检验、电动器具装配工、鞋匠、锁匠、货物检验员、电梯机修工、托儿所所长、钢琴调音员、装配工、印刷工、建筑钢铁工作、卡车司机。

RAI：手工雕刻、玻璃雕刻、制作模型人员、家具木工、制作皮革品、手工绣花、手工钩针纺织、排字工作、印刷工作、图画雕刻、装订工。

RSE：消防员、交通巡警、警察、门卫、理发师、房间清洁工、屠夫、锻工、开凿工人、管道安装工、出租汽车驾驶员、货物搬运工、送报员、勘探员、娱乐场所的服务员、起卸机操作工、灭害虫者、电梯操作工、厨房助手。

RSI：纺织工、编织工、农业学校教师、某些职业课程教师（诸如艺术、商业、技术、工艺课程）、雨衣上胶工。

REC：抄水表员、保姆、实验室动物饲养员、动物管理员。

REI：轮船船长、航海领航员、大副、试管实验员。

RES：旅馆服务员、家畜饲养员、渔民、渔网修补工、水手长、收割机操作工、搬运行李工人、公园服务员、救生员、登山导游、火车工程技术员、建筑工作、铺轨工人。

RCI：测量员、勘测员、仪表操作者、农业工程技术、化学工程技师、民用工程技师、石油工程技师、资料室管理员、探矿工、煅烧工、烧窨工、矿工、保养工、磨床工、取样工、样品检验员、纺纱工、炮手、漂洗工、电焊工、锯木工、刨床工、制帽工、手工缝纫工、油漆工、染色工、按摩工、木匠、农民建筑工作、电影放映员、勘测员助手。

RCS：公共汽车驾驶员、一等水手、游泳池服务员、裁缝、建筑工作、石匠、烟囱修建工、混凝土工、电话修理工、爆炸手、邮递员、矿工、裱糊工人、纺纱工。

RCE：打井工、吊车驾驶员、农场工人、邮件分类员、铲车司机、拖拉机司机。

IAS：普通经济学家、农场经济学家、财政经济学家、国际贸易经济学家、实验心理学家、工程心理学家、心理学家、哲学家、内科医生、数学家。

IAR：人类学家、天文学家、化学家、物理学家、医学病理、动物标本剥制者、化石修复者、艺术品管理者。

ISE：营养学家、饮食顾问、火灾检查员、邮政服务检查员。

ISC：侦察员、电视播音室修理员、电视修理服务员、验尸室人员、编目录者、医学实验定技师、调查研究者。

ISR：水生生物学者、昆虫学者、微生物学家、配镜师、矫正视力者、细菌学家、牙科医生、骨科医生。

ISA：实验心理学家、普通心理学家、发展心理学家、教育心理学家、社会心理学家、临床心理学家、目标学家、皮肤病学家、精神病学家、妇产科医师、眼科医生、五官科医生、医学实验室技术专家、民航医务人员、护士。

IES：细菌学家、生理学家、化学专家、地质专家、地理物理学专家、纺织技术专家、医院药剂师、工业药剂师、药房营业员。

IEC：档案保管员、保险统计员。

ICR：质量检验技术员、地质学技师、工程师、法官、图书馆技术辅导员、计算机操作员、医院听诊员、家禽检查员。

IRA：地理学家、地质学家、矿物学家、古生物学家、石油学家、地震学家、声学物理学家、原子和分子物理学家、电学和磁学物理学家、气象学家、设计审核员、人口统计学家、数学统计学家、外科医生、城市规划家、气象员。

IRS：流体物理学家、物理海洋学家、等离子体物理学家、农业科学家、动物学家、食品科学家、园艺学家、植物学家、细菌学家、解剖学家、动物病理学家、作物病理学家、药物学家、生物化学家、生物物理学家、细胞生物学家、临床化学家、遗传学家、分子生物学家、质量控制工程师、地理学家、兽医、放射性治疗技师。

IRE：化验员、化学工程师、纺织工程师、食品技师、渔业技术专家、材料和测试工程师、电气工程师、土木工程师、航空工程师、行政官员、冶金专家、原子核工程师、陶瓷工程师、地质工程师、电力工程量、口腔科医生、牙科医生。

IRC：飞机领航员、飞行员、物理实验室技师、文献检查员、农业技术专家、动植物技术专家、生物技师、油管检查员、工商业规划者、矿藏安全检查员、纺织品检验员、照相机修理者、工程技术员、编计算程序者、工具设计者、仪器维修工。

CRI：簿记员、会计、记时员、铸造机操作工、打字员、按键操作工、复印机操作工。

CRS：仓库保管员、档案管理员、缝纫工、讲述员、收款人。

CRE：标价员、实验室工作者、广告管理员、自动打字机操作员、电动机装配工、缝纫机操作工。

CIS：记账员、顾客服务员、报刊发行员、土地测量员、保险公司职员、会计师、估价员、邮政检查员、外贸检查员。

CIE：打字员、统计员、支票记录员、订货员、校对员、办公室工作人员。

CIR：校对员、工程职员、海底电报员、检修计划员、发报员。

CSE：接待员、通讯员、电话接线员、卖票员、旅馆服务员、私人职员、商学教师、旅游办事员。

CSR：运货代理商、铁路职员、交通检查员、办公室通信员、簿记员、出纳员、银行财务职员。

CSA：秘书、图书管理员、办公室办事员。

CER：邮递员、数据处理员、办公室办事员。

CEI：推销员、经济分析家。

CES：银行会计、记账员、法人秘书、速记员、法院报告人。

ECI：银行行长、审计员、信用管理员、地产管理员、商业管理员。

ECS：信用办事员、保险人员、各类进货员、海关服务经理、售货员、购买员、会计。

ERI：建筑物管理员、工业工程师、农场管理员、护士长、农业经营管理人员。

ERS：仓库管理员、房屋管理员、货栈监督管理员。

ERC：邮政局长、渔船船长、机械操作领班、木工领班、瓦工领班、驾驶员领班。

EIR：科学、技术和有关周期出版物的管理员。

EIC：专利代理人、鉴定人、运输服务检查员、安全检查员、废品收购人员。

EIS：警官、侦察员、交通检验员、安全咨询员、合同管理者、商人。

EAS：法官、律师、公证人。

EAR：展览室管理员、舞台管理员、播音员、驯兽员。

ESC：理发师、裁判员、政府行政管理员、财政管理员、工程管理员、职业病防治、售货员、商业经理、办公室主任、人事负责人、调度员。

ESR：家具售货员、书店售货员、公共汽车的驾驶员、日用品售货员、护士长、自然科学和工程的行政领导。

ESI：博物馆管理员、图书馆管理员、古迹管理员、饮食业经理、地区安全服务管理员、技术服务咨询者、超级市场管理员、零售商品店店员、批发商、出租汽车服务站调度员。

ESA：博物馆馆长、报刊管理员、音乐器材售货员、广告商售画营业员、导游、（轮船或班机上的）事务长、飞机上的服务员、船员、法官、律师。

ASE：戏剧导演、舞蹈教师、广告撰稿人、报刊、专栏作者、记者、演员、英语翻译。

ASI：音乐教师、乐器教师、美术教师、管弦乐指挥、合唱队指挥、歌星、演奏家、哲学家、作家、广告经理、时装模特。

AER：新闻摄影师、电视摄影师、艺术指导、录音指导、丑角演员、魔术师、木偶戏演员、骑士、跳水员。

AEI：音乐指挥、舞台指导、电影导演。

AES：流行歌手、舞蹈演员、电影导演、广播节目主持人、舞蹈教师、口技表演者、喜剧演员、模特。

AIS：画家、剧作家、编辑、评论家、时装艺术大师、新闻摄影师、男演员、文学作者。

AIE：花匠、皮衣设计师、工业产品设计师、剪影艺术家、复制雕刻品大师。

AIR：建筑师、画家、摄影师、绘图员、环境美化工、雕刻家、包装设计师、陶器设计师、绣花工、漫画工。

SEC：社会活动家、退伍军人服务官员、工商会事务代表、教育咨询者、宿舍管理员、旅馆经理、饮食服务管理员。

SER：体育教练、游泳指导。

SEI：大学校长、学院院长、医院行政管理员、历史学家、家政经济学家、职业学校教师、资料员。

SEA：娱乐活动管理员、国外服务办事员、社会服务助理、一般咨询者、宗教教育工作者。

SCE：部长助理、福利机构职员、生产协调人、环境卫生管理人员、戏院经理、餐馆经理、售票员。

SRI：外科医师助手、医院服务员。

SRE：体育教师、职业病治疗者、体育教练、专业运动员、房管员、儿童家庭教师、警察、引座员、传达员、保姆。

SRC：护理员、护理助理、医院勤杂工、理发师、学校儿童服务人员。

SIA：社会学家、心理咨询者、学校心理学家、政治科学家、大学或学院的系主任、大学或学院的教育学教师、大学农业教师、大学工程和建筑课程的教师、大学法律教师、大学数学、医学、物理、社会科学和生命科学的教师、研究生助教、成人教育教师。

SIE：营养学家、饮食学家、海关检查员、安全检查员、税务稽查员、校长。

SIC：描图员、兽医助手、诊所助理、体检检查员、监督缓刑犯的工作者、娱乐指导者、咨询人员、社会科学教师。

SIR：理疗员、救护队工作人员、手足病医生、职业病治疗助手。

活动六　兴趣探索小结

把活动一、二、三、四、五探索的结果填入下列表格中。

名称	R	I	A	S	E	C
1 我喜欢的科目						
2 我喜欢的杂志						
3 我的偶像						
4 我喜欢的电视节目						
5 我喜欢的休闲活动						
6 我喜欢读的书						
7 我喜欢的格言						
8 我的岛屿度假计划						
9 我喜欢的专业之一						
10 我喜欢的专业之二						
11 我喜欢的专业之三						
12 我向往的工作之一						
13 我向往的工作之二						
14 我向往的工作之三						

二、职场案例与生涯故事

案例一　周杰伦：创业路上没有偶然

提到周杰伦，没有哪一个学生不知道。他的《双节棍》《东风破》《听妈妈的话》可谓家喻户晓。这个有点沉默、家世平平的歌手，用他的音乐席卷了整个华语地区，成为流行乐坛明星。他的音乐风格灵动，开拓了流行音乐新领域，他在流行乐坛引领了“中国风”，甚至在某种程度上带动了中国古典文学的复兴。

成绩平平，专注自己的音乐天赋

周杰伦，1979 年 1 月 18 日于台北出生。爸爸是生物老师，妈妈是美术老师。周杰伦从小对音乐就有着独特的敏感，听到音乐就会随着节奏兴奋地摇晃，有时候一边看电视，一边戴上墨镜学高凌风唱歌。母亲见他在音乐方面很有天赋，毫不犹豫地拿出家里所有的积蓄，给他买了一架钢琴。这一年，周杰伦才4岁。

虽然是教师之子，周杰伦的学习却不尽如人意。小时候，成绩栏上红颜色比蓝颜色多，数学考试成绩经常在40分左右，只能用“对音乐有天分的人，好像数学都不太好”来安慰自己。英语老师甚至认为他有学习障碍。高中联考时，周杰伦的功课还是很差，只考了100多分。当时有一个音乐班招生，周杰伦抱着试试的心理参加了考试，竟然考上了。

在高中能学习音乐，周杰伦幸福无比，他的音乐天赋和才华在这里得到了认同。他的高中同学回忆，那个时候，周杰伦弹钢琴唱歌和打篮球的样子迷倒了很多女孩子。虽然父母亲在他14岁时离异，但是躲在音乐世界的周杰伦却并没有受到大的冲击。他回忆说：“12岁到16岁的日子是我最开心的日子，音乐让我的心灵得到安慰。”

周杰伦的高中钢琴老师说，周杰伦十多岁时已经培养出远远超越他实际年龄的即兴演奏能力——他将庄严肃穆的音乐变奏，以一种很有意思的方式重新演绎，听上去就像流行歌曲。

餐馆打工，执着自己的音乐梦想

由于偏科严重，还屡屡挂科，周杰伦没有考上大学。是先择业还是先就业？这个问题被今天的大学毕业生千万次地问，当年的周杰伦也面临这个走出校门后进入职业适应期的经典问题。

如果择业，最吸引他的一定就是成为一名歌手，但一个普普通通的17岁的孩子，如何成为歌手？无奈的周杰伦几次碰壁以后，选择了在一个餐厅做侍应生——先生存，再谋发展。

在餐厅的工作其实很简单，把厨师做出来的饭菜送给女侍应生，再由女侍应生送给客人。即使是这样，周杰伦也没有离开自己的音乐世界，他带着一个随身听，一边工作一边听歌。

机会终于来了。老板为了提高餐厅档次，决定在大堂放一架钢琴，但连续尝试了几个琴师都不满意。周杰伦在空闲的时候偷偷地试了试，他的琴声震惊了不少同事，包括他的老板。老板拍着周杰伦的后背说：你可以在这两个小时不用干活了。

不怕失败，迎来自己的音乐春天

在餐厅里打工和弹琴让周杰伦慢慢开始有公众演奏的机会，也慢慢开始积累起自己的听众。如果没有那个意外出现，他也许会觉得，这样的工作还挺好的。但是，机遇从不会忘记那些执着于梦想的人。

1997年9月，周杰伦的表妹瞒着他，偷偷给他报名让他参加当时中国台湾地区著名娱乐主持人吴宗宪的娱乐节目《超猛新人王》。当时的周杰伦非常害羞，他甚至不敢上台唱自己的歌，只好找了一个朋友来唱，自己用钢琴伴奏。两个人的演出“惨不忍睹”。但主持人吴宗宪路过钢琴的时候，惊奇地发现这个一直连头也没敢抬的小伙子谱着一曲非常复杂的谱子，而且抄写得工工整整！他意识到这是一个对音乐很认真的人。节目结束以后，他问周杰伦：“你有没有兴趣参加我的唱片公司，任音乐制作助理？”

很多人往往把这一瞬间定义为周杰伦生命的转折点。因为他的过人天赋加上吴宗宪的慧眼识珠，周杰伦终于成功啦！笔者不以为然，因为通过短短的几秒钟看乐谱根本无法判断某人是否具有音乐天赋，真正让吴宗宪感动的是这个年轻人对自己乐谱的认真程度。打动吴宗宪的，与其说是才气，不如说是认真。很多时候，不管能力有多大，机会往往只选择那些认真对待自己工作的人，这本身是一种最重要的能力。

作为唱片制作助理，在负责唱片公司所有人的盒饭之余，周杰伦在那间7平方米的隔音间里开始了自己的创作生涯。半年下来，他写出来的歌倒不少，但曲风奇怪，没有一个歌手愿意接受。其中包括拒绝《眼泪不哭》的刘德华和《双截棍》的张惠妹。当然，两年后他们后悔不迭。

吴宗宪有些着急，他决定给这个年轻人一些打击。他让周杰伦来到自己的办公室，告诉他写的歌曲很烂，当面把乐谱揉成一团，丢进废纸篓里。这是周杰伦在音乐道路上遭受的重大打击。然而，吴宗宪第二天早上走进办公室的时候，惊奇地看到这个年轻人的新谱子又放在了桌上，第三天、第四天……每一天吴宗宪都能在办公桌上看到周杰伦的新歌，他彻底被这个沉默木讷的年轻人打动了。

1992年12月的一天，吴宗宪把周杰伦叫到房间说，如果你可以在10天之内拿出50首新歌。我就从里面挑出10首，做成专辑——既然没有人喜欢唱你的歌，你就自己唱吧。10天之后，周杰伦安安静静地拿出50首歌，于是就有了周杰伦一举成名的专辑《JAY》。从这张专辑开始，周杰伦一发而不可收。

周杰伦的职业经历说来传奇，其实也普通。每个人在进入职场的时候，都会遇到类似的问题。领导的批评、不被人认同……如何对待和处理这些问题，比问题本身更加重要。没有被上司的讽刺打倒的周杰伦，用更多的努力获得了认同。胜利者不一定总是赢的人，能够接受打击，能够更加积极对待事业，才能取得最终的胜利。

纵观周杰伦的职业发展，经历了3个时期：在校学习期间的职业培养期、餐厅打工的职业适应期和之后的职业发展期，在每个时期，他都做了很好的示范。

在职业培养期，他选择了专注自己的天赋，没有被“大而全”的教育模式平庸化。周杰伦的学生时代，有两点特别引人注目。首先是对自己音乐天赋的忠诚和投入。音乐对于他而言，与其说是一种兴趣，不如说是另一个世界。在这个世界里，音乐帮助他抵挡父母离异、成绩不好等所有青春期的常见烦恼，让他自信健康地成长。一个人能够在自己的天赋中自由舞蹈，这无疑是一种幸福，这能抵挡住一切成长的动荡。爱因斯坦在这个年纪正幻想与光赛跑，傅聪则生活在小提琴音符中间……其次是高中时代选择读音乐班，这是一个很重要的职业规划。高中时代是个人重要的职业培养和探索期，这个时候，孩子刚刚开始有社会意识，如果天赋在自己的小群体里获得认同，就会极大推动未来把这种天赋作用于社会的想法。如果周杰伦上的是普通高中，也许他的音乐才能只会变成一个差生聊以自慰的“小把戏”。而音乐班的氛围，让他的这种天赋很顺利地从个人兴趣发展成社会技能。

在职业适应期，他明智地选择了先就业再择业，先养活自己，再慢慢培养自己的能力，期待在最高平台展示的机会。可以说，选择先去餐厅打工，是周杰伦的正确选择。好的职业规划强调先生存再发展：其一，完美的工作不是一下子就能获得的，需要长期的技能和经验的积累。这是一个漫长的时期，如何度过这段时期？先就业，让自己生存下来是关键。其二，大部分学生毕业的时候，最需要的能力不是专业能力，而是适应社会的心态。这堂心态课程可以在任何工作里面学到，往往比能力更加重要。可以说，毕业后最好的职业规划选择应该是：找一份自己能做的工作，培养自己适应社会的心态。同时，注意培养进入理想工作的能力，把完美工作作为长期目标来努力。

试想，如果周杰伦坚持寻找自己喜欢的完美工作：唱歌。那么，他的音乐之路能坚持多久？没有经济支持，没有能够证明自己的履历，没有明确的方法和方向，最大的可能就是一个音乐梦想随之破碎无可修复。当前的大学毕业生中也有这样一些人：我要做管理，我要做导演，我拒绝做一份自己不喜欢的工作。于是，把自己塞进了现实与梦想的夹缝中间，动弹不得。他们忘记了，完美的工作是从不完美处开始的。

在职业发展期，周杰伦调整好自己的心态，用认真、踏实的精神和态度打动公司的同时，也打动了所有的听众。这些道理都很简单，只是简单并不代表容易做。周杰伦也许有一些你我没有的天赋，但是成功的路上绝对没有偶然。从很多成功人士的经历来看，这个阶段的开始往往是由于链接到了业内的第一平台。周杰伦联系到当时的台湾娱乐界名人吴宗宪；王宝强这个阶段开始拍《士兵突击》；爱因斯坦在这个阶段联系上了科学伯乐奥斯特瓦尔德；打工皇帝唐骏在这个时期写信联系到了比尔·盖茨；而比尔·盖茨在这个阶段正磕磕巴巴地在IBM的董事会面前展示他的Windows 1.0。几乎每一个成功人士背后都有一个登上行业第一平台的故事。所以这也是职业规划的重要原则：进入行业内的第一平台，并展示自己。

【思考】

(1) 读过这个案例，周杰伦的哪些成长故事对你有触动？请在相应的语句下面画横线。

(2) 这些成长故事让你想到什么事情或者什么人吗？给你带来哪些思考？

(3) 从周杰伦的故事中，你理解周杰伦成功的原因是什么？这个职业生涯规划有怎样的关联？

(4) 周杰伦的故事带给你哪些感悟？带着这样的感悟，你对未来有什么样的想法？

案例二　比尔·拉福的故事

背景：一个美国小伙子立志做一名优秀的商人。

他中学毕业后考入麻省理工学院，没有去读贸易专业，而是选择了工科中最普通最基础的专业——机械专业。

大学毕业后，这位小伙子没有马上投入商海，而是考入芝加哥大学，攻读为期三年的经济学硕士学位。

出人意料的是，获得硕士学位后，他还是没有从事商业活动，而是考了公务员。

在政府部门工作了5年后，他辞职下海经商。又过了两年，他开办了自己的商贸公司。20年后，他的公司资产从最初的20万美元发展到2亿美元。

这位小伙子就是美国知名企业家比尔·拉福。

1994年10月，比尔·拉福率团来中国进行商业考察，在北京长城饭店接受《中国青年报》记者采访时，他谈到他的成功应感激他父亲的指导，他们共同制定了一个重要的生涯规划。最终这个生涯设计方案使他功成名就。

我们来看一下这个成功的简图：

工科学习→工学学士→经济学学习→经济学硕士→政府部门工作→锻炼处世能力，建立广泛的人际关系→大公司工作→熟悉商务环境→开公司→事业成功

第一阶段：工科学习

选择：中学时代，比尔·拉福就立志经商。他的父亲是洛克菲勒集团的一名高级职员，

他发现儿子有商业天赋，机敏果断，敢于创新，但经历的磨难太少，没有经验，更缺乏必要的知识。于是，父子俩进行了一次长谈，并描绘出职业生涯的蓝图。因此升学时他没有像其他人一样直接去读贸易专业，而是选择了工科中最基础最普通的机械制造专业。

评析：做商贸必须具备一定的专业知识。在商品贸易中，工业品占绝对多数，不了解产品的性能、生产制造情况，就很难保证在贸易中得到收益。工科学习不仅是知识技能的培养，而且能帮助建立一套严谨求实的思维体系。清楚的推理分析能力和脚踏实地的工作态度，正是经商所需要的。

收获：比尔·拉福在麻省理工学院的4年，除了本专业，还广泛接触了其他课程，如化工、建筑、电子等，这些知识在他后来的商业活动中发挥了举足轻重的作用。

第二阶段：经济学学习

选择：大学毕业后，比尔·拉福没有立即进入商海而是考进芝加哥大学，开始了为期3年的经济学硕士课程。

评析：在市场经济下，一切经济活动都通过商业活动来实现的，不了解经济规律，不学习经济学知识，就很难在商场立足。

收获：比尔·拉福掌握了经济学的基本知识，搞清了影响商业活动的众多因素，还认真学习了有关法律和微观经济活动的管理知识。几年下来，他对会计、财务管理也较为精通，在知识上已完全具备了经商的素质。

第三阶段：政府部门工作

选择：比尔·拉福拿到经济学硕士学位后考取了公务员，在政府部门工作了5年。

评析：经商必须有很强的人际交往能力，要想在商业上获得成功，必须深知处世规则，善于与人交往，建立诚信合作关系。这种开拓人际关系的能力只有在社会工作中才能得到提高。

收获：在环境的压迫下比尔·拉福养成了强烈的自我保护意识，由稚嫩的热血青年成长为一名老成、处事不惊的公务员，并结识了各界人士，建立起一套关系网络，为后来的发展提供大量的信息和便利条件。

第四阶段：通用公司锻炼

选择：5年的政府工作结束之后，比尔·拉福完全具备了成功商人所需的各种素质，于是辞职下海，去了通用公司。

评价：通过各种学习获得足够的知识，但知识要通过实践的锻炼才能转化为技能。

收获：在国际著名的通用公司进行锻炼，比尔·拉福不仅为实践所学的理论找到了一个强大平台，而且学习到了丰富的管理经验，完成了原始的资本积累。这也是大学生创业应该借鉴的地方，除了激情还应该考虑到更多的现实。

第五阶段：自创公司

选择：大展拳脚两年后，他已熟练掌握了商情与商务技巧，便婉言谢绝了通用公司的高薪挽留，开办了拉福商贸公司，开始了梦寐以求的商人生涯，实现多年前的计划。

点评：比尔·拉福的准备工作，几乎考虑到了每个细节。拉福公司的成长速度出奇地快，20年后，拉福公司的资产从最初的20万美元发展为2亿美元，而比尔·拉福本人也成为一个奇迹。

比尔·拉福的生涯设计脉络清晰，步骤合理，充分考虑了个人兴趣、个人素质，并着重职业技能的培养，这种生涯设计在他坚持不懈的努力下，终于变为现实。

【思考】

（1）从比尔·拉福的生涯设计中你感悟到什么？这样的感悟对你自己的生涯设计有哪些启发？

（2）你期待父母对你的生涯设计从哪些方面进行指导？

（3）你对你的未来有过设想吗？实现你的生涯设计最关键的是什么？

案例三　霍兰德职业类型论案例

你好，我是小颖，女，目前在哈商大读硕士，7月份毕业。对自己的职业方向比较困惑。我是一个文静的人，对人和善，不善言谈，不太喜欢热闹，但是也不排斥家庭聚会。喜欢数学，做事有条理。最近几年喜欢上了网购，不喜欢逛街。除了几个同学，几乎没有社交圈。5年前在哈商业制药工程本科毕业。当时我已经考上了本校研究生，可是无论家人朋友怎么劝，我就是不想继续读研，非要工作赚钱。毕业后我开始跟几个同学搞药品营销，几个月后，我渐渐地感觉自己很不适合这个工作，于是我回到了家乡。在家里人的帮助下，我进了县中医院当上了会计。看到和我一起工作的小辉仅仅就是一个高中毕业生，我心里又百般失落，不平衡。我一个堂堂的大学生岂可与区区高中生为伍？于是我放弃了中医院的工作。不久我考上了“村官”。起初我还感觉挺好，然而两年后我又想放弃了，因为我似乎看不到自己的未来。这期间，我也考过公务员，然而都没成功。于是我又想念研究生了。我的学习基础很好，加上这些年我也一直没放弃学习，于是很快就接到了哈商大制药工程硕士入学通知书。7月我就要毕业了，但是我到底去做什么？家里人已经帮我联系好了私立医院，我到底去不去？请大家为我出谋划策……

【思考】请运用前面所学的霍兰德职业类型理论说明小颖困惑的原因，并分析她的职业方向。

三、相关阅读与专家视角

职业兴趣和责任

中央电视台《绝对挑战》有一期节目，是阿里巴巴旗下的淘宝网招聘商务谈判经理，当时，马云先生问了三个很经典的问题，其中一个是：“如果你感兴趣的事情你的上司偏不让你做，而你不感兴趣的事情，上司偏让你做，这时候，你会怎么办？”

当时二号选手说：“和上司沟通。”

“如果沟通不成呢？”马云接着问。

二号选手说：“那我要告诉他，不为结果负责任。”

马云先生意味深长地点了点头。

这个问题应该怎样回答？我们必须先搞清楚兴趣和职业究竟如何匹配。

第一，对于个人来讲，一定要做自己感兴趣的工作。

几乎每一个人都知道，人如果要长期发展，就要有动力，而“兴趣”是人发展中最重要的动力之一。但是，在现实中，很多人在选择职业时要“做自己喜欢的”，实际行动中，选择的却是“看似不错的行业”“容易进入的企业”“待遇不错的工作”“听上去有发展前景的事业”。尽管这些选择并没有错误，但是如果缺乏了兴趣——动力的来源，很可能出现的情况就是缺乏足够的竞争力，或者在面临困境和压力时难以坚持下去。

第二，对于职业人来说，不仅有兴趣，还要有责任。

没有兴趣的人经常在职业中会受挫，因为很多事情不符合自己的兴趣，于是很多人疑惑：我是否应该选择自己感兴趣的工作。于是，对于兴趣的看法也是衡量职业人成熟度的一个话题。

对于职业人来讲，只有兴趣还不够，还要有责任。工作，经常是一部分让你感兴趣，也有一部分不让你感兴趣。比如，你喜欢和人打交道，但是不一定喜欢和各种类型的人打交道。所以每个人都会在工作中遇到兴趣和工作的冲突，这个时候，成熟的职业人会采取“暂时忍耐”的策略，以工作需要为重。

第三，对于职业经理人来讲，兴趣和职业的匹配是一个渐进和艰难的过程，很多时候不得不暂时放弃自己的兴趣。

成功的人都会讲，自己对工作如何感兴趣，但是在成功的道路上，更多的时候很难做到兴趣和职业的匹配，比如，你喜欢自由，但是职业会有很多约束；你喜欢管理，但是经常被人管；你喜欢创意，但是经常要循规蹈矩；你喜欢做事，但是经常陷入“办公室政治”中不能自拔。

在职业规划的道路上，太多的职业经理人面临着“如何接纳一个不喜欢的职业状态”的挑战，有的时候甚至是改变自己的核心价值观的问题。在多年摸索的道路上，职业经理人必须明白一个事实，那就是：兴趣是可以培养的，也是可以管理的；有的时候，可以放弃一种旧兴趣来焕发一种新兴趣。

因此，对马云先生的问题可以这样回答：

“如果领导总是让我做我不喜欢的事情，短期来讲，我可以接受，毕竟工作是第一位的，不能按照我的喜好来行事，但是长期来讲，我需要考察这个工作是不是符合我的兴趣，如果长期做不符合我的兴趣的事情，我不能做得出色，我也不会接受这样的任用。作为管理人员，我一直在学会管理自己的兴趣，在工作中，尽量做到不要让自己失去兴趣的动力，同时也会考虑企业的大局和利益，不被个人的兴趣所左右。”

四、相关安全

项目一　请用霍兰德职业兴趣理论解释自己的兴趣类型

有人说“兴趣是最好的老师”，也有人说“如果人能从事自己感兴趣的工作，那么，人生就是天堂”。了解个人的兴趣能够帮助我们找到合适的职业发展领域。下面是一份职业兴趣倾向分析表。

霍兰德代码及适合的典型职业

类型	喜欢的活动	重视	典型职业要求
常规型（C）	喜欢固定的、有序的工作，希望确切地知道工作的要求和标准，愿意在一个大的机构里处于从属地位，对文字、数据和事物进行细致有序的处理以达到特定的标准	准确，有条理，节俭，盈利	文字编辑、会计师、银行家、簿记员、办事员、税务员和计算机操作员
社会型（S）	喜欢与人合作，热情关心他人的幸福，愿意帮助别人成长或者解决困难，为他人提供服务	服务社会与他人，公平，公正，理解，平等，理想	教师、社会工作者、牧师、心理咨询师、护士
研究型（I）	喜欢探索和理解事物，喜欢学习研究那些需要分析、思考的抽象问题，喜欢阅读和讨论有关科学性的问题，喜欢独立工作，对未知问题的挑战充满兴趣	知识，学习，成就，独立	实验室工作人员、生物学家、化学家、心理学家、工程设计师、大学教授

生活再现：

常规型：自大一下半学期开始至大二下半学期，我一直担任校学生会主席助理。在任职期间，我认真安排好老师和主席安排的事宜，很好地起到了部门和主席、老师之间的桥梁作用。在担任班长期间，我也很好地处理班级的各种事务，凝聚了班级的力量。自大二上半学期开始，担任杭州某司仪的助理，协助其处理婚礼当天的工作，使每一场婚礼都能圆满完成。

社会型：在学校加入外联部，参加学校志愿者活动，积极拓展自己的社交范围。校外，参加义工联盟，积极地帮助有需要的人。2010 年 6 月 1 日，与理工大学、杭州职业技术学院两位同学一起策划组织了赴杭州聋人学校义演，获得了成功并得到了杭州电视台四套的报道。积极参加各类实践活动，享受与他人合作的愉快与充实。

研究型：清明节朋友来杭州游玩，到达后朋友问我的第一个问题是杭州市的支柱产业是什么？我没有回答上来，回宿舍后我将此问题进行了认真的查询，并于第二天回复了他。在大学期间，我参与了新苗人才计划、挑战杯、暑期社会实践以及现在正在参加的全国大学生条码自动识别知识竞赛，每一项比赛我都会认真研究，仔细钻研。每一次比赛我都会为全队提出建设性的意见，对于问卷的设计和调研报告的写作，我都做出了比较大的贡献。

模仿项目：找到自己的职业兴趣

科技有限公司——软件方面工程师

项目二 结合生活经历探索自己的兴趣

(作者孙陆明——选自浙江省职业生涯规划比赛获奖作品《游戏策划 创我人生》)

1. 我最喜欢的课程

我最喜欢的课程其实有两门：一门是计算机上机课，另一门是自由活动课。

计算机课对我来说是一门可以满足我的好奇心的课程，而且计算机对我来说是一种功能丰富、能满足我很多兴趣的东西，这在我家还没有买电脑的时候最为突出。当然计算机也是宅男必备“利器”。通过计算机我可以了解许多我不曾熟知的事物，可以让我自由地遨游在互联网中，还可以在许许多多在线游戏中扮演各式各样的角色，同时，也可以给我带来灵感，当然这里提到的灵感主要包括游戏策划的灵感和自由幻想的灵感。自从我在高一那年的寒假有了自己的PC机之后，我的宅男生活开始变得更加充实了，通过互联网我了解到更多的信息，看了更多的动漫，也玩了更多的游戏，由此，我的脑袋开始变得更加有分量了，因为那里充满了我各种各样的想法和感悟。对我来说，通过计算机不仅可以使我在互联网上了解到更多的知识，给我带来更多的灵感与感悟，而且也丰富了我的“宅男”生活，给我带来了便利。因为喜欢计算机，所以喜欢计算机课。

自由活动课其实就是学生可以选择自修也可以选择出教室活动的课。当然，这样的课在小学相对多一些，在中学时期相对少一些，尤其是初中阶段。我喜欢这门课的原因很简单，它是白天在学校除了下课外难得的自由放松时间，在这段时间里，我可以放松心情，和同学聊聊天说说笑，当然可以做一些自己想做的事情，比如游戏策划、走神幻想、和志同道合的朋友交流人生感悟，等等。因为自由对我来说很宝贵也很重要，所以自由活动课是我曾经在校最期待的课。

2. 我最喜欢的电视频道

说起电视频道，可能很多女生会喜欢有热门相亲类的综艺节目或者有热播的偶像剧的电视频道；很多男生会喜欢播放刺激震撼的电影大片或者精彩体育赛事的电视频道。我喜欢的电视频道是科教纪录类型的频道，其中最喜欢的是中央电视台纪录频道，虽然现在有电脑了，电视看得不多，但是，每当我看电视的时候我都会第一关注中央电视台纪录频道，其中我最爱看的就是关于宇宙和考古的纪录片，不仅使我大饱眼福，而且也满足了我的求知欲。央视的纪录频道每天都会播放各种清晰的纪录片，天文地理历史传奇全覆盖，可以说向观众们展示了许许多多不为人们所熟知的事物，传达了丰富的知识。中央电视台纪录频道充分满足了我的好奇心，使我系统化地了解了许许多多的自然知识和人文知识，也为我的自由幻想构筑了现实可循的框架依托。如此OK的电视频道使我这样的宅男不出家门便能够览遍寰宇，而且是系统化、动态化地使人身临其境地感受自然和人文的浓郁气息。

3. 我最喜欢的职业

我目前最喜欢的职业是游戏策划师，因为在游戏策划方面我多年来积累了一定的经验，并且游戏策划师这个职业可以将我的想法充分融入游戏的创作中去，思维想法具有一定的自主性，还能够将自己策划设计的游戏推向市场，和许多玩家共同分享自己策划与设计的游戏，收获成就感。

说到这里，我不得不说说我从事游戏策划的一些坎坷经历。我做游戏策划曾经几经风雨，被父母严格限制和强烈抵制。我读小学四年级的时候就开始自制“纸上谈兵”，所谓的“纸上谈兵”实际上就是将自己设计的游戏在纸上呈现，然后设计者作为游戏系统来操作游戏，其他玩家参与发布游戏指令。那时想到要做“纸上谈兵”是因为当时玩游戏后感触很大，也想要自己设计游戏，但限于自己的条件和能力，只能将游戏想法写在纸上，渐渐地在纸上的游戏想法系统化地汇聚，让我想到在纸上整合一款游戏，然后与同学共同分享我的游戏成果。我把“纸上谈兵”拿到学校后，在班级里与同学共同分享，大家都挺乐意尝试这种新的游戏方式。于是，“纸上谈兵”开始渐渐风靡整个年级，尤其是我所在的班级，有不少男同学都仿照我也去设计“纸上谈兵”，就这样，“纸上谈兵”开始“火”了起来。不过好景不长，“纸上谈兵”先后被老师和我父母发现，老师开始限制这种娱乐方式，因为有些同学在上课期间也在玩，影响学习。我父母发现了我的游戏策划之后，便说我玩游戏上瘾，耽误学习，所以，不仅严格限制了我的游戏策划，还开始减少我的游戏时间。然而我并没有就此放弃，一如既往地背着父母做我的游戏策划和设计，此后虽然我的游戏策划几次被父母撕掉，可我依然不甘心，坚持我的游戏策划，即使到了中学以后，“纸上谈兵”开始“冷门”起来，可我还是会通过这种方式将自己的想法融入游戏策划，从而将我的宅男生活变得不再单调乏味。有幸的是我的游戏策划及相关能力在大一期间获得了老师的认同与肯定。对于现在的我，游戏策划师这个职业不仅满足了我的兴趣，也充分发挥了我的能力。

4. 我最喜欢的动漫

对于动漫，大中小学生大多都很喜欢看。但大家看动漫的类型也各不相同。女生喜欢看爱情和有帅哥的动漫；男生喜欢看奇幻、侦探和激战动漫；小孩子大多喜欢看温馨趣味的动画片，等等。

我也看过不少动漫，其中包括《机动战士高达》系列、《秦时明月》系列、《魁拔》系列、《火影忍者》、《神幻拍档》等。你会发现我看的动漫有一个共同的特点，那就是这些动漫都有鲜明的世界观、人生观和价值观，都渗透着真挚的情感和耐人寻味的哲理启示。

当然，在我看过的诸多动漫中，我最喜欢的动漫是《机动战士高达 SEED》，这部动漫主要讲述了未来地球原住人（自然人）与宇宙移民（新人类）之间发生的战争，故事中渗透着两位主人公之间真挚的友谊，以及战争给人带来的无奈与反思，让人们重新审视自己，思考究竟什么才是正义，动漫最终告诉人们贪婪是战争的根源，理解才能解决矛盾。说实话，我第一次看动漫落泪了，虽说男儿有泪不轻弹，但是，这部动漫中真挚感情的流露使我多次为之触动。在看这部动漫以前，我对动漫的喜好标准仅限于画面和特效，但自从看了这部动漫之后，我对动漫的喜好标准发生了明显的改变，我更注重动漫的主题思想和内涵，以及动漫中渗透的真挚感情。不过，《机动战士高达 SEED》这部动漫不仅仅使我看动漫的标准发生变化，更重要的是使我的世界观、人生观和价值观有了很大的转变，在看待事物方面，我能够更好地通过理性与感性两个方面去看待；在思考问题方面，我能够更好地通过表面问题看到本质矛盾；在情感方面，我更加重视亲情和友情；在为人处事方面，我学会了如何更好地为人，学会了抵制贪婪、抵制自私，做事情应该更多地换位思考，考虑他人的感受。

5. 兴趣探索中发现的主题

我喜欢自由度较高、能满足个人好奇心和求知欲的课程；爱看渗透着真挚感情、能给人以深刻启示和感人泪下的动漫；爱看科幻、自然等纪录片；我最喜欢的职业应该有一定的自由度而且可以把自己的工作成果分享给别人，让更多的人来体验和欣赏，从而收获成就感。

6. 霍兰德代码及对应的典型职业

霍兰德代码：管理型 社会型 艺术型（ESA），主要特点为：喜欢领导、管理事务，善辩、自信；喜欢教导他人，关心社会问题；追求理想化，善于表达，喜欢创意和创新。

典型职业：演员，广告制作人，剧作家，摄影师，项目经理，销售人员，政府官员，企业领导，教育工作者，社会工作者，游戏策划师，演员，主持人等。

模仿项目二，撰写自己喜欢的课程、杂志、电视节目、休闲活动等，总结兴趣探索中发现的主题。

第三单元　性格探索

每个人都有他隐藏的精华，和任何人的精华不同，他使人具有自己的气味。

——罗曼·罗兰

有句话说得好："性格决定命运。"你对生命的渴望是"海到天边天作岸，山登绝顶我为峰"的豪迈，还是依傍着"小桥流水人家"坐看"夕阳西下"的平和温婉？在面临着事业和人生的重大抉择时，你是眼光长远，果断而有魄力，还是只看当下，优柔寡断？了解性格是通往我们自己和他人内心大门的一把钥匙。

学习目标

- 了解性格的概念，性格与职业发展的关系；
- 通过 MBTI 理论学习，了解自己的性格特征，思考性格对职业的影响。

一、感悟与训练

活动一　发现你的 MBTI 类型

MBTI 是世界上最著名的个性（特征）图解法。答完以下的题目后，你将会发现自己的 MBTI 类型。

问题一：您的精力通常致力于何处？

外向的人通常致力于与外部的人或事物打交道；他们总是精力充沛而且非常健谈。他们有与生俱来的活跃，有表现力，对事物充满了好奇。他们容易在一些想法和意见没有完全组织好的情况下表现出来。

而内向的人则往往将精力花在内心的思考、感知和心理反应上。所以内向的人显得更缄默，更安静，更谨慎，很少对相互间的交往表示兴趣，却有着更深层次的关注。

每个人都有他隐藏的精华，和任何人的精华不同，它使人具有自己的气味。你的选择是：○外向（E）　　　○内向（I）

问题二：您总是记住什么类型的信息？

感官主义者（感觉）留意他们身边世界中的事实和特定的事件。他们只见树木不见树林。感官主义者趋向于实际和表面上的人，说话直接。他们是追求眼前利益、喜欢实际的人。

直观主义者（直觉）对交往与联系更有兴趣。他们关注可能发生而不是现在发生的事。他们看见了树林而不仅仅是树木。直觉者趋向于有想象力，相信他们的预感并且以自己的创造力而自豪。他们着眼于未来并且欣赏有创造力的人。

答案：○感觉者（S）　　　○直觉者（N）

问题三：您如何做出决定？

因为思考者以常识和逻辑作为做决定的依据，他们冷静、保守、有分析力。他们通过逻辑分析而不是感情分析。他们总是诚实而直接的，尽可能地保持客观。他们主要以成就为促使动机，有时显得吹毛求疵。

情感者是热情的，并且做决定时基于他们是如何感觉这个选择而不是目前的逻辑情况。他们以自身的价值来指导自己做决定。他们总是敏感的、倾注自身感情的。他们努力取悦于他人并且以受到欣赏为促进动机。

答案：○思考者（T）　　　○情感者（F）

问题四：您喜欢何种环境？

判断者喜欢有组织、有规则的环境。他们想知道正在发生什么并且把问题公开化、明了化。他们坚持所做的计划，而且非常守时。他们完成所计划的项目后会欣喜若狂。

认知者喜欢保留选择，因为这样可以尽可能地体验世界。他们喜欢等待并且观察事情的发展情况，因此他们先娱乐，后工作。他们不觉察时间，所以总是迟到。他们喜欢开始新的计划，常常被认为是不守规矩的人。

答案：○判断者（J）　　　○认知者（P）

活动二　讨论与观察

请选择外向的同学成为一组，选择内向的同学成为一组，两组分别讨论对对方一组的看法，不论看起来是优点还是缺点，每组形成一致意见后写在大白纸上。

另请四位同学作为观察员，观察两组在讨论时有什么不同。

每组请一位代表来陈述本组观点，观察员最后陈述两组的不同。

通过本活动我们得出如何的结论？

____

____

____

____

活动三　讨论

如果你是肯德基的店员，你喜欢这份工作吗？为什么？

你认为肯德基的店员工作适合内向的人还是外向的人？为什么？

肯德基店员的工作内容是什么？肯德基的工作环境是什么？这样的工作内容和工作环境对人有什么要求？

____

____

活动四　描述

请用不多于100字来描述你所看到的两幅图片。

请 3～4 位同学来朗读他对上述图片的描述，他们的描述有什么不同？

活动五　手工活动

请选择感觉的同学成为一组，选择直觉的同学成为一组，分别发给两组大白纸一张、剪刀一把、胶水或不干胶、彩色笔一筒。使用以上材料，两组分别完成一座理想中的桥。

另请四位同学作为观察员，观察两组在制作时有什么不同。

每组请一位代表来做本组的作品介绍，观察员最后陈述两组的不同。

通过本活动我们得出什么结论？

活动六　讨论

如果你是老板，你分别要雇佣两名店员，一名负责冰箱的销售，一名负责钻石的销售，你对店员的要求是什么？

讨论提示：购买冰箱和购买钻石，购买者分别看重的是什么？

通过本活动我们得出什么结论？

活动七　分组讨论

请自认为是思考者的同学成为一组，自认为是情感者的同学组成另一组，两组分别讨论：假如你是一名班主任，最近你所在的班上出现纪律涣散、学习积极性很低、成绩严重下降的情况，对此，你会采取一些什么样的措施？每组形成一致意见后写在大白纸上。

另请四位同学作为观察员，观察两组在讨论时有什么不同。

每组请一位代表来陈述本组观点，观察员最后陈述两组的不同。

通过本活动我们得出什么结论？

____

____

____

____

活动八　分组讨论

请自认为是判断者的同学成为一组，自认为是认知者的同学组成另一组，两组分别以“春游计划”为题，商讨出各自的计划，并将该计划写在大白纸上。

另请四位同学作为观察员，观察两组在讨论时有什么不同。

每组请一位代表来陈述本组观点，观察员最后陈述两组的不同。

通过本活动我们得出什么结论？

____

____

____

____

二、职场案例与生涯故事

案例一　到底该不该转行？

王玲玲，女，24岁，本科，传媒与设计专业。性格内向，不善于口头表达，不善于与人沟通。希望的职业方向：能够发挥自己设计特长的工作。工作经历：广告公司，业务推广，两年工作经验。她面临的问题如下：在两年的工作过程中发现自己并不适合做业务推广。虽具备相应的学历，但不具备业务推广的沟通、协调能力，工作业绩并不理想，团队对她不满意。

【思考】王玲玲苦恼的原因是什么？她的性格特点适合业务推广吗？你认为她转业的可行性如何？应该转到什么行业合适？

规划意见：重新择业，建议尝试广告设计文案。

王玲玲的问题表面上看是“择业”问题，实质是“方向”问题。正是因为当初选的工作不适合自己，不能提供职业生涯的发展点，所以才须重新择业，重新找寻适合自己的发展方向。我们发现，工作经验在2～3年阶段的职业者，往往会发现自己当初刚刚走出校门时懵懵懂懂选的工作并不适合自己，于是就面临一个重新择业的问题。

从王玲玲的性格特点分析，王玲玲的确不适合业务推广行业，业务推广不仅需要相应的学科知识，更需要懂得如何与人沟通，协调。文静、不善表达的王玲玲虽具备专业的学历资质，但显然不具备业务推广的技巧。

王玲玲希望能够发挥自己的设计特长。通过分析，我们认为：王玲玲虽然不善于沟通协调能力，但她设计能力很强，很有新意，其内心职业倾向也是希望发挥自身的设计能力。故我们推荐王玲玲从事广告设计，这些岗位对工作人员的管理能力、口头表达能力要求不高，相对重视个人的设计创作能力，对于王玲玲来说正好扬长避短，发挥优势，转行的成功概率也较大。

学什么专业，就应该从事什么行业和职业，这是我们从小所受的传统教育。王玲玲到中学教书似乎是理所当然、顺理成章的，然而实践中有很多例子表明，一个师范类毕业生并不一定就是一个称职的教师，职业成功必须全面具备专业技能、学历资质、良好的综合素质。

案例二　选准方向挖一口井

该如何决定自己的职业方向呢？成功职业指导中心首席职业规划师陈功说：“职业规划师就是要帮助咨询者了解自己，了解职业，认识人和职业的关系，最终达到人职匹配。”他建议：“选准一个方向，坚持走下去，深挖一口井。”在陈功接触的咨询案例中，一旦他帮助咨询者找准了职业方向，他们的成功度甚至超过了他的预料。他说起近来让他印象最为深刻的一个案例。

这位男士今年33岁，大学里学的是足球专业，毕业后曾经做过前台经理、婚庆服务，还做过网管，但始终没有找准方向。通过测评，陈功发现他的性格其实更适合做户外拓展培训师。于是给了他一个户外拓展训练公司的网址，让他浏览。接下来，他开始参加拓展培训师的培训，从兼职培训师做起，如鱼得水，很快便转为全职，后来做到培训总监。如今，他的年薪是过去的两三倍，最重要的是他非常享受自己的工作。“没想到天底下还有这么适合我的工作。”他去这家公司应聘时，其中一项考核是系绳索，尽管他之前从来没接触过这个行业，但他的表现竟然令考官以为他是熟手。“最合适的职业就是这样，可以发挥天赋，无师自通。”

在职场人探索职业方向的过程中，很多人容易步入一个误区。“他们不知道根据什么去探索，只是凭感觉、兴趣或收入在找，结果探索了很多年还是没有方向，不知道做什么好。”陈功说。这种基于一时的感觉和兴趣基础上的探索，导致的结果常常是：要么不成功，要么还是不喜欢，没有满足感。陈功感叹说：“凭感觉找方向很容易找不准。找不到很正常，找到了只能说是运气好。”感觉，或者说对一份职业的兴趣难道不是寻找合适职业中最重要的因素吗？很多人颇有疑问。陈功给出了自己的答案。首先，兴趣是会变的，是不可靠的。其次，感兴趣的不一定是你所擅长的。他认为，兴趣是在变化的，多数人都把握不住，不能依此来确定职业方向。人们能把握的应该是不变的、根本的、更稳定、更可靠的东西，那就是一个人的性格和天赋。

案例三 择业规划：个性能否决定职业方向？

目前的职业生涯规划中，不少的咨询者往往为“个性”问题所迷惑，有的人认为自身应该从事某种工作，原因就是自己的性格与之匹配，而有的人做不好现有的事情也说是性格不适合造成的。个性是否一定要与职业相匹配？个性能否决定职业方向？它在职业中到底能起什么作用呢？

北京普络佳企业管理咨询有限公司职业顾问尚博认为：这是个有争议的话题。在个性与市场因素之间，当供求关系不平衡时，市场因素无疑会起着更大的影响。而在条件允许的情况下，个性才显得重要。

他举出了一个实际的案例：一个毕业于西北某大学的女孩随先生来到北京已经有 9 年了，这个女孩是比较典型的南方姑娘，而且生性比较腼腆，不善言辞，胆子小，也怕和陌生人讲话。但是一个偶然的机会让她做销售工作，而且一做就是 7 年，并且工作成绩非常出色，在公司超过万人的销售队伍中名列前茅。

按照大部分人的理解，女孩这样的性格绝对不是一个做销售的好材料，当初经理给她机会的原因是因为可怜这个当初连普通话都说不好的外地姑娘。无论是女孩的亲属还是朋友和同学，没有人能相信她的个性可以做这样每天和不同的客户打交道的工作，而且可以做得如此好。而直到现在，并没有人感到这个女孩在个性上有了什么显著的变化。

通过和这个女孩的交流，她告诉职业顾问说她没有什么诀窍，如果说有些体会的话，信心是第一位的，加上诚恳待人，为客户着想。在碰到困难时，她也曾对自己的个性是否可以做好这样的工作表示过怀疑，但她坚持下来了，而现在做得很有信心，她觉得她的经历可以告诉那些过于看重个性可以决定个人职业方向的人，没有什么个人做不好的工作，只要用心去做。

生涯故事 火灾后

一位老板想从值得信任的甲、乙、丙三位助手中，选拔他们分别负责管理财务、推广业务、负责策划的工作。这位老板想了解三位助手的性格特点，根据性格分配适合的工作。于是他安排三位助手下班后留在公司与他一起研究问题，在这期间，故意制造了一起假火灾，以便观察他们三人各自的性格特点。结果发现，在火灾面前三人的表现完全不同。甲说：“我们赶快先离开这里再想办法。”乙一言不发，马上跑到屋角拿出灭火器去寻找火源。丙则坐着不动，说：“这里很安全，不可能有火警。”老板通过三位助手各自的行为表现，找到了满意的答案。

他认为：甲首先离开危险区，保持不败之地，表现了性格的客观、谨慎、稳重、老练；乙积极向危机挑战，抢先救火，忠于公司，表现了性格的勇敢、大胆、敏捷、果断、敢于冒险；丙对公司的安全早有了解和信心，早已看出这是一出“戏”，表现了性格的沉着冷静、深谋远虑，胸有成竹。老板通过自己的观察，根据他们的性格特征，分别将甲、乙、丙安排在不同的岗位上，发挥他们的性格优势，做到人尽其才。他认为甲的性格适合管理财务工作，乙的性格适合业务推广工作，丙的性格适合筹划和后勤工作。因此，在选拔和安排职业时，如善于把人的性格特征和职业特点结合起来考虑，就可以更好地发挥人的性格优势和潜能，提高人的主观能动性，从而获得较好的业绩和效果。

人的性格类型与职业之间具有关联性。一方面表现在不同的性格类型对不同的职业有着不同的适应性，如科技人员的创新、百折不挠和刻苦实干，医务人员的一丝不苟和精益求精，管理干部的长于沟通和善解人意，等等；另一方面也表现在长期从事某种特定的职业活动会使从业人员按照职业的要求不断巩固或者调整原有的性格特征，进而形成一些新的特点。不过，除了少数职业对性格类型有着较为苛刻的要求之外。如营销人员的爽朗积极、能言善辩，大多数的职业并不一定过分强调与性格之间的严格对应，因为，不同类型的性格在同一职业领域中能够有各具特色的表现，同一性格的人在不同的职业领域中也会有各显魅力的展示。比如，情绪型的人，如果从事文学创作，会因感情丰富细腻而将人物的心理活动刻画得惟妙惟肖；如果从事科学研究，则会因善于想象而在非逻辑思维上比理智型的人更胜一筹。而且，人的性格是极其复杂的，任何对性格与职业关系的固定、静止、片面的看法都是有失偏颇的。

三、相关阅读与专家视角

人的性格可以改变吗？

阿涛是一家美资企业人力资源总监助理，今年2月10日到的这家公司。几个月来工作本身还得心应手，但与上司的距离感觉总是很远，有时发生很小的意见冲突，事后总是想着像什么事都没有发生过那样相处，却发现距离还是更加疏远了。一段时间以来，这种心理压力大大影响了阿涛的工作心情，他也忧虑自己在这个公司还有没有前途。阿涛来找职业规划师陈功咨询："与上司的关系还能不能搞好？人的性格可以改变吗？我是否应该跳槽？跳槽还做本行吗？"

陈功回答说：我相信"江山易改、本性难易"的古训，这是中国人几千年来对人性的反省和研究的最后总结。性格和天赋是一个人贯穿始终的思维、感觉或行为模式。现代神经学的最新研究表明，一个人的性格和天赋到15岁时就已基本定型了。16岁以后，性格可以有一些改变，但只能是表面的改变，不会有根本的变化。我们最近的两个案例就很明显地说明了性格是否可以改变的问题。

一个是中国最有影响力的期刊排名第一的编辑、两本畅销书的作者，中学以前给人的印象是比较内向，而他现在的朋友普遍对他的印象是外向。我通过与他的沟通和测试，得出结论：他是偏内向的。他说：如果我的朋友听说我是内向性格，会哈哈大笑，但是他承认自己骨子里仍然是内向性格，现在工作中感觉有压力也与自己的性格有关，所以找职业规划师咨询，看自己是否适合学术研究的方向。

还有一个职业女性，35岁，育有一个小孩，一直在外资企业从事人事行政工作，给我的第一印象是比较外向的，测试结果却是偏内向，通过与她沟通，确定她的性格还是内向型。但就像她所说，自己与陌生人打交道没有什么障碍，但如果不是有需要她不会主动与陌生人打交道。这就是说：因为她在多年与人打交道的过程中学习并培养了与人打交道时需要的亲和力，并有了良好的品格修养，所以与人打交道时看起来比较外向，但骨子里仍然是喜欢独处的人。她与人打交道的风格有明显的改变，但本性并没有变，所以仍应根据其内向型性格和天赋进行职业定位。

可以改变的是人的品格。我们需要注意区分性格与品格。我们通常说的人的个性可以分为性格和品格，性格不能根本改变，但品格是可以通过修养而改变的。品格包括一个人是否诚实、是否乐于帮助别人、是否对金钱放得开，等等。古今中外立大志者，都很注重自己的品格修养。另一方面，成大事者各种性格都有。因为不同的职业要求不同的性格。任何一种性格类型既是缺点也是优点，就看用在什么地方。

所以，我们应该将重点放在完善自己的品格修养上，而不是殚精竭虑地改变自己的性格。陈功通过测试和沟通，把握了阿涛的性格倾向和天赋，结论是：换公司、换行业都不能解决他的根本问题，阿涛的性格决定了他不习惯被领导，不适合独立性不大的工作。所以必须换岗位，从事培训等独立性较强的职业。后来，阿涛没有跳槽，向总经理申请做了培训主管，终于找到了游刃有余的感觉。

四、实践项目

项目一　明明白白我的心（性格测验 MBTI）

请在每题 a，b 的方格中评分，a＋b 评分的总和为 5。

提示：0-从不，1-很少，2-居中，3-很多，4-极多，5-总是。

1	□a □b	先了解别人的想法，再做决定 不和别人商量就做决定
2	□a □b	认为自己是一个富于想象或凭直觉的人 认为自己是一个讲求精确和事实的人
3	□a □b	根据现有资料及对情境的分析，对他人进行评断 运用同理心与感觉以了解他人需要及价值观，并以之对他人进行评断
4	□a □b	顺着他人的意思做出承诺 做出明确的承诺，并确实加以实践
5	□a □b	有安静、独自思考的时间 与他人打成一片
6	□a □b	运用所熟悉的方法来完成任务 尝试运用新的方法来完成工作
7	□a □b	以合乎逻辑思考及按部就班的分析得到结论 根据过去生活的体验及信息得到结论
8	□a □b	定下完成工作的最后期限 拟定时间表，并严格遵行
9	□a □b	和人稍谈话题后，再自我思考一番 和他人尽兴畅谈某事后，再自我思考一番
10	□a □b	设想各种可能发生的情况 按实际的情况处理问题
11	□a □b	被认为是一个擅长思考的人 被认为是一个感觉敏锐的人

续表

12	□a □b	事前详细考虑各种可能性，事后反复思考 搜集需要的数据，稍做思考后，做出明确决定
13	□a □b	拥有内在的思想和感情而不为他人所知 与他人共同做某些活动或事情
14	□a □b	抽象与理论 具体与实际
15	□a □b	协助别人探索他们自己的感受 协助他人做出合理的决定
16	□a □b	问题的答案保持弹性，且可修改 问题的答案是明确的、可预知或可预测的
17	□a □b	很少表达自我内在的想法或感受 自在表达自我内在的想法或感受
18	□a □b	从大处着眼 从小处着眼
19	□a □b	运用常识，凭着信念来做决定 运用资料分析事实来做决定
20	□a □b	事先详细计划 临时视需要而做决定
21	□a □b	结交新朋友 独处或只与熟识者交往
22	□a □b	重视概念 重视事实
23	□a □b	相信自己的想法 相信经证实的结论
24	□a □b	尽可能在记事簿上记下事情 尽可能少用记事簿记录事情
25	□a □b	在团体中详细地讨论新奇且未决定的事 自己先想出结论，然后和他人讨论
26	□a □b	拟定详细的计划，然后切实地执行 拟定计划，但不一定实行
27	□a □b	是理性的 是感性的
28	□a □b	随心所欲地做些事 尽量事先了解别人期望我做什么
29	□a □b	成为众人的焦点 退居幕后
30	□a □b	自由想象 检视实情
31	□a □b	体验感人的情境或事物 运用能力，分析情境
32	□a □b	在预定的时间内开会 在一切妥当或安适的情况下，宣布开会

内向（I）	外向（E）	直觉（N）	感觉（S）
1,b	1,a	2,a	2,b
5. a	5,b	6. b	6. a
9. a	9,b	10. a	10. b
13,a	13,b	14. a	14. b
17,a	17,a	18. a	18. b
21,b	21. a	22. a	22. b
25,b	25,a	26. b	26. a
29,b	29,a	30. a	30. b
合计：	合计：	合计：	合计：

思考（T）	情感（F）	认知（P）	判断（J）
3. a	3. b	4. a	4. b
7. a	7. b	8. a	8. b
11，a	11. b	12. a	12. b
15. b	15. a	16. a	16. b
19，b	19. a	20. b	20. a
23. b	23. a	24. b	24. a
27. a	27. b	28. a	28. b
31. b	31. a	32. b	32. a
合计：	合计：	合计：	合计：

[评分方法]

将计分表上每一直栏的总分相加，共 4 对，8 个分数。

分别找出每一对分数中，数字较大的，即为你个人的风格，每人均可有 4 种风格。例如：内向性 18 分，外向性 22 分，则取外向性为个人风格，其他依此类推。

每一个风格都有一定程度上的区别，如果在相对应的两个风格中（如外向性对应内向性），有一方的程度较强，即表示另一方的程度较弱。

[诊断结果]

30～40 分：表示此风格非常强，几乎没有另一对应风格。

25～29 分：表示此风格比另一风格强。

22～24 分：表示此风格比另一风格稍强一些。

20～21 分：表示兼具两个风格的特质。

经过测评，我的 MBTI 类型________，________，________，________，具体描述如下：

示例：ENFP。

外向（E)：注意力和能量指向外部世界的人和事，从与人交往和行动中得到活力。

直觉（N)：通过想象、无意识等超越感觉的方式获取信息，喜欢看整个事物的内部，关注事物的关联，特别擅长看到新的可能性。

情感（F)：喜欢考虑对自己和他人来说什么是重要的，试图理解他人的感受，然后在此基础上根据自己的价值判断做出决定，从对他人的赞赏和支持中获得活力，目标是创造和谐氛围。

认知（P）：喜欢以一种灵活、自发的方式生活，更愿意体验生活和理解生活而不是控制它。详细的计划或者最终决定使他们感到束缚，愿意对新的信息和选择保持开放，直到最后一分钟，善于调节自己适应当前场合的需要，并从中获得能量。

项目二　我的性格特点

（1）请拿出活动一中写满了你性格特点的纸，在这些性格特点中，有哪些可以用刚学习的 MBTI 理论来解释？

（2）请勾画出你现在非常确认的性格特点。没有勾画到的，你是确认不具备，还是需要在以后的生活、学习中去确认？

（3）学习 MBTI 后，你觉得还可以在活动一中增加哪些性格特点？

（4）如果你准备去一家公司面试，请问如何描述你的性格特点？

项目三　与人沟通

（1）请列出你最喜欢的三个人和你不喜欢的三个人。

（2）请详细描述这些人的性格特点。

（3）他们中哪些人与你性格特征更相像？哪些人更不像？

（4）你从中可以得出什么样的结论？

（5）对你不喜欢的人，你现在有更多的理解吗？你会怎样与他们沟通？

（6）在一个工作场合中，我们的同事和上司性格类型会和我们相同吗？在与他们沟通的过程中，可能会碰到什么样的问题？我们应该如何处理？

项目四 职业判断

后调试工程师岗

（1）请列出你曾经想过的三个职业。

（2）请详细描述你理解的这三个职业需要做的具体事项和工作环境。

如：设计师：

a）与客户沟通设计相关内容；

b）主要在办公室内工作；

c）更多的时间是自己独自进行工作；

d）通过网络、杂志等收集前沿的信息；

e）注重与其他设计的差别，看中原创性；

f）……

（3）用你学到的MBTI相关知识判断这三个职业是否适合你。

（4）如果你要去面试其中一个职位，你可以用MBTI来描述你在这个职位上的优势和劣势吗？这样的描述你感觉对听众来说，是否更加实在与可信？

项目五 结合MBTI叙说自己的性格特点

（作者孙陆明——选自浙江省职业生涯规划比赛获奖作品《游戏策划 创我人生》）

（一）性格特点

我的性格可以用几个词汇来简单形容——开朗、直爽、执着、自由、自信。我很喜欢与人交流，而且大多数情况下都会有话直说。每次我在团队开会的时候，都会把想说的话说出来。我觉得这样做可以让别人了解更加真实的我，我不想成为一个虚伪的人。上大学以后，远离了中学时期的重负和老爸的唠叨，一开始有些不适应，但慢慢地我开始找到我期盼的那种自由，我对游戏策划的热爱不仅没有遭到其他人的反对，还获得了老师的支持。这或许也是我一直以来执着于游戏策划的努力结果吧。于是我在游戏策划上树立起了信心，在老师的鼓励下，我渐渐找回了我为人处事的自信心，现在的我充满自信地迎接每一个明天。

（二）性格优势

在我看来，我的性格优势在于我足够自信，开朗乐观，不计前嫌，喜欢模仿、创新和思考。爸爸经常为了点鸡毛蒜皮的事在家和我起争执。有一次，老爸甚至将装满垃圾的垃圾袋从厨房扔向我，不过我过了几天还是原谅他了，争执过去了就放下了，不再继续为了点小矛盾揪着不放。只要不打破我的底线，我都不会太过计较的。当然，只有拿得起放得下，我才能自信开朗地度过每一天，遇到挫折不轻易放弃。我经常会和同学朋友开玩笑，我总有开不完的玩笑，大概这跟我想法多有关系。我喜欢思考和创新，思考得多了，各种想法和创新自然而然也少不了。我可不喜欢照搬照抄别人的东西，模仿是我喜欢去做的，但模仿只是为了使我获得更多的体验，在模仿中，我也会加入自己的创新想法。比如我最新策划的新一代策略网页游戏《三国问剑》，我在借鉴融合当下多款热门策略网页游戏优势的同时，加入横版RPG元素、神魔元素和穿越元素等，力图将它变成一款集成度高、平衡性强、可玩度高的新一代策略网页游戏！

（三）性格不足

说到不足，我确实得承认我的性格有些急躁，有些时候不够沉稳。

记得有一次在更新我自己的网站时，由于我急于尽快更新好我的网站，最后导致服务器崩溃，网站更新速度反而减慢，网站更新时间延长。俗话说，性急喝不了汤粥。这句古训在我身上倒是得到印证了。不过，面对我在性格上的不足，我也没有随之任之，而是采取了一系列方法来改善。其中我最常用的方法就是独自一人自我训导。一段时间下来，收获了一定的成效。

（四）MBTI工具测评

类　型	特点描述	生活验证
个性特征	热情开放、足智多谋、健谈而聪明，擅于许多事情，不断提高能力和增加个人权力；富有想象力，深深地喜欢新思想，留心一切可能性。有很强的首创精神；喜欢自在地生活，在每天的生活中寻找快乐和变化	我对事物总是很乐观豁达，与别人闹矛盾、吵架起争执不记恨；在团队遇到困境时，我经常会想到适合的解决办法

续表

类　型	特点描述	生活验证
可能的盲点	有时会忽视按照普遍的方式完成简单的事情，因为它是没有创造性的。讨厌常规和可预见的事物，常常说话很快	对自己不感兴趣的事情往往会不屑，比如说，专业课程当中的“电工电子”，因为不感兴趣所以课下不会花时间去学习
工作中的优势	具备出色的交际才能，能使别人对自己的观点感到兴奋；急切地“想知道盒子外边的世界”，能想出一些新的可能性；具有创造性解决问题的能力；具有探险精神、创新意识以及克服困难的勇气；兴趣爱好广泛，易于接受新事物；学习新知识的信心和动力都很强大，天生的好奇心，快速地搜索所需信息的技能；能够把握事情的全局，弄清思想和行为的长远影响；具有同时处理多个问题的能力；对别人的需要和意图的知觉灵敏；能灵活地适应新情况，有熟练的交流能力；社交生活中不会感到拘谨，能适应大多数社交场合	我跟系领导和学校老师的关系一直都很好，跟校内的多数店家都有较好的交流和沟通
工作中的劣势	在区分出应该优先对待的事物以及做出决定方面有一定的困难；过于自信，可能会不恰当地运用自己的能力和社会经历；对思维狭窄及思想顽固的人缺乏耐心；不喜欢按传统的、公式化的以及例行的方式来办事；不喜欢重复地做相同的工作；对自己不信任的人耐心不够	我很少会听取身边不信任的人的意见和看法
适合的岗位特质	喜欢那些能够创新、灵活和富于变化的工作，可以与很多人打交道，有一定的冒险性；喜欢那些可以通过有趣和创新的途径来发展自己的想法和观点的领域，那些快节奏变化丰富的领域会满足好奇心和启发积极的想象力；具有开放的眼光，对问题有自己独到的见解，能够预测事态的发展趋势；在高度紧张、激烈的场合能够充分发挥运用自己的思想知识，快速发现事物的关键所在	在时政、生活、感情等多方面我都有不同于他人的看法，比如，很多人都说爱情是友情的升华，我则常常认为爱情是友情的变质
适合的职业类型	管理顾问、培训师、职业顾问、城市规划、经销人/代理人、企业家、广告创意人、公关人员、营销、主持人、战略策划人员、项目开发者、城市策划、政治分析者、行政管理者、教育心理学者等	我目前就在从事游戏策划，并且已经基本完成网页游戏《三国问剑》的游戏策划

类　型	特点描述	生活验证
E（外向）	与生俱来的活跃，有表现力，对事物充满了好奇；容易在一些想法和意见没有完全组织好的情况下表现出来	总是和同学朋友谈天说地
N（直觉）	有想象力，相信预感并且以自己的创造力而自豪；着眼于未来并且欣赏有创造力的人	我招募团队成员的标准之一就是要有创造性思维
T（分析）	冷静、保守、有分析力；成就动机强并倾向于吹毛求疵	我经常会分析一些类似“3Q大战”的新闻热点背后的真实内幕
P（认知）	喜欢保留选择；喜欢等待并且观察事情的发展情况；不察觉时间；喜欢开始新的计划，常常被认为是不守规矩的人	在团队也好，游戏策划也好，我总会有新的计划开始，并努力为之奋斗

请模仿以上示例，阅读附录二《MBTI16 种人格类型详解》，并结合自己的生活经历撰写个性特征、性格优势/劣势、适合的岗位特质、适合的职业类型等。

第四单元　能力与技能探索

尽管我们常常谴责人类不了解自己的缺点，但恐怕也很少有人了解自己的长处，就像在泥土中埋藏着一罐金子，土地的主人却不知道一样。

——约拿珊·斯威夫特

在当今这个机会很多又竞争激烈的时代，能力是我们在社会最终立足的根本。我们把人格比作我们的“身份证”，而能力则是我们在社会上的“通行证”。拥有怎样的“通行证”，“通行证”在哪些领域比较适用，将是我们能否顺利就业的关键之一。而展望我们的整个生涯，“能力”都将是我们能否感到幸福的关键词。我们都拥有自己不了解的能力和机会，都有可能做成未曾梦想的事情。

学习目标

- 了解能力和技能的概念及分类；
- 通过撰写成就故事、使用技能词汇表等了解自己所擅长的技能。

一、感悟与训练

活动一　能力卡片

分小组填写能力卡片，用最简洁的词语概括自己的能力特点。小组长收齐后随意抽取其中的某张卡片，读卡片的内容，让大家猜猜这是谁，请组内其他同学补充对该同学能力的评价并提出改进建议。

感悟：

____

____

____

____

____

____

____

活动二　初识我的能力与技能

（一）活动目标

初步探索自己拥有的能力与技能（注意多写正向的）。

（二）规则和程序

（1）拿出一张纸，请用五分钟的时间尽可能写出你所拥有的全部能力。

（2）请问，有多少同学在清单上写下的能力超过50条？

（3）咨询另外两三个人的看法，去请教那些了解你的人，让他们列出你擅长的技能，他们会认为你有哪些长处和强项？

（4）请写下你未来的领导会认为你的长处有哪些。

（5）把他人眼中你的强项和技能清单上的强项相比较，有什么不同吗？为什么会出现不同？

（三）讨论

通过上述练习，看看清单上出现的强项，有哪些是你以前没有想到过的？哪些方面是你的长处？通过这个活动，你对自己有什么新的认识？

（四）总结

每个人都有很多独特的优势与技能，我们需要不断地探索、澄清，发现自己的优势和能力所在。

____

____

____

____

____

活动三　完形填空

按照下面的格式填出三件你能做的事情，并解释你为什么能把它们做好。例如：

我可以做研究，因为我很细心，有专业知识。

我可以教书，因为我有讲解表达能力。

我可以写好东西，因为我是一个很好的思想者。

接下来的请按如上所示填写：

我可以____________因为____________。

我可以____________因为____________。

我可以____________因为____________。

重新审视你所填写的内容，你所能写出的一定远远多于这 3 个，然后进行整理和归纳。

____

____

____

____

____

活动四　成就事件练习

写下你生活中的五个或者更多的成就事件，这些“成就事件”不一定是工作或者学习上的，也可以是课外活动或者家庭生活中发生的，比如说同学聚会，一次美好难忘的旅游等，它们不必是惊天动地的大事，可以是你做过的让你感兴趣的事情，或者让你有历险感的或有成就感的事件。

在撰写成就故事时，应当包含以下因素：

（1）你想达到的目的，即需要完成的事情；

（2）你面临的障碍、局限；

（3）你的具体行动步骤，描述一下你每一步都做了什么（如何克服障碍、实现目标的）；

（4）对结果的描述，即你取得了什么成就，最好能够量化评估。

完成后，和小组成员一起分析这些成就事件中你所运用的技能。这些经历中反复出现的技能就是你喜欢运用的技能，按照这些技能出现的频率排序。

举例：

• 学习烹饪：15 岁时我曾为 5 个人准备晚餐，每个人都说这顿饭很好吃，整个晚餐都由我负责，包括购买蔬菜和肉、加工和烹饪、上菜以及随后的收拾整理。

（识别的技能：用心地学习烹饪、仔细地购买蔬菜和水果、富有想象力地准备食品、将餐桌布置得很诱人、迅速上菜、将餐具和桌子收拾得十分整洁，艺术能力/持家能力）

• 当选为副班长：初中时我与其他同学交谈并赢得了他们的选票。我承诺：当他们出现麻烦时，我将提供帮助。而且，我保证会经常组织班级活动，在学校活动中带领班级取得好成绩等。

（识别的技能：成功地赢得班级竞选、积极地说服同学支持自己、热情地推进班级活动的开展，领导/语言/口头表达能力）

成就事件

年　龄	付酬的和没付酬的或是志愿工作上的成就	学校、学业和课外的成就	在家庭/信仰/娱乐/爱好/个人兴趣方面的成就	人际关系：在家庭以及社交上的成就
20～21				经过尝试终于帮助了一位朋友

续表

年　龄	付酬的和没付酬的或是志愿工作上的成就	学校、学业和课外的成就	在家庭/信仰/娱乐/爱好/个人兴趣方面的成就	人际关系；在家庭以及社交上的成就
18～19			制作陶器并作为礼物送给家人	
16～17		在学校的集会上发表演讲，编辑学校的年鉴		
14～15	在亲戚的店里工作了很长一段时间			
12～13		在学校从不缺勤，并因此得到了奖励		

二、职场案例与生涯故事

案例一　从家庭主妇到珠宝设计师

曾参加珠宝拍卖会的珠宝设计师龚遵慈在48岁以前一直被摆在“家庭主妇”的位置上，要不是惊觉丈夫外遇，她可能永远不会走出家庭，更没有机会发现自己的艺术天赋。历经生命的沉淀后，她说：“人是蛮可怜的，拥有摩天大楼，但只用到地下一楼的楼梯，人的潜力是非常大、非常大的。”走入珠宝设计领域后，龚遵慈的内心忽然打开了一扇窗，她对珠宝师傅的手工不满意，还自己买了机器来磨玉石，学习的过程中连指甲都磨掉了。龚遵慈发现了自己的设计才能时，还不太清楚自己的天赋。一直到后来，好像才慢慢明白，“我的心中总是能清楚浮现珠宝设计的样式，而我只是照着心中的图像在琢磨珠宝。”这样的发现，就像一束光线集中照入天赋的领域。龚遵慈天才的拼图一下子摆对了位置，她也从不起眼的家庭主妇、小珠宝商，一跃成为发光发亮的珠宝设计天才。

【思考】你认为你有什么潜能？如何才能发挥你的潜能？

每个人都有潜能，龚遵慈无意间触及了自我冰山的深处，爆发出高度的能量。美商宏智顾问公司执行总经理刘师伟则认为，在知识经济的时代，企业有必要帮助员工了解并快速找到擅长的领域，发挥所长。在职场上，找出每个人的才能，加上专业领域的知识训练，正是工作者从平庸跃升卓越、企业效能大幅提升的关键之一。

案例二　四川女孩儿成功的职业选择

李文是四川女孩，刚来到南京不到一个月，现在在南京一家广告公司做平面设计。尽管对现状她还不是很满意，但却对未来充满了信心。李文毕业于四川的一所师范学院，学的是工艺美术专业，在学校的成绩一直都是名列前茅，作品也多次获奖。来南京工作的愿望始于今年5月的一次旅游，没想到来了南京一次她就喜欢上了这个城市，并立志一定要来南京工作。知道了她的决定，家人和朋友都不支持她，认为她的想法极为荒唐，因为家中在南京没有一个亲戚朋友。但李文不顾家人再三阻挠，揣着父亲给她的600元来到了南京，好不容易找到了便宜的住处后，她就开始找工作。原本以为美术专业的本科生，找工作怎么都不会是件难事情，可拿着厚厚的获奖证书找了两天工作后，李文才发现没有实践经验找工作是件多难的事，尽管自己在学校时也在广告公司打过工，但做学生时那一点经验现在显得那么微不足道。最后一家广告公司录用了她做平面设计。记者采访她时，她正在公司里忙得不可开交，连讲话的时间都没有。她兴奋地说："现在我感觉很充实，也学到了很多知识，我的路还很长，现在是积累的过程，尽管很苦，但我不后悔自己的选择。"

【思考】李文的案例给你什么启示？作为职场新人需要什么样的能力？

案例三　专业与职业

信息化测绘创新基地——地图制图

小李是学电子仪器专业的，因为不喜欢这个专业，她心理上很排斥，学习盲目无效，对专业的认知很差，是应付考试式的学习。所以毕业后，虽然在一个大集团工作，但因为没有兴趣，于是交了3000元违约金辞了职，又做了ERP项目跟进，负责数据准备，以及传感器、控制器等，但她还是没能找到自己的兴趣特长，更没找到适合自己发展的职业方向，生活过于盲目，有逃避生活的感觉，在郁闷中度过了很长一段时间。后来她来到宏威职业顾问公司咨询，职业顾问在测评中发现她的文字运用水平能力很强，她自己又喜欢相关工作，就为她定位做电子仪器类编辑工作，按照这个方向，一周后，她就得到了一份出版社编辑的工作，现在，顾问公司对她的结果进行跟踪时，她说："现在开始接触选题报告，下周起要做个简单的项目，我们老板有意培养我，给我半年时间打基础。"于是大家都很欣慰，转行初见成效。

小王学的也是精密仪器与光电子运用，毕业后，工作不顺利，与一个国有企业签了约，但她也不喜欢这个专业，自己很苦闷，想转行又不知道做什么好。来到宏威做职业规划，通过测评，发现她乐于与人沟通，喜欢迎接新的挑战；具有积极向上的生活态度，性格开朗，诚实豁达，吃苦耐劳，具有开拓精神和较强的责任心，注重团队合作精神和集体观念；有较强的学习能力和独立的工作能力。但是，转行时机尚不成熟，因为她还不具备其他方面的工作技能和专业知识，如果偏离自己的专业，那就是个高中生。于是宏威职业顾问公司帮她认识到的切入点是在行内发展，电子产品在现代市民群体中的普及程度越来越高，尤其是在经济发达城市，如上海、北京、广州等地。如果能在这个行业上发展，则有利于做出成绩，因此建议她利用业余时间，学习营销知识，了解电子仪器、ERP的销售渠道和经营方法，争取把自己的资源都利用上去拼个不错的职位。

年龄相同、专业相似的两个女孩，在转行问题上却是一个"能行"，一个"不行"，因为除了专业以外，她们所具备的特长、优势、能力各不相同，因为转行时，原来的工作与新的工作之间有一个跨度很大的鸿沟，这个鸿沟有的人可以跨越，有的人不能跨越，需要自己认真思考，合理定位。

三、相关阅读与专家视角

用人单位想要什么

罗杰·依·黑曼在美国《未来学家》杂志上撰文指出，要想成为21世纪最吃香的人，应该具有以下7种技能：

（1）要有广泛的专业技能。了解并会维护各种系统，包括从计算机系统至产品销售甚至水管维修系统。

（2）要有丰富的想象力。能广泛地搜集信息和理解它们并将之用于引导公司走向未来。

（3）要有独特的创新能力。能使公司平稳地运行，以获得长期的高额利润。

（4）要有较强的组织能力。这是一种很重要的能力。许多部门需要在物资供应、工作程序以及贸易往来等诸多方面予以组织或重新组织。

（5）说服他人的能力。在21世纪，推销技巧相当重要。一个有成效的工作人员应当善于向他人介绍自己所掌握的信息，说清楚自己的观念，使人能理解并支持某一特殊见解。

（6）良好的沟通能力。细心听取他人意见、措辞准确的文笔、平和的语言、对事物的准确描述都具有不可估量的价值。在21世纪，商业环境的发展节奏会更快，只有有限的宝贵时间来消除一些误解。一个不善于交流的工作人员是不称职的。

（7）善于学习的能力。这一点比上述的每一项都重要。信息时代的核心竞争力已经发展为学习能力的竞争，因为信息更新周期已经缩短到不足5年，危机每天都会伴随我们左右。

未来社会最吃香的人一定是具有上述综合素质的复合型人才，也一定是通晓国际经济“游戏规则”、具备跨文化操作能力和世界眼光、具有较强的创新能力和信息交流运用能力、面向世界的国际人。

现代企业需要什么样的人才

进入21世纪，随着我国经济的快速发展，我国将成为“世界工厂”，这是个千载难逢的机遇。但是能否成为“世界工厂”，关键的因素是人才。只有人才才是企业最重要的战略资源，才是企业在竞争中立于不败之地的保障。

企业究竟需要什么样的人才？带着这个问题，笔者走访了微软（中国）有限公司、北京市汽车修理公司和四川长虹电子集团有限公司。通过和相关负责人的交谈，我们了解到，企业的内涵虽然不同，但对人才都有一个共同的看法，即不唯学历重能力；对人才都有一个共同的要求，即良好的品质、较高的知识层次、较强的创新能力和较强的动手实践能力。

微软（中国）有限公司一位负责人分析说，我国的软件产业尽管起步较晚，但近年来整个产业所呈现出的高速增长势头令人欣慰，巨大的、充满生机的软件市场不断吸引着更多的参与者投入其中。尽管如此，人才问题仍旧成为制约我国软件产业进一步发展的瓶颈。据有关部门预测，我国软件人才缺口近40万人，然而，无论从数量还是质量的角度看，每年国内各高校所培养的软件相关人才相当有限，远远不能满足社会发展对此类人才的需求。

具体到我国软件企业，首先需要考虑通过软件工程规范与产品发展机制的“软件架构师”来严格管理、有效控制软件产品的研发过程；其次需要具有创新思维、工程化意识以及团队合作精神的软件设计与应用人才。然而，我国软件人才结构却呈现出两头小中间大的“橄榄形”，需求与供给之间存在显著差异。目前，IT企业急需的是大量初级的软件开发与应用人才，即IT蓝领。这正是职业院校应大力培养的空缺所在，引进技能型课程是当务之急。这样可使学生毕业时能获得所需的技能，满足企业需求。

北京市汽车修理公司一位负责人谈了她对人才的看法。她认为，在市场经济条件下，企业是讲成本和效益的。员工是企业的生产成本，成本太高，造成人才浪费。所以，近几年，公司一直坚持把“合适的人”放在“合适的岗位”，并设计了一整套员工培养方案，帮助他们从基层做起，一步步为自己的发展积累经验与能力。企业就像一个浓缩的社会，需要各种人才，如优秀的管理人才、各类专业技术人才，其中很大的基数是技能型人才。从专业能力分析，单一型的维修人员已无法适应当前汽车维修的需要，而从事机电一体化的人员一定要掌握必备的知识，包括电工电子技术、计算机控制技术、汽车故障诊断检测、汽车使用技能等。此外，还要具备较强的专业基本技能和与生产过程相关的基本技能，如汽车维修通用基本技术、特定车型维修技术、专业英语与获取信息的能力等，使自己的知识结构和工作能力都满足并适应企业发展的需要。

四川长虹电子集团有限公司培训中心副主任认为，转变人才观念是当务之急。他举例说，在我国大、中、小型企业的管理者中，严格地说，有90%的人没有本科学历，但他们能够胜任企业主管一职，是因为他们有极强的团队合作精神、丰富的实践经验，所以没有必要固守着以学历为重的旧观念。

他还认为，学生进入企业后，最主要的问题是宽口径、知识面要宽、一专多能。比如，销售人员要懂维修，技术人员要了解市场、掌握推销技术，具备多方面技能的人最受企业垂青。再有，坚韧的意志力和职业操守对学生的一生非常重要。

高素质的技能型人才在企业中起着十分重要的作用，他们是社会生产分工中最重要的一族，是劳动力市场的主体。企业不仅需要能够进行科学技术创新的院士、教授、专家，更需要能够把技术成果转化为生产力的技能型人才。

四、实践项目

项目一　职业能力倾向测试

本测验把人的职业能力倾向分为11种，每种能力由一组5个题目反映。测验时，请你仔细阅读每一题，自己进行评定。评分标准：1～5分，五级评分，能力弱得低分，能力强得高分。

一、一般学习能力倾向（G）	弱 较弱 一般 较强 强
1. 快而容易地学习新内容	1 2 3 4 5
2. 快而正确地解数学题	1 2 3 4 5
3. 你的学习成绩处于	1 2 3 4 5
4. 对课文的字、词、段落、篇章的理解、分析和综合能力	1 2 3 4 5
5. 对学过知识的记忆能力	1 2 3 4 5
二、言语能力倾向（V）	弱 较弱 一般 较强 强
6. 善于表达自己的观点	1 2 3 4 5
7. 阅读速度和理解能力	1 2 3 4 5
8. 掌握词汇量的程度	1 2 3 4 5
9. 你的语文成绩	1 2 3 4 5
10. 你的文学创作能力	1 2 3 4 5
三、算术能力倾向（N）	弱 较弱 一般 较强 强
11. 做出精确的测量	1 2 3 4 5
12. 笔算能力	1 2 3 4 5
13. 口算能力	1 2 3 4 5
14. 打算盘	1 2 3 4 5
15. 你的数学成绩	1 2 3 4 5
四、空间判断能力倾向（S）	弱 较弱 一般 较强 强
16. 解决立体几何方面的习题	1 2 3 4 5
17. 画三维度的立体图形	1 2 3 4 5
18. 看几何图形的立体感	1 2 3 4 5
19. 想象盒子展开后的平面图	1 2 3 4 5
20. 想象三维度的物体	1 2 3 4 5
五、形态知觉能力倾向（P）	弱 较弱 一般 较强 强
21. 发现相似图形中的细微差别	1 2 3 4 5
22. 识别物体的形状差异	1 2 3 4 5
23. 注意物体的细节部分	1 2 3 4 5
24. 观察物体的图案是否正确	1 2 3 4 5
25. 对物体的细微描述	1 2 3 4 5
六、书写知觉能力倾向（Q）	弱 较弱 一般 较强 强
26. 快而准地抄写资料（如姓名、日期、电话号码）	1 2 3 4 5
27. 发现错别字	1 2 3 4 5
28. 发现计算错误	1 2 3 4 5
29. 能很快查找编码卡片	1 2 3 4 5
30. 自我控制能力（如较长时间抄写资料）	1 2 3 4 5
七、眼手运动协调能力倾向（K）	弱 较弱 一般 较强 强
31. 玩电子游戏	1 2 3 4 5

续表

32. 篮球、排球、足球一类活动	1　2　3　4　5
33. 乒乓球、羽毛球运动	1　2　3　4　5
34. 打算盘能力	1　2　3　4　5
35. 打字能力	1　2　3　4　5
八、手指灵巧度能力倾向（F）	弱 较弱 一般 较强 强
36. 灵巧地使用很小的工具	1　2　3　4　5
37. 穿针眼、编织等使用手指的活动	1　2　3　4　5
38. 用手指做一件小工艺品	1　2　3　4　5
39. 使用计算器的灵巧程度	1　2　3　4　5
40. 弹琴	1　2　3　4　5
九、手腕灵巧度能力倾向（M）	弱 较弱 一般 较强 强
41. 用手把东西分类	1　2　3　4　5
42. 推拉东西时手的灵活度	1　2　3　4　5
43. 很快地削水果	1　2　3　4　5
44. 灵活地使用手工工具	1　2　3　4　5
45. 在绘画、雕刻等手工活动中的灵活性	1　2　3　4　5
十、眼手足协调能力倾向（E）	弱 较弱 一般 较强 强
46. 跑跳投、体操等运动	1　2　3　4　5
47. 弹奏手风琴、跳舞等	1　2　3　4　5
48. 灵活地使用自行车之类的交通工具	1　2　3　4　5
49. 体育课各科目成绩	1　2　3　4　5
50. 能参加运动会并获奖	1　2　3　4　5
十一、颜色辨别能力倾向（C）	弱 较弱 一般 较强 强
51. 从小到大艺术类科目成绩	1　2　3　4　5
52. 敏锐清晰地分辨颜色，识别细微差别	1　2　3　4　5
53. 协调地装饰房间的色彩	1　2　3　4　5
54. 协调地选择搭配自己的服饰颜色	1　2　3　4　5
55. 能绘画、制作工艺品、设计服装	1　2　3　4　5

（1）计算出每一种能力的平均分，从高到低依次排列你的能力倾向（排列大写字母）。

____

（2）我的工作能力排序表：依次写下能证明你拥有这些能力的证据。

____

____

____

（3）下表列出了不同职业对各类能力等级的要求，即说明了职业相应的能力模型。请你做完职业能力倾向测试题后，根据结果对照此表，可以找到与自己能力匹配的职业，或找出目前能力水平与目标职业要求之间的差距。

职业	G	V	N	S	P	Q	K	F	M
建筑师	5	5	5	5	4	3	3	3	3
生物学家	5	5	5	4	4	3	3	4	3
数学家和统计学家	5	5	5	3	3	4	2	2	2
经济学家	5	5	5	2	2	4	2	2	2
内、外、牙科医生	5	5	4	5	4	3	4	4	4
兽医学家	5	5	4	5	4	3	4	4	4
心理学家	5	5	4	4	4	3	2	2	2
社会学家、人类学家	5	5	3	4	4	3	2	2	2
大学教师	5	5	3	3	4	3	2	2	2
法官	5	5	3	2	3	3	2	2	2
历史学家	5	5	3	2	2	3	2	2	2
政治学家	5	5	3	2	2	3	2	2	2
律师	5	5	3	2	2	3	2	2	2
哲学家	5	5	2	3	3	3	2	2	2
工业药剂师	4	5	4	3	4	4	3	4	3
作家和编辑	4	5	3	3	3	3	2	2	2
翻译人员	4	5	2	2	2	3	2	2	2
测量员	4	4	4	4	4	3	3	3	3
建筑和工程技术专家	4	4	4	4	4	3	3	3	3
配镜师（医）	4	4	4	4	4	3	3	3	3
物理科学技术专家	4	4	4	4	3	3	3	3	3
系统分析和计算机程序编制者	4	4	4	4	3	3	2	2	2
药物实验室技术专家	4	4	4	3	4	3	3	4	3
职业学校教师（职业课）	4	4	4	3	3	3	3	3	3
政治经济学家	4	4	4	3	3	3	3	3	1

续表

职业	G	V	N	S	P	Q	K	F	M
营养学家	4	4	4	3	3	3	2	2	2
医院药剂师	4	4	4	2	9	4	3	4	3
农业、生物、动物、植物学的技术专家	4	4	4	2	4	3	3	4	3
体育教练	4	4	4	2	2	3	2	2	2
产品设计和内部装饰者	4	4	3	4	4	2	4	4	3
小学和幼儿园教师	4	4	3	3	3	3	3	3	3
护士	4	4	3	3	3	3	3	3	3
图书馆管理学专家	4	4	3	3	2	4	3	2	2
中学教师	4	4	3	2	3	3	2	2	2
职业学校教师（普通课）	4	4	3	2	3	3	2	2	2
社会工作者	4	4	3	2	2	3	2	2	2
公证人	4	4	3	2	2	3	2	2	2
职业指导者	4	4	3	2	2	3	2	2	2
电台播音员	4	4	3	2	2	3	2	2	2
商业经营管理	4	4	3	2	2	3	2	2	2
演员	4	4	2	3	2	2	2	2	2
制图员	4	3	4	4	4	3	4	4	3
舞蹈家	4	3	3	4	3	2	4	4	3
物理科学技术员	4	3	3	3	4	3	3	3	3
建筑和工程技术员	4	3	3	3	3	3	3	3	3
药物实验室技术员	4	3	3	3	3	3	3	3	3
农业、生物、动物、植物学的技术员	4	3	3	2	4	3	3	3	3
画家、雕刻家	4	3	2	4	4	1	4	5	4
护士助手	4	2	2	2	2	4	4	3	4
统计员	3	3	4	2	3	4	3	3	2
图书馆、博物馆和档案管理员	3	3	3	4	4	2	3	4	3
无线电修理工	3	3	3	3	4	2	3	3	3
放射科技术人员	3	3	3	3	3	3	3	3	3
驾驶员	3	3	3	3	3	3	3	2	3
配眼镜商	3	3	3	3	3	2	3	4	3
电工	3	3	3	3	3	2	3	3	3
家具木工	3	3	3	3	3	2	3	2	3
细木工	3	3	3	3	3	2	3	2	2
秘书	3	3	3	2	3	4	3	3	3
警察	3	3	3	2	3	3	3	2	3
记账员	3	3	3	2	2	4	3	3	2
出纳员	3	3	3	2	2	4	3	3	2

续表

职业	G	V	N	S	P	Q	K	F	M
社会服务助理人员	3	3	3	2	2	3	2	2	2
售货员	3	3	3	2	2	3	2	2	2
运动员	3	3	2	4	3	2	4	4	4
裁缝	3	3	2	3	3	2	3	4	3
导游	3	3	2	3	3	1	3	3	3
理发员	3	3	2	2	9	2	4	4	4
打字员	3	3	2	2	2	3	3	3	3
电话接线员	3	3	2	2	2	3	3	3	
招待员	3	3	2	2	2	2	3	2	3
一般办公室职员	3	2	3	2	2	3	3	2	
机床操作工	3	2	2	3	3	2	3	2	3
一般木工	3	2	2	3	2	2	3	2	3
矿工	3	2	2	3	2	1	3	2	3
锻工	3	2	2	2	3	2	3	2	3
农民	3	2	2	2	2	2	2	2	2
动物饲养员	3	2	2	2	2	2	2	2	2
厨师	2	2	2	2	3	2	3	3	3
纺织工人	2	2	2	2	3	1	3	3	3
测量辅导员	2	2	2	2	2	2	3	2	3
渔民	2	2	2	2	2	1	3	2	3
门卫	2	2	1	2	2	2	2	2	2

项目二　我的能力探索

（作者孙陆明——选自浙江省职业生涯规划比赛获奖作品《游戏策划 创我人生》）

1. 组织管理能力

在中学时期，我曾担任班干部，协助班主任管理班级事务，尤其是我读初一的时候，那是我第一次担任班委，而且是劳动委员兼纪律委员，身兼要职的我第一次感受到了管理的滋味，不过第一次当班干部虽然得罪了一些同学，但是能按照老师的要求，把班级管理得很好。不过这种好只是表面的好，其实不少同学心里都挺不服气的，渐渐地我认识到严格管理班级有好处，但是不得人心。因此，我从高中开始尝试对不同的人采取不同的管理方式，由原来初中的严厉转变为商量和希望，并且坚持对事不对人，重在使其改正，而不是将自己变成一个权力集中体。从那以后，我逐渐摸索出一套合适的管理方式，并将它运用到了大学当中。到了大学，集体变得更加复杂，此时我又不断探索，根据实际改善自己的管理方式，做到与时俱进、与人俱进。虽然还有不足，在大学我管理的团队中使用我的管理方式还有一定的问题，但我还会不断改进，这毕竟也是我管理能力历练与进步的过程。在组织方面，从大一开始，我逐渐开始为班级组织策划活动，并且担任活动主持人。2011年元旦晚会和2012年应用专业新班级联欢活动都是由我组织策划和担任主持的。回想起来，这两次活动都举办得比较成功。

2. 模仿能力

从小我就喜欢模仿电视剧和电影里的人物，无论是古装武侠剧还是欧美魔幻大片，不过模仿久了，自己也开始悟出点门道来，于是加入自己的想法，模仿和演绎着自己的影剧，独自在家闲着无聊的时候就会时不时模仿着演员的表演方式自导自演。除了模仿影视表演，我小时候还经常模仿唱京剧，那个时候，穿了大人的鞋子，披了老爸的长外套，戴了让老爸给我做的白须髯口，像模像样地唱起了京剧，具体唱什么我倒是不记得了。长辈们都说我有唱京剧的天赋，现在说来还是挺有滋味的。后来，我开始将模仿用于自己的“纸上谈兵”，毕竟那时我还是个游戏策划的新手，所以模仿等于入门学习。还别说，我能将玩的游戏模式和游戏内容悉数模仿出来。

3. 策划能力

我的策划能力主要表现在活动策划和游戏策划上。活动策划主要分两个方面：一个是网站活动策划；另一个是班级活动策划。我自己运营了一个基于 Discuz! X2.5 框架的小型网站，站点活动是我吸引用户加入站点的途径之一。我能在网站资源有限的情况下，想出一些别出心裁的活动。在班级活动策划方面，我会根据班级同学的大多数兴趣爱好来策划相应的活动，活动的互动性和参与性强且有很高的可玩性，能够充分活跃现场气氛。在游戏策划上，我会在融合各大同类游戏优势的基础上，加入自己的想法和创新元素。这一点，无论是我所策划的《三国问剑》还是《修真之路 online》都有体现。当然，我还策划过一款游戏名叫《新世界 online》，其实质上并非竞技或者冒险类的游戏，而是一款都市生活的模拟仿真型游戏，游戏中玩家将扮演真实生活中的自己，在虚拟现实世界中寻找不一样的乐趣，而且还将在线教育、电子商务和电子政务充分融入其中，使其成为一款虚拟现实的新一代革命性在线模拟游戏。

4. 沟通表达能力

我在沟通表达方面具有较强的能力，我善于开导别人，善于和老师同学交流看法和感悟，久而久之，沟通表达越来越熟练。我经常会在电视上听一些名人教授的讲座，其中就有著名学者于丹、易中天、翟鸿燊，著名礼仪教授金正昆，商界精英马化腾、李强、李开复、俞敏洪、马云、李彦宏，等等。在听他们的讲座时，我很愿意去接受他们宝贵的知识和经验，当然，我也在模仿和学习他们的沟通表达技巧。在这么多巨人们的语言熏陶下，加上我敏锐的感知力，以及平时经常性的“实战”，我的沟通表达能力渐渐被培养了起来。

——从能力探索来看，我愿意使用比较熟练的能力依次是组织管理能力、模仿能力、策划能力、沟通表达能力，可以发挥我能力的职业有管理人员、主持人、演员、宣传策划人员、销售人员等。

自我探索综合作业

回忆前面章节学过的自我探索部分，做如下练习，探索出自己感兴趣的5～7种职业。

（一）你的霍兰德类型建议你考虑的职业

（1）根据你的兴趣探索结果，列出至少10种与你的霍兰德类型相对应（或者相似）的职业，并标出每种职业的霍兰德代码。

职业　　　　　　霍兰德代码（3个字母）

1）

2）

3）

4）

5）

6）

7）

8）

9）

10）

注意：同时参与其他兴趣练习，请思考，什么样的职业能够使你满意？

(2) 你的MBTI类型所建议的职业。

根据你的MBTI测评偏好，从前面职业性格测评中选出你感兴趣的职业，至少8种。

1）

2）

3）

4）

5）

6）

7）

8）

注意：这些工作有什么共同之处？请根据自己的MBTI类型思考，什么样的职业使你满意？

（二）对清单上的职业进行分类和进一步探索

对于你在前两页上列出的每一个职业进行分类，把它填在第一类中，在后面列出那些你感兴趣但在前面未出现的职业。

第一类，很有可能。

在兴趣和性格探索中都出现的职业：

注意：这些职业通常是你值得深入探索的，了解这些职业的要求和工作环境，考虑如何从事这份工作。

第二类：比较有可能。

在兴趣和性格探索中曾分别出现过一次的职业：

注意：这些职业也有较大的可能性，供你进一步探索。

第三类：其他职业。

在兴趣和性格探索中未曾出现，但你感兴趣的职业：

注意，这些职业的可能性通常不是很大，问问自己，你为什么会感兴趣？动机是什么？

（三）价值观

列出你最重要的五项价值观，并请具体说明它们的含义：

1）

2）

3）

4）

5）

（四）你的技能

找出你最擅长并愿意在未来职业中运用的技能。

（1）你最重要的五项自我管理技能（形容词）：

1）

2）

3）

4）

5）

（2）你最重要的五项可迁移技能（动词）：

1）

2）

3）

4）

5）______________________________

（3）重要的五项专业技能（名词）：

1）______________________________

2）______________________________

3）______________________________

4）______________________________

5）______________________________

（4）你使用最熟练的五项能力：

1）______________________________

2）______________________________

3）______________________________

4）______________________________

5）______________________________

（五）继续探索你的职业清单

重新审视你在前面所列出的所有职业及其共同特点，根据你对自身的了解，结合价值观和技能，在下面空白处列出那些你想继续探索的职业（可以是上面曾出现的，也可以是未曾出现但符合上面特点的职业）。

1）______________________________

2）______________________________

3）______________________________

4）______________________________

注意：在选择你所继续探索的职业时，请不要在未对它有任何了解时轻易将它排除，在这张清单上，你需要有足够的职业供你自己探索，最好不少于 5 个，不多于 10 个，将你的职业集中在下面这些职业上。

职业名称　　　　选择该职业考虑的因素

1）______________________________

2）______________________________

3）______________________________

4）______________________________

5）______________________________

6）______________________________

7）______________________________

8）______________________________

第五单元　价值观探索

一个人生命中最大的幸运，莫过于在他的人生中途，即在他年富力强的时候发现了自己的使命。

——斯蒂芬·茨威格

俗话说人各有志，在一个人选择自己职业的时候，这个志向其实就是他的职业价值观。职业价值观是指当一个人面临职业选择的时候，他无论如何都不会放弃的职业中至关重要的东西。它表明了一个人通过工作所要追求的理想是什么，是为了钱，还是为了权力，还是为了一种情感关系？如果你的人生第一价值是快乐，你的人生又将会如何呢？如果你的人生第一价值是奉献，又将会产生什么样的人生呢？如果你的人生第一价值是成功，第二价值是家庭，你将会拥有什么样的未来呢？如果你的人生第一价值是金钱，第二价值是成功，第三价值是快乐，那又将营造出什么样的人生呢？

学习目标

- 了解价值观的概念，理解价值观与职业发展的关系；
- 通过学习，对自己的价值观进行澄清和排序。

一、感悟与训练

活动一　你心中最有价值的工作

请在纸上写下“我希望做……的工作”，在一分钟内尽可能多地写下来你头脑中所联想到的任何短语。

示例：

- 能激发我的灵感，具有创造性，有较大成就感，不重复，能够学习到很多东西，受人尊重，有一定社会地位；
- 轻闲，离家近，赚钱多，环境优越，单位领导正直，单位同事心地善良，工作稳定，不用到处跑。

____

____

____

____

活动二　最开心的事情

1890年威廉詹姆士提出一种基于价值观的理解途径：行动反映我们的价值观，即我们在乎的东西，或者生活的动力。价值提供目标，从而使得生涯中的愿望、需求、喜好、目的、意向、信念、欲望、梦想、原则、践行等说法变得可能。

挑选你最近做得最开心的1～3件事（或者是令你觉得骄傲的你长期坚持的一种活动或生活方式），与同学分享后请思考：

（1）你那样做的目的和意向是什么？

（2）与这件事相似的经历你可以追溯到生命的哪几个时期？有什么重要的人和事吗？

（3）这些故事让你看到你重视的是什么？

（4）假如你重视的这些成为你生活或工作的重要部分，你觉得生命里会发生什么不同吗？

（5）你所重视的这些是普遍认可的，还是只对自己而言有意义？

（6）为了实现你所看重的价值，未来你会做些什么？（比如如何学习、如何工作、如何生活）

____

____

____

____

____

____

____

活动三　我的蝴蝶大梦

不用考虑现实的可能性，放下你现在所有的角色，让你的思绪离开现在的座位，飞出教室，思维无限发散，可以从历史到现实到未来，写出5～10种截然不同的职业/人生。

完成后在每个职业/人生后面写上吸引你的原因。

◦可否分类？

◦具有哪些共同点？找出关键词或共性。

◦说明什么？

◦在现实世界中寻找具有这些特征的职业。

例：教师　　稳定，社会地位，收入，受人关注

例：马云　　财富，独立，智慧，影响力

职业/人生	吸引你的原因	职业/人生	吸引你的原因

感悟：通常我感兴趣的职业特征有________________

____

____

____

____

根据你感兴趣的职业特征，请同伴帮你寻找类似的职业。

活动四　价值大拍卖

（一）活动目标

认识价值观、了解自己的价值观；学会做出选择，真正地体现自己的价值；学会抓住机会，不要轻易放弃。

（二）规则和程序

（1）教师指导语：今天，我们进行一场价值拍卖会，在面对爱情、友情、健康、自由、美貌、爱心、权力、财富、快乐、亲情的时候，同学们是怎样选择的呢？选择不一样，体现了我们对人生和事业的追求也不一样。希望通过这次价值拍卖会，让同学们更清晰地了解到自己的价值取向，预测自己的职业生涯。

（2）拍卖的东西见下表，每一样东西都有它的底价。每组同学象征性地发 10000 元，代表你一生的时间和精力。将 15 项人生美事和优良品质作为商品进行逐一拍卖，每人出价以 500 元为单位，价高者得。有效利用手中的 10000 元，尽可能买更多的东西。

（3）请你根据这些工作价值在自己心目中的优先地位排序，1 表示最重视，15 表示最不重视，填在下表中的第一栏内。你手里有 10000 元，对于各个工作价值项目，你愿意花多少钱购买？请将自己预估的数额在下表中第二栏内填写，成交价在第三栏内填写。

工作价值项目	顺位	预估价	成交价
1. 为大众福利尽一份力			
2. 追求美感与艺术气氛			
3. 寻求创意，发展新事物			
4. 独立思考，分析事理			
5. 有成就感			
6. 独立自主，依己意进行			
7. 受他人推崇和尊敬			
8. 发挥督导或管理他人的能力			
9. 有丰厚的收入			
10. 生活安定有保障			
11. 良好舒适的工作环境			
12. 与主管平等且融洽相处			
13. 与志同道合的伙伴一起工作			
14. 能选择自己喜爱的生活方式			
15. 工作富有变化，不单调			

（三）讨论

你们买到你想要的东西了吗？有没有后悔得到你所买的东西？为什么？拍卖过程中心情如何；这么多项价值中，哪些价值是相对重要的？哪些价值是相对不重要的？为什么？假如现在已经是生命的终点，你是否后悔刚才你所争取的东西？这个东西是否是你最想要的？金钱是否会带来幸福和快乐？有没有一些东西比金钱更重要？

（1）我重视的价值观是什么？

（2）我所选择的五个价值观是我一直都重视的吗？如果曾经有改变？是在什么时候？

（3）有哪些价值观是我父母认为重要而我却不同意的？有哪些价值观是我和父母共同拥有的？在与父母冲突的时候，最后我是怎样抉择的？

（4）价值观的改变是否曾经改变我安排生活的方式？

（5）我理想的工作形态与我的价值观之间是否有任何关联？

（6）我是否因为谁说的一句话或某件事（例如考试的成绩）而对自己的价值观感到怀疑？

（7）以前我曾经崇拜哪些人？他们目前对我有什么影响？

（8）我的行为是否反映我的价值观？我会在父母的期待下选择他们认为理想的工作并长期从事吗？

（四）总结

每个人不可能同时获得这些价值满足，那么在面临抉择的时候，该如何选择呢？在这次价值拍卖会中可以看到同学们的不同价值观，他们在选择价值时要认识到哪些是相对重要的价值观，要树立正确的价值观。我们要学会选择，选择真正属于自己的价值观。

活动五 有关价值观的完形填空

完成下面的句子，每一句话建议用一张纸来写，在空白处填上出现在你脑海中的第一反应：

（1）如果我有 100 万美元，我将用来____________________。

（2）在生活中我最想得到的是____________________。

（3）我最关心的是____________________。

（4）我最期待的是____________________。

（5）我认为我生命中最大的喜悦是____________________。

（6）如果我只剩下 24 个小时，那我将____________________。

（7）如果我在一场火灾中只能救出一件东西，那么它将是____________________。

（8）我的工作必须能给我____________________。

活动六 价值观市场

参照以下 15 种价值观列表，从中选出 5 种对你来说最重要的，把这些价值观的名称写在另外一张白纸上。

现在，如果不得不放弃其中的一条，你会放弃哪一条？请你再放弃其中的一条，你会放弃哪一条？继续下去，直到最后一条，这是你无论如何也不愿放弃的。

请在下面横线上写明你的 5 样重要价值观，并按重要程度排序。

____

____

____

____

____

____

舒伯的 13 项价值观及其含义：

利他主义：总是为他人着想，把直接为大众的幸福和利益尽一份力作为自己的追求。

审美主义：能不断地追求美的东西，得到美感的享受。

智力刺激：不断进行智力开发、动脑思考、学习和探索新事物，解决新问题。

成就动机：不断创新、不断取得成就、不断得到领导和同事的赞扬或不断完成自己想要做的事。

自主独立：能够充分发挥自己的独立性和主动性，按自己的方式和想法去做，不受他人干扰。

社会地位：所从事的工作在人们的心目中有较高的社会地位，从而使自己得到他人的重视与尊敬。

权力控制：获得对他人或某事的管理权，能指挥和调遣一定范围内的人或事物。

经济报酬：获得优厚的报酬，使自己有足够的财力去获得自己想要的东西，使生活过得较为富足。

社会交往：能和各种人交往，建立比较广泛的社会联系和关系，甚至能和知名人物结识。

安全稳定：希望不管自己能力怎样，在工作中要有一个安稳的局面，不会因为奖金、加薪、调动工作或领导训斥等而经常提心吊胆、心烦意乱。

轻松舒适：希望将工作作为一种消遣、休息或享受的形式，追求比较舒适、轻松、自由、优越的工作条件和环境。

人际关系：希望一起工作的大多数同事和领导人品好，相处在一起感到愉快、自然。

追求新意：希望工作的内容经常变换，使工作和生活显得丰富多彩，不单调枯燥。

二、职场案例与生涯故事

案例一　选定一生的职业锚

张晓彤

写下这段感想的时候，我正在飞机上，在万米的高空中，飞去深圳做培训。现在我的头上顶着这样的头衔：中国十大实战派讲师、中国十大杰出培训师。想想这些年在人力资源领域的发展，确实有不少心得值得分享。

我曾在英国一家知名的烟草公司北京代表处任办公室经理，多少也算“管理层”。但我的专业教育背景是英文，除非做翻译，否则英文只是一种工具。我还能向哪个方向发展呢?这一追问打开了我有关职业生涯规划的最初意识。我是那种愿意跟人打交道而不擅长“做研究”的人，所以我选定了人力资源管理这个职业。一方面，这个职业在大学里刚刚开设了专业课程，人才非常缺乏；另一方面，人力资源管理的最新理念很多来自西方，我的英语专业背景有着得天独厚的优势。于是我开始注意这方面的机会，不久得知诺基亚招聘人力资源部秘书。当我要去应聘时遭到了当时几乎所有人的反对，但我成功了，并在成功进入诺基亚时告诉招聘我的老板：“我不会总当秘书的，我要在这个行业有十足的发展。”他笑着对我说：“好，做给我看。”

后来我在诺基亚历经了招聘专员、人力资源主管等职位，后来出任诺基亚北方区人力资源经理。在这一过程中也确定了我一生的职业锚：从事人力资源管理工作。

一旦认定了这一职业锚，我开始意识到光有英语水平是不够的，虽然多年来积累了大量的实操经验，但没有理论基础支撑也只能是无根之草。所以，工作之余我报名参加了北大心理学系应用心理学人力资源管理方向研究生班。如虎添翼的感觉在读书过程中就产生了，原来每一种激励方式都有理论的支撑；原来工作还可以缓解员工精神压力，使他们绩效更高。对心理学的浓厚兴趣，加上日常人力资源管理工作的实战经验，使我在这个领域越走越深，在这之后几次历经职位转换，也始终没有离开这个职业。后来，我又历任美国公司、民营企业人力资源管理高层等职位。2008年正式“赋闲在家”，开始从事专职的培训顾问和管理顾问。一路走到现在，在每次转换公司或者职位时，我会拿出一张纸来，把未来要从事职位的优势及劣势都写下来，一条一条地比较，只有当优势大于劣势、机会多于挑战时才会确定更换工作。以我从外企到民营企业的经历为例，当初受到了很多同行和猎头朋友的质疑，因为同时有一家美国知名企业也在与我联系，但正是做了仔细的分析后，我才决定放弃薪水高出很多的外企。

人力资源行业做到最后有两条路可以选：一是成为通才，即从事人力资源管理；一是成为专才，即成为人力资源顾问，两条路都可以帮助你达到职业生涯的顶点。

人必须有一个一生的职业锚，选定了就不再放弃。这样才可能在某个领域有长足的发展。当然，在确定喜欢什么职业前可以用较短的时间去体验，或者做一个职业倾向测评，发现自己真正的兴趣所在。认真思考“我想往哪条路走”“我适合往哪条路走”“我可以往哪条路走”。一旦确定就不要轻易转换。

【思考】

(1) 作者为什么放弃经理职位应聘人力资源管理秘书？文中的“职业锚”指的是什么？

(2) 从文中你是否了解到如何实现“职业锚”？

生涯故事：商人与渔夫

一个美国商人坐在墨西哥海边一个小渔村的码头上，看着一个墨西哥渔夫划着一艘小船靠岸。小船上有好几尾大黄鳍鲔鱼，这个美国商人问渔夫要多少时间才能抓这么多？墨西哥渔夫说：“才一会儿工夫就抓到了。”美国人接着问道：“你为什么不待久一点，好多抓一些鱼？”墨西哥渔夫不以为然：“这些鱼已经足够我一家人生活所需啦！”美国人又问：“那么你一天剩下那么多时间都在干什么？”墨西哥渔夫解释：“我每天睡到自然醒，出海抓几条鱼，回来后跟孩子们玩一玩，再跟老婆睡个午觉，黄昏时晃到村子里喝点小酒，跟哥儿们玩玩吉他，我的日子可过得充实又忙碌呢！”

美国人不以为然，帮他出主意，他说：“我是美国哈佛大学企管硕士，我倒是可以帮你忙！你应该每天多花一些时间去抓鱼，到时候你就有钱去买条大一点的船，慢慢地再买更多渔船，你就可以拥有一个渔船队。然后你可以自己开一家罐头工厂。如此你就可以控制整个生产、加工处理和行销。你可以离开这个小渔村，搬到墨西哥城，再搬到洛杉矶，最后到纽约。在那里经营你不断扩充的企业。”

墨西哥渔夫问：“这要花多少时间呢？”美国人回答：“十五到二十年。”渔夫问：“然后呢？”美国人大笑着说：“然后你就可以在家当皇帝啦！时机一到，你就可以宣布股票上市，把你的公司股份卖给投资大众。到时候你就发啦！你可以几亿几亿地赚！”渔夫问：“然后呢？”

美国人说：“到那个时候你就可以退休啦！你可以搬到海边的小渔村去住。每天睡到自然醒，出海随便抓几条鱼，跟孩子们玩一玩，再跟老婆睡个午觉，黄昏时，晃到村子里喝点小酒，跟哥儿们玩玩吉他喽！”墨西哥渔夫疑惑地说：“我现在不就是这样了吗？”

你想过什么样的生活？你想要的是什么？什么东西对你而言是有价值的？什么样的工作因素会特别打动你，让你毅然选择某份职业？

三、相关阅读与专家视角

E·H·施恩教授最早提出了五种职业锚的观点。1992年，麻省理工管理学院将职业锚拓展为八种锚位。此后的研究表明，目前的八种职业锚可以概括所有的锚位。

1. 技术/职能型

这种类型的人追求在技术/职能领域的成长、技能的不断提高及其应用的机会。他们对自己的认可来自他们的专业水平，他们喜欢面对专业领域的挑战。通常不喜欢从事一般的管理工作，因为这意味着他们不得不放弃在技术/职能领域的成就。

2. 管理型

管理型的人追求并致力于工作晋升，倾心于全面管理，独立负责一个部分，可以跨部门整合其他人的努力成果。他们想去承担整体的责任，并将公司的成功与否看成自己的工作。具体的技术工作仅仅被看作是通向更高、更全面管理层的必经之路。

3. 自主/独立型

这种类型的人希望随心所欲地安排自己的工作方式、工作习惯和生活方式。追求能施展个人能力的工作环境，最大限度地摆脱组织的限制和制约。他们宁愿放弃提升或工作发展的机会，也不愿意放弃自由与独立。

4. 安全/稳定型

这种类型的人追求工作中的安全与稳定感。他们因为能够预测到稳定的将来而感到放松。他们关心财务安全，例如：退休金和退休计划。稳定感包括诚实、忠诚及完成老板交代的工作。尽管有时他们可以达到一个很高的职位，但他们并不关心具体的职位和工作的具体内容。

5. 创业型

创业型的人希望用自己的能力去创建属于自己的公司或产品，而且愿意去冒风险，克服面临的障碍。他们想向世界证明，公司是他们靠自己的努力创建的。他们可能正在别人的公司工作，但同时他们也在学习并寻找机会。一旦时机成熟了，他们便会走出去创立自己的事业。

6. 服务型

服务型的人一直追求他们认可的核心价值，例如：帮助他人，改善人们的安全，通过新的产品消除疾病等。他们一直追寻这种机会，这意味着即使变换公司，他们也不会接受不允许他们实现这种价值的变动或工作提升。

7. 挑战型

挑战型的人喜欢解决看上去无法解决的问题，战胜强硬的对手，克服无法克服的困难障碍等。对他们而言，参加工作或职业的原因是工作允许他们去战胜各种不可能。他们需要新奇、变化和困难，如果事情非常容易，他们会变得非常厌烦。

8. 生活型

生活型的人希望将生活的各个主要方面整合为一个整体，喜欢平衡个人的、家庭的和职业的需要，因此，生活型的人需要一个能够提供“足够弹性”的工作环境来实现这一目标。生活型的人甚至可以牺牲职业的一些方面，例如放弃职位的提升，来换取三者的平衡。

他们将成功定义得比职业成功更广泛。相对于具体的工作环境、工作内容，生活型的人更关注自己如何生活、在哪里居住、如何处理家庭事务及怎样自我提升等。

四、实践项目

项目一　职业价值观自我测验

每个人对自己的职业都有不同的看法，获得的乐趣也不相同。只有喜爱自己的职业，对自己的职业状况满意，才能创造出良好的职业成绩；否则，职业便是一种苦不堪言的苦役。

本组测试要问的是：你了解自己吗？你在职业生涯中最重视什么？请衡量以下能带来职业满足感的各种条件对你的重要性（打√表示）。

（1）就业安全感

重要（　　）　　比较重要（　　）　　不重要（　　）

（2）情投意合的同事

重要（　　）　　比较重要（　　）　　不重要（　　）

（3）体恤下属的老板

重要（　　）　　比较重要（　　）　　不重要（　　）

（4）明确的职业范围

重要（　　）　　比较重要（　　）　　不重要（　　）

（5）严明的规章制度与职业程序

重要（　　）　　比较重要（　　）　　不重要（　　）

（6）平稳的职业节奏

重要（　　）　　比较重要（　　）　　不重要（　　）

（7）轻微的压力

重要（　　）　　比较重要（　　）　　不重要（　　）

（8）稳定的工资收入

重要（　　）　　比较重要（　　）　　不重要（　　）

（9）有保障的加薪计划

重要（　　）　　比较重要（　　）　　不重要（　　）

（10）良好的办公条件

重要（　　）　　比较重要（　　）　　不重要（　　）

（11）良好的福利待遇

重要（　　）　　比较重要（　　）　　不重要（　　）

（12）和谐的人际关系

重要（　　）　　比较重要（　　）　　不重要（　　）

（13）良好的文娱条件

重要（　　）　　比较重要（　　）　　不重要（　　）

(14) 上级领导的青睐

重要（　　）　　比较重要（　　）　　不重要（　　）

(15) 适中的产品换代速度

重要（　　）　　比较重要（　　）　　不重要（　　）

(16) 优雅的职业环境

重要（　　）　　比较重要（　　）　　不重要（　　）

(17) 名牌专车

重要（　　）　　比较重要（　　）　　不重要（　　）

(18) 参与决策权

重要（　　）　　比较重要（　　）　　不重要（　　）

(19) 择优提拔制

重要（　　）　　比较重要（　　）　　不重要（　　）

(20) 独立自主权

重要（　　）　　比较重要（　　）　　不重要（　　）

(21) 广泛的客户关系

重要（　　）　　比较重要（　　）　　不重要（　　）

(22) 丰厚的工资、分红和奖金

重要（　　）　　比较重要（　　）　　不重要（　　）

(23) 竞争激烈、富于挑战的职业

重要（　　）　　比较重要（　　）　　不重要（　　）

(24) 变化神速的技术革新

重要（　　）　　比较重要（　　）　　不重要（　　）

(25) 要求苛刻的上级

重要（　　）　　比较重要（　　）　　不重要（　　）

(26) 创新的自由

重要（　　）　　比较重要（　　）　　不重要（　　）

(27) 最低限度的官僚主义

重要（　　）　　比较重要（　　）　　不重要（　　）

(28) 职业成绩得到肯定

重要（　　）　　比较重要（　　）　　不重要（　　）

(29) 升职机会多

重要（　　）　　比较重要（　　）　　不重要（　　）

(30) 公司业务不断扩展，前途远大

重要（　　）　　比较重要（　　）　　不重要（　　）

答案：

通过回答上述问题，你显然对自己重视的职业因素很清楚了。

A 组：

假如你选择的“重要”集中在 1～15 题中，那么你便适合于做轻松、有趣的职业，在同事关系融洽、人情浓厚、福利待遇高的公司中发挥作用。你重视职业的稳定与保险，不愿意冒险，害怕失败。

你很会寻求职业以外的乐趣，通过体育活动、社交、文化活动来实现自我价值，充分享受着家庭温暖。

B组：

假如你选择的“重要”集中在16～30题中，那么你是一位进取心强、积极开拓、勇挑重担的人。职业压力越大，你的情绪越高涨，精神越饱满。你讨厌循规蹈矩，反感上司指手画脚，独立性强，渴望得到提升。

你除了职业以外，业余爱好极少，你或许也喜欢打高尔夫球，但那不过是你扩展业务的应酬手段。

C组：

假如你选择的“重要”很分散，那么你既非“保守分子”，又非“冒险家”。你忠于职守，喜欢挑战，但决不肯为此而牺牲家庭与个人乐趣。

你一方面责任心强，有决策欲与表现欲；另一方面又不想完全被职业淹没，没有勃勃雄心，从不轻易承担无把握的重任。

你称得上“兢兢业业的敬业者”，职业踏实，为人可靠，忠于公司，让老板放心。

项目二　我的价值观探索

（作者孙陆明——选自浙江省职业生涯规划比赛获奖作品《游戏策划 创我人生》）

1. 最崇拜的人物

周鸿祎（奇虎360公司董事长），在我眼里，他是一个坦诚直率、自信豁达的人，他创办奇虎360公司，首次在国内竖起免费杀毒安全软件的大旗，为亿万网民提供了优质的免费安全服务；他追求完美和创新，寻求成就感，不断完善360旗下的各种产品，丰富其功能，带给用户便捷舒心的体验，同时不断探索创新，凭借着其功能丰富的产品和优质免费的服务，使360成为中国第二大互联网公司。

我选择周鸿祎作为我最崇拜的人，是因为我在价值观上与他很相似，他的精神和能力深深令我敬佩。他通过为网民提供优质免费的安全服务，实现了其人生价值的一部分，是他人格魅力和价值观魅力的体现。当然他的为人处事、能力和成就等其他方面也令我深深佩服。

2. 角色价值观筛选

根据职业测评和自我认知，我发现我主要有以下价值观：为他人付出和服务而获得满足，独立自主，追求自由而不受过多的约束，追求完美和成就感，喜欢变化和创新。经过分析后发现，我最突出的职业价值观是崇尚独立、追求成就。

崇尚独立：我是一个期望在工作中能够独立工作、独立决策，而且能够表现出自己的创新，发挥自己的责任感、自主性的人。而且我能够以自我监督的形式使自己的工作按照自己的计划顺利进行。

我把“崇尚独立”视为自己重要的职业价值观，我希望自己的工作：

（1）具有不确定性，在这种不确定性中可以充分发挥自己的创造力；

（2）具有比较自由的空间，能够尝试使用自己的新想法；

(3) 具有较多的自由，可以自己安排工作的步骤与进度；

(4) 工作范畴内的事务自己可以较自由地决策；

(5) 项目制，从而拥有充分的工作支配权。

追求成就：希望获得的工作能够看到及时的成果展现，并体验到可能的成就体验。即工作的追求是一种自我实现，而并非外在特质利益的满足。

我把“追求成就”视为自己重要的职业价值观，在工作中：

(1) 能够比较充分地展示自己的独特之处；

(2) 能够充分感受自己完成任务后的成就体验；

(3) 能够提供自我提升与发展的空间与机会；

(4) 通过自己的努力付出，得到应有的成果。

如果真的要让我从所看重的价值观中撇去一个，我会第一个选择“追求完美和成就感”，紧接着是“喜欢变化和创新”，然后是“独立自主，追求自由而不受过多的约束”，最后只留下“为他人付出和服务而获得满足”。

说实话，在做这样的选择时我内心何其纠结，我不想舍去任何一个，因为它们对于我而言都尤其重要！但是在面对选择的时候不得不下定决心做出决定，于是在反复纠结中我还是依次抛弃了四个价值观，最后只剩下“为他人付出和服务而获得满足”这一个价值观，因为我想它应该能带给我人生真正的价值和意义。当自己的兄弟和真正的好朋友遇到困难和陷入窘境的时候我会毅然站出来力挺他；假如我今后事业有成，我会选择去做公益事业，尽我所能去帮助那些需要帮助和我能帮助的人；我同时倡导和平并会用自己的实际行动尽全力来守护来之不易的和平，坚决抵制战争。我所策划的《梦幻下沙》和《新世界 online (城市金名片)》也正是为了提高人们的生活质量，方便日常工作、生活和学习。不过，我目前在游戏专业知识上还有所欠缺，我力争通过平时多花时间和精力查阅相关资料和向一些相关技术人士求教的方式来提高自己的能力水平。

请模仿以上示例撰写关于价值观的生命故事，从中梳理出自己价值观的主题：

项目三 核心价值观测评

请你完成以下测评，找出自己的核心价值观，然后创造一个与之一致的职业生涯（注意，价值观是高度个性化的，所以测评中没有对每一个价值观词汇进行定义，每一个词汇对每个人都有不同的意义）。

请仔细思考你是否希望其中的某个价值观影响你现在或者未来对于职业的决定，然后圈出你认为最重要的 10 个价值观。

成就	家庭	自然	冒险	友谊	责任	接纳	开心	愉快	艺术展现
和谐	可预测	权威	健康	褒奖	自主性	有益	尊重	平衡	高薪
责任心	美丽	谦逊	诚实	风险承担	挑战	谦逊	自我训练	团队	影响
服务	竞争	正直	精神性	贡献	公正	稳固	控制	知识	结构性
协作	领导力	地位	创造力	学习	团队合作	好奇	爱情	时间自由	多样化
忠诚	信任	职责	意义	变化	信任	自我节制	智慧		

在空格处写下你认为排名前 10 位的价值观，然后在后面对这些价值观给予具体的描述，也可以列出上面没有的价值观，把它写下来，同时回答以下问题：

（1）这个价值观对于我的职业满意度重要吗？（选“重要”或者“不重要”）

（2）这个价值观在我的目标职业中能得到满足吗？（选“满足”或者“不满足”）

价值观 1：________________

重要/不重要　满足/不满足

价值观 2：____

重要/不重要　满足/不满足

价值观 3：____

重要/不重要　满足/不满足

价值观 4：____

重要/不重要　满足/不满足

价值观 5：____

重要/不重要　满足/不满足

价值观 6：____

重要/不重要　满足/不满足

价值观 7：____

重要/不重要　满足/不满足

价值观 8：____

重要/不重要　满足/不满足

价值观 9：____

重要/不重要　满足/不满足

价值观 10：____

重要/不重要　满足/不满足

来自阿里市场运营
对大学生的建议

第六单元　职业和工作世界探索

没有了工作，生命就会腐蚀，但工作若失去意义，生命就会窒息、停止。

——阿尔巴特·卡马斯

工作是我们职业生涯的重要课题，也是中心课题。工作世界对于我们来说既是熟悉的，也可能是陌生的。说它熟悉，是因为我们虽未正式踏入工作世界，但我们的周围都是身处工作世界中的人们，包括父母、亲戚、老师，可能还有一些朋友。我们自己，或许也有过一些短暂的工作体验。说它陌生，是因为我们对于工作的认识可能还只是一种直觉，比较模糊；对于工作世界，我们更多是怀着一种朦胧的感觉进行想象，或向往或不安，而较少有客观清晰的分析。

本单元我们就将展开一场探秘之旅，追问工作是什么？我们应该怎样对待工作和职业？

学习目标

- 掌握搜集职业信息的方法；
- 探索工作世界的内容及方法，对工作世界进行探索。

一、感悟与训练

活动一　头脑风暴——“手机”

（一）活动目标

通过头脑风暴，激发学生的发散思维，扩宽学生对职业世界认识的视野，引导他们学会检索职业信息并将职业信息分类。

（二）规则和程序

（1）6～8个同学为一小组，选出组长与记录员。

（2）请组员用头脑风暴法列举出与手机相关的尽可能多的职业，并将所有联想到的职业都记录下来。

（3）各组挑选一名代表分享成果。

（三）讨论

（1）大家所列的职业有哪些是与自身所学的专业相关或相近的？

（2）你从这个活动中得到了什么启示？

（四）总结

通过对手机相关职业的探索，可以了解到一个物品的制造与使用涉及许多的人工和职业，比如从管理到制造，从研发到市场。帮助学生了解学习专业知识的目的是帮助人更好地发展自己，绝不是限制人的发展。

活动二　关于职业信息

按下列格式填写好后，每组选出一名成员进行汇报。

（1）收集职业信息的途径和方法：

____

____

____

____

____

____

（2）职业信息的内涵：

____

____

____

____

____

（3）下一步我打算通过以下渠道搜集信息：

（　　）收集、研究与特定领域的职业有关的书面信息。

（　　）采访有关人士，对我感兴趣的职业有进一步的了解。

（　　）从职业咨询老师那里得到更多的个人帮助。

（　　）通过选修课来检测自己对某一相关领域的兴趣。

（　　）通过参加社团活动来检测自己对某一相关职业领域的兴趣。

（　　）通过兼职、实习或者志愿者活动来检测自己对某一相关领域的兴趣。

活动三　职业博览会

（一）活动目标

激发学生开展职业资料的收集与分析的兴趣，通过成果分享拓宽学生的职业知识，通过活动锻炼表达、演讲和思辨能力。

（二）规则和程序

（1）每4～5人组成一个“职业资料专家小组”，每组选定1人为组长，1人负责记录，2～3人为参谋，每组选定一个与同学专业、职业目标比较接近的具体职业或者行业，并收集相关资料。

（2）重新安排桌椅，以便开展“职业资料新闻发布会”。

（3）每组选1人进行5分钟左右的“职业资料发布”演示（最好使用PPT等多媒体手段），内容包括职业的工作内容、对应聘人的要求等。

（4）演示完毕，全体组员到前台接受其他同学的咨询，时间为5分钟左右。

（5）其他各组同学就准备的职业资料情况、演示现场和答询反应进行打分。

（三）讨论

（1）如何才能收集到正确、完整的职业资料？都有哪些收集职业信息的渠道？

（2）各组介绍的职业中，哪个或者哪些吸引你？理由是什么？

（四）总结

职业信息散存于一些相关的数据或者书籍中，需要你像拾贝壳一样一点一点收集起来，而且现在的职业不断在发生新的变化，要时刻更新你的信息和数据，才能跟上时代的步伐。

二、职场案例与生涯故事

案例一　周洪的职业准备

大二学生周洪想在上海的某企业从事人事助理的职位，经过对人事助理职位的调查，他了解到这类型职位的要求是：必须掌握人力资源管理系统的理论知识；具备助理人力资源管理师的证书；而且还需具备一定的人力资源管理的实践经验。

于是，周洪在他剩余的两年大学时间里，着手探索人事助理职位的要求，培养相关职业素质，考助理人力资源管理师的证书，掌握人力资源管理系统理论知识，进入一些名企实习积累实践经验，参加社团活动培养自己的组织能力和沟通能力等。等到毕业的时候，他如愿地进入上海名企从事他所期望的人事助理的职位，实现“人职匹配”。

我国传统的职业教育观念都是：学校就是“两耳不闻窗外事”的知识殿堂，学生要专心于学习，学有所成再谈论职业，大多数中国学生对社会上各行各业所知甚少，“职业”对于他们来说，还是一个非常遥远的概念。

目前，科技的高速发展使工作专精化。如果对工作世界未有明确认知，将无法了解工作的意义，对未来工作更加无从选择。职业认知是生涯发展的首要任务，大学生应认识与试探各种职业工作，培养从事各种职业工作的基本能力；根据个人兴趣与能力，完善职业所需的知识与技术，使个人素质适应于工作世界。

【思考】

（1）周洪在进入职场之前做了哪些准备？

(2) 你所学专业在就业市场中的需求如何？就业市场对本专业所对应的相关职业从业要求有哪些？

(3) 你应该在毕业之前做哪些职业准备？

案例二　谁在影响你的职业选择？

故事1：小胡是学法律专业的，她讲述了她的成长经历：在她小的时候，她的爸爸在工作中遭遇工伤，但是单位却想赖账，不付医药费和赔偿费，为此她爸爸将单位负责人告上法庭。很多人都说法律之外仍有“人情”和“关系”，官司未必赢得了，但是经过律师的不懈努力和法院公平公证的审判，最终她爸爸还是胜诉了，拿回了属于自己的权益。那段经历对小胡影响深刻，律师这个职业在她心目中充满了神圣感，高考时填报的第一志愿就是法律专业。如今她立志明确，满怀信心，虽然全国司法考试通过率很低，她也会全力以赴向律师这个职业迈进。

故事2：男生小吴讲述了他的经历：他生活在典型的专制型家庭，从小到大的一切事情都是由妈妈一手包办的。高考时他想报考读大学的市场营销专业，但是经商的妈妈却为他报考了金融专业。如今，快毕业的他学习成绩一般，但人际交往能力比较强，擅长与他人沟通。曾在一家大型房产中介机构实习，业绩不错，单位对其工作能力较为肯定。可实习期满，小吴却辞去工作，一心一意考研。问他原因，他沮丧地说：“没办法，我妈妈一定要我继续读书，读个研究生出来就可以进银行等铁饭碗单位，否则她就不认我这个儿子。”

【思考】

(1) 在我们进行职业选择的过程中，会受到哪些因素的影响？

(2) 在职业选择的过程中，应更多考虑自己的兴趣特长还是家人的想法？

(3) 如何选择对我们有利的因素，并正面有效地拒绝不利因素？

案例三　小A的规划

小A是毕业于北京某著名高校管理系统软件研发专业的研究生，他从一上大学就开始进行职业设计。本科毕业后，由于表现优秀直接被保送进入了自己向往已久的专业读研究生。在读研期间，他有计划性地修完自己的研究生课程之后，就开始四处搜集关于他们专业的就业方向和职业信息。经过各方面的了解后他觉得进入大型的跨国公司从事软件研发比较符合自己设计的职业之路。于是他又搜集了大量关于微软、IBM等跨国公司的信息和资料，经过认真的比较和了解之后他把目标锁定在IBM，并告诉认识的人自己想进IBM的想法，让人帮助自己留意信息。很快，已经在IBM工作的师兄告诉他有一个不错的实习机会。他马上准备，经过几轮筛选，他顺利进入IBM北京部实习。而在实习期间，他不凡的工作能力和敬业精神给上司留下了很深的印象。于是等到毕业时，公司主动提出和他签订合同。一切都是水到渠成！

【思考】在选择职业的过程中如何搜集有用的职业信息？

三、相关阅读与专家视角

阅读一　职场早知道

探索职业世界的过程，包括职业探索、专业探索、行业探索、企业探索和岗位探索五个方面。

（一）职业探索

1. 何谓职业探索

职业探索，是对你喜欢或要从事的职业进行理论分析和实际调研的过程，目的是对目标职业有充分的了解，并在明确和职业的差距后制订求职策略，从而有效地规划大学生活。

2. 职业探索的具体内容

(1) 职业描述。

职业描述，即定义这个职业的内涵。职业描述是对职业最精练的概括和总结，是透彻理解职业和调研职业的基础。在罗列学习别人对这个职业的看法后，你也要给这个职业下一个自己的定义，为自己的职业报告做好第一手准备。

(2) 职业的核心工作内容。

每个职业都有核心的工作职责，职责背后对应的就是工作内容。了解职业的核心工作内容，有利于了解完成工作内容必须具备的工作能力，这样就很容易找到自己的差距。成熟的职业都有权威人事部门给其总结确定的核心工作内容，一些企业的招聘广告中也有对工作内容的描述，还可以请教一些行业协会或是这个职业的资深人士，一般企业的人事部门和直接部门经理也对职业有具体的感悟。

(3) 职业的发展前景及其对社会和生活的影响、作用。

职业的发展前景，是国家、社会等对这个职业的需求程度，具体包括三个问题：第一，职业在国家阶段发展中的作用；第二，职业对社会和大众的影响；第三，职业对生活领域的影响。也就是说，不仅仅要知道这个职业对国家、对社会、对行业有用，也要知道这个职业对大众、对生活的影响，人们对其的依存度和声望度怎样。

(4) 薪资待遇及潜在收入空间。

职业是社会分工的产物，职业根据参与社会分工的量来确定相应的报酬，在不同的行业、企业、岗位上还有一些潜在的收入空间。能赚多少钱是大家都关心的话题，很多人也会把赚钱多少作为择业的关键因素，所以在考量职业时要重点调研职业的薪资状况。

(5) 岗位设置及不同行业、企业间的差别。

岗位设置，是指职业有一系列的岗位划分，而不同行业、不同性质、不同规模的企业对岗位的划分和理解也有很大不同，可能同一个名称的岗位工作内容完全不一样。了解职业的岗位设置，能加深对职业外延的理解，有针对性地与自己进行比较。一般来说，人事权威网站、职业分类大典、业内资深人士是比较了解这个职业的具体岗位设置情况的。

（6）入门岗位及其职业发展通路。

入门岗位是指针对应届毕业生的工作，职业的一些中低端岗位是面向大学生的。一个岗位对应的日后职业发展通路是什么？这个岗位有哪些发展途径？最高端岗位是什么？即使你很看好这个职业，但你还是要做工作的，而入门岗位就是提供给大学生的敲门砖，所以，你一定要知道你能通过哪些岗位进入到这个职业。从企业每年的校园招聘里就能看到哪些岗位是针对应届生的，可以从一些校园招聘网站找到这些信息。

（7）职业标杆人物。

职业标杆人物，就是在这个领域谁做得最好？他是怎么做到的？他都取得了什么成绩？遇到了什么困难？具备什么素质？每个职业都有一流的人物，无论是国内还是国外。研究职业标杆人物，可以让自己了解他的奋斗轨迹，加深对职业的了解，也会让你找到在这个职业领域奋斗的途径。

（8）职业的典型一天。

职业的典型一天，更多是在访谈中完成的，你要知道这个工作的一天都是怎么过来的，从早上到晚上回家的时间都是怎么安排的。了解职业的典型一天是判断自己是否适合这个职业的重要指标，如果你不想过那样典型的一天，就不用再为之努力学习准备了，所以这个过程是很关键的。尤其是这个工作对你个人生活的影响，你能否接受。职业的典型一天，在职业的核心工作内容中会有涉及，但具体到个人的资料就不多了，所以更多的还是要你去访谈从事这个职业的人，这样才会更真实。

（9）职业通用素质要求及入门具体能力。

职业通用素质要求是指从事这个职业的一般的、基本的要求，主要是个人通用素质能力，也就是能把这个工作做好要具备的能力。通过对职业的外在素质要求的了解，对比自己是否能够胜任，识别出要加强和补充的能力，从而可以将之规划到大学生活里。其实每个岗位的岗位描述中都有任职资格，只是这次要把其整理出来，尤其要加上职业访谈中的内容，列出十项最常用的能力，然后与自己一一对照，可以促进发现和认识自我。

（10）工作与思维方式及对个人的内在要求。

工作方式和思维方式是你做好做精工作的保证，有些工作对人的内在要求是很高的，如态度等，这些是从你的内在来判断你是否适合和喜欢一个职业的核心标准。从内在出发来判断是否喜欢是科学的，因为职业是客观的，只是因为你选择了职业才会有是否愿意做、是否适合做等问题的产生，所以当对职业的方方面面都进行考量之后，最后一关就是对职业所要求的内在进行盘点。岗位描述中的任职资格也会有对其内在素质的要求，还有业内普遍认为的个人素质，还要考虑不同行业、不同类型企业的差异。

（二）专业探索

1. 何谓专业探索

专业探索，其实就是在对本专业调研中了解专业毕业后能从事的职业，从而有效地规划大学生活。专业分为对本专业的探索和对自己喜欢的专业的探索，其实目的都是充分有效地利用大学时间来有针对性地为就业而学好专业知识。

2. 专业探索的具体内容

(1) 专业调研。

这是整个专业探索的核心任务，具体内容包括：这个专业是什么；这个专业都学什么；这个专业有哪些名校和名师；与此专业相关的专业有哪些；这个专业对社会和生活有什么用；这个专业毕业后都能做什么工作；学这个专业的名人都有谁，成就怎样；在这个专业领域权威的企业有哪些；学这个专业的上几届师长的目前状况怎样；怎样才能学好这个专业；学习的圈子和资源都有什么。

(2) 专业选择。

如果你发现自己不喜欢目前所学的专业，就要探寻自己可能喜欢的专业：浏览专业设置目录和说明；了解确定的几个专业大类（如文理工法管大类）；了解大类和专业中确定专业小类（如管理大类中分公共管理小类、工商管理小类等）；了解各个小类和专业中确定十个专业（如工商管理小类中的人力资源管理，公共管理类中的行政管理等）；针对每个专业进行“专业十项”的调研；最后确定三个目标专业。

(3) 专业学习。

专业学习有以下要求和方法：自编一个专业通论教材；明确 300 个概念；抄写一本最厚的专业通论教材；制作一个专业学习和发展手册；拜访 50 个专业相关人士；撰写一篇原创的专业论文；翻译一本外文的专业通论教材；一个月的专业相关工作实习。如你能运用其中的三个方法坚持半年，那你一定是这个专业的小专家了，这也会为以后的职业探索、职业定位打下坚实的基础。

(4) 确定适合的专业。

专业探索的最后结果表现为确定一个自己喜欢和适合的专业，那如何掌握和衡量呢?这里有以下几个参考：熟悉专业通论教材；能写专业相关的文章；知道专业领域的最新活动和进展；能和专业领域的人士对话；明确专业的毕业出路是什么；喜欢该专业方面的书；总去听该专业的课并且很愿意发表言论；愿意和别人分享你对此领域的看法和见解。如果你做到这其中的三条，那你就有资格说你确定了你所喜欢的专业了。

(三) 行业探索

1. 何谓行业探索

行业探索，就是通过理论分析和实际调研的方式对一个行业进行全方位的解读。行业是社会分工的大类，通过了解行业能让个人更好地了解职业世界。

2. 行业探索的具体内容

如何了解一个具体的行业呢? 经过我们研究，行业中有一些通用的研究因素，通过研究这些因素就可以很全面地了解一个行业。

(1) 这个行业是什么。

一百个人对行业会有一百个定义，这个项目就是集众家之长，包括政府、协会、个人对行业的定义，每个定义都是对行业不同层面的阐释，而定义又是很精辟很全面的介绍，所以深入仔细地搜集关于行业的定义、观点是十分有益于加深了解行业的。

(2) 行业对生活和社会的作用及发展前景、趋势。

明确行业对社会和生活的作用，每个行业在社会中都有其特定的功能，在知道行业对生活和社会的影响之后，就可以在一定程度上了解它的发展前景和趋势，从而可以在选择行业和确定发展方向时有长线的准备，这也是最大化行业社会价值的一个方面。

（3）行业的细分领域。

行业是大类，在行业内部还是有不同的分类的，了解不同的行业分类有利于全方位了解行业。分类的标准决定了具体的分类，可以选择政府、协会的分类标准，以此为线可以很好掌握理清行业发展脉络，也是个人了解行业发展空间的重要依据，如金融业就分为银行、保险、证券、基金等。

（4）国内外最著名的业内公司及介绍。

当了解不同的行业细分领域后，就可以找到此领域的标杆公司了。标杆公司是此领域和此行业的代表，当我们调研国内外的标杆公司时，我们所能把握的方向也是国际化的。同时可以对比国内外不同标杆公司的差距，这有利于自己了解行业核心竞争力，注意要对每个行业标杆公司进行不同程度的企业探索，从而让自己的行业探索落地。

（5）行业的人力资源需求状况及趋势。

了解这个行业都需要什么样的人才，当我们盘点行业的需求状况之后就可以加速自己的职业选择，也为个人的职业定位（确定具体的职业）做出了可能性探索。还要对行业的未来需求做个整理和分析，便于自己站在未来的角度进行选择。

（6）从事行业需要具备的通用素质和从业资格证书。

每个行业都有一定的入行要求，这些就表现为通用素质和从业证书，从业证书是证明通用素质的一种手段，如同法律的司法考试。一般来说，通用素质是这个行业长期发展所决定的，具备了就比较容易入门和发展，否则就会出现问题；大学生可以通过掌握通用素质和考取从业资格证书获得入行的敲门砖。

（7）有哪些名人做过或在做这个行业。

了解行业的标杆人物是进一步了解行业的很好手段，每个行业都有其代表人物，正如一说到房地产就想到王石，调研行业标杆人物的奋斗轨迹、目前状态等，可以加深对行业的了解，也可为自己进入行业提供一个参照。

（8）行业的著名公司老总或人力总监的介绍和言论。

整理或访问行业老总、人力资源总监的个人介绍、言论思想是职业访谈的一种高端调研，因为行业老总左右着企业的发展，人力资源总监左右着企业人才的招募，所以从这两个层面可以更全面了解行业的发展状态和人才状况，也可以进一步拓展行业知识，进行整理或访问时侧重他们是如何评价这个行业的现状的。

（9）职业访谈，一般职员、部门职员的一天。

和行业的高端人物交流是比较难的，尤其是行业的标杆人物，但和公司的一般职员交流就很容易了。这个访谈也是实际调研的主要部分，你可以和做过或正在做这个行业的一般职员交流，在交流中验证和拓展你对行业的了解；尤其是要加强对你期望部门或岗位人员的访谈，这样可以有效了解职业的具体要求。

（10）校园职位及大学生一般能力要求。

当进行了行业的九项调研后，还要对能够应聘的校园职位进行一个盘点，因为这才是大学生可望又可及的。一些企业都有校园招聘，校园招聘中所列的岗位就是面向大学生的，你可以总结这个企业三年来的校园招聘岗位，当你统计了十家企业的招聘岗位后，就可以合并、整理那些岗位，从而在一定程度上了解行业的校园职位。每个岗位在招聘时都会列上任职资格，当你整理相同岗位的任职资格后就可以在一定程度上明确一般能力要求了，如你确定一个岗位（定岗）并按其任职资格去努力，那你在毕业时就很容易如愿以偿。

（四）企业探索

1. 何谓企业探索

企业探索就是学生通过理论分析和实际调研来对自己喜欢的企业进行十个方面的全方位解读。在校期间有针对性地了解企业是踏上职业之旅的重要一步。

2. 企业探索的具体内容

（1）企业调研。

从以下十个方面去了解企业：简介历史（何时成立、对外的介绍是什么）；产品服务（核心产品、产品线或服务是什么）；经营战略（发展战略、经营策略是什么）；组织机构（规模和部门设置是怎样的，都有哪些岗位）；企业文化；人力资源战略（校园招聘的途径和职位是什么）；薪酬福利（各级待遇是怎样的）；人物员工（创始人、现任领导、现任高层、核心员工、目标部门主管和员工、企业以往员工）；图片活动；其他文件。

（2）发展阶段。

企业的发展，如同人的生涯发展，也有诞生、成长、壮大、衰退直到死亡的过程。一个企业从其诞生到死亡的生产经营活动的全部过程就是企业的生命周期。在生命周期的不同阶段，企业的发展战略、经营方针及人力资源制度都有着不同的特点。

“开发期”的企业——晋升的机会通常较多，短时间可能升到较高位置，但由于企业基础尚不够稳固，势必要承担较大的经营风险。

“成长前期”的企业——晋升机会较多，但速度略微缓慢。

“成长后期”的企业——制度和体系稳定，短期内难获得晋升或加薪（大企业多属于此阶段）。

“成熟期”的企业——晋升的可能性也较小，工作生涯可能很漫长辛苦。

“衰退期”的企业——除非你具有超凡的能力，可以使濒临关门的企业起死回生，否则根本不需要考虑。

（3）企业选择。

当你以企业调研报告的形式完成对目标企业的调研时，你可能会发现自己不喜欢目前所调研的企业，那么你就要重新开始企业探索了，以便确定自己所喜欢的企业。你可以通过了解世界500强企业、中国500强企业等方式来确定几个模糊喜欢的行业然后依照行业来选择喜欢的企业。

（4）确定企业。

在对企业进行调研后，我们就可以做出喜欢一个企业的选择了，但在衡量“喜欢”上，我们有些具体的标准：熟悉企业调查信息；能撰写企业相关的文章；知道企业及其行业的最新活动和进展；能和企业领域的相关人士对话；明确企业的校园招聘；喜欢看企业相关的书；总去参与企业或行业的相关活动；愿意和别人分享你对该企业及此领域的看法；愿去企业工作并确定在企业的长期发展目标；这些都是你确定“喜欢”的一些表现，如果你具备三个以上的表现，那恭喜你：你找到了自己喜欢的企业了！

（五）岗位探索

1. 何谓岗位探索

岗位探索就是对岗位本身和影响岗位发展的因素进行调研。岗位是你的阵地，当你要占领一片阵地时，你一定要对阵地有全面、准确的了解，而这种了解的方式就是探索，就是调研。

2. 岗位探索的具体内容

（1）岗位描述。

岗位描述包括对岗位的定义、工作内容及要具备的素质，这是岗位的基本内容，是理解一个岗位的最直观方面。包括：这个岗位是什么（岗位的一般定义）；这个岗位做什么（核心工作内容——典型的工作一天）；这个岗位要具备什么（岗位胜任素质）；谁做过和在做着这个岗位（过来人的看法）。

（2）岗位晋升通路。

岗位是在职能的基础上根据具体需要而分化产生的，所以在同一部门、同一职能上一定会有多个类似的岗位，而了解这个岗位能为自己岗位轮换、工作转换、升职等带来很大的方便。包括两方面：和这个岗位相关的岗位是什么（拓展发展方向及为轮岗、转换工作做准备）；这个岗位的职业发展通路是什么（岗位的晋升方向）。

（3）不同背景下的岗位要求。

岗位的通用要求加上不同背景下的岗位理解构成了一个岗位的最终描述，大学生求职时要特别考虑以下因素，因为这些因素才是制约你在公司发展的关键。包括三个方面：不同行业对这个岗位的理解是什么（行业背景下的岗位要求）；不同类型企业及企业所处发展阶段对这个岗位的理解是什么（企业背景下的岗位要求）；不同领导和上司对这个岗位的理解和要求是什么（人为背景下的岗位要求）。

（4）个人与岗位的差距。

当你综合了解岗位要求后，就可以进行差距量化和差距补充了。全面、准确地了解自己是量化与岗位差距的前提和基础。差距是可以量化的，如组织能力不强，要英语口语好等。如果差距不进行量化，就不能明确地行动，那么补充也就没有针对性。

阅读二　专业分析示例

（一）中文专业的就业方向

1. 基础教育行业的教师

（1）就业前景。

随着中国经济的不断发展，人们的消费从基本生存与生活资料的消费逐渐提升到文化娱乐与生涯发展的消费，家庭与个体对教育的投入比重愈来愈大。同时，国家也在不断加大对教育的投入，不断提升教师福利待遇与职业地位。在就业形势趋紧的现实压力下，教师这个古老的职业已经变得炙手可热。教师这个职业已经由“教书匠”成为“公务员＋白领”。

大城市的基础教育系统的教师早已呈现饱和，每年吸收的新生力量有限，竞争激烈，尤其是待遇好的名校招聘竞争呈现高学历惨烈局面；但在欠发达地区仍是稀缺人才。

（2）从业建议。

中小学教师职业优点：稳定，成就感强，越老越值钱；缺点：活动面窄，责任重大，累心。在做此选择前，还是要做好自我分析，看看自己是否真的好为人师与愿意承担教书育人传道解惑的责任。入门此职业，非师范生首先要考取教师资格证书；同时，需要做长期的准备和职业规划。比如要多提升自己的组织能力与团队构建能力，当然也要提升专业的“口才”与“文才”；好好学习实践心理学，教育学与认知学习理论是很必要的。只要记住，做好老师的关键是：培养出卓越的学生来！所以，重点不是你有多优秀，而是看你调教出来的学生是否能成为冠军，就是教练员与运动员的区别。

2. 媒体出版行业的编辑或记者

（1）就业前景。

将近三分之一的编辑写作职位，都来自各类媒体，包括报纸、书籍出版商、期刊等传统媒体行业。有统计数据，在未来的几年内，借助网络的应用发展，出现大量的各种类型的网站，从而使编辑职位的需求猛增。与传统媒体行业不同，网络编辑需要具备相当的计算机技术水平，比如运用 HTML 语言制作网页与用 photoshop 处理简单的影像等能力。编辑职位的薪酬因职位职责不同而有很大的差别。小规模的出版社提供的薪金比大规模的出版社要低很多；网络公司又比传统媒体要高些。多媒体时代的快速发展，使得传统报纸媒体的可持续发展面临很大的挑战，社会各界对新闻编辑提出了更高的要求，且行业报编辑及记者都应是极具创造性的人，随着多媒体时代的快速发展，人们更加注重该行业从业人员的个人素质，这也是我们应该深思的问题。

（2）从业建议。

多与媒体编辑、记者沟通，积累间接经验与人脉关系。一般说来，除了应有的文章采写能力以外，编辑还需要具有策划、组织能力。所谓策划，首先是选题创意策划能力；所谓组织，则是选题确定以后的稿源组织等。早先一步开始你的职业化进程，浏览媒体专业网站，协助采访，义工实习，积累经验是不错的选择。刚入该行，还是非常辛苦劳顿的，需要有心理准备和很好的体能储备。

3. 企事业单位关键岗位的助理或文秘

（1）就业前景。

作为传统的就职去向，该类职位竞争比较激烈的是低端职位；高端职位需求量大，但要求也高出一般很多，不是人人都有资格竞争的。比较低端的职位专业差异化程度较低，也就是说老板可以找你——一个大学生做，也可以找一个中专生做，可以找中文系的毕业生做，也可以找法学系的毕业生做。对于高端职位，不但需要出众的外形气质与干练素养，还需要高度的专业技能。各职位的薪酬水平也相差很大。

（2）从业建议。

职业发展路径大致为：助理→专员→经理。要想使职业通路顺畅，你只有比别人做得更专业，人际关系处理更到位。该职业处理细节的职业习惯与专业技能同样重要。该职业是有发展瓶颈的，也就是说是有“青春饭碗”之痕迹，未雨绸缪很重要。35 岁之前还是要做好转型的准备，而最好的转型就是向协助的关键人物的业务靠拢。争取早日打造自己的核心业务素质，以利日后升职升值。至于能否转型成功，很多时候看你的个人素质与用心程度。入职前需要注意的几个基本技能，如打字速度，办公软件（Office 系统或 WPS 系统，包括文档、表格、幻灯片处理），公文写作等都是要过硬的，否则工作一开始就会遇到麻烦。同时要学习日程安排、日常事务处理技巧，会议组织、人际关系处理技巧、时间管理、压力管理等必修课程。要想获得类似某公司驻中国首席秘书或上市公司董事会秘书等金领级别的职位，外语口语与高级文秘证书亦是必要条件。

4. 企业的文案策划人员

（1）就业前景。

“艺术是神灵的游戏，广告是尘世的花朵。”不管夸张与否，有很多出色的策划曾经让默默无闻的产品举世皆知，用有传奇色彩的手笔在行里行外成为经典。策划人员的任务是点石成金，能用你的创意为客户创造财富。文案策划人员的整体薪酬差别不大，只是具体行业与企业的差别而已。对于中文专业的你来说，还需要你掌握另外一门专业或对某行业的业务知识，才有入门与职业发展的前提。对于该职业，积累很重要，也就是说刚开始会比较难，越做会越专业，越得心应手。这类职业最大的特点是兼具创意和技术的双重特性。

（2）从业建议。

中文专业的优势是文笔高人一筹，劣势也很明显，专业知识可能需要恶补。从网站与相关专业人士手里搜集相关专业策划案的资料，是一个捷径。广告行业的策划人员，是需要实践磨炼才能出真才的，所以在学习知识的同时，最好到有实力的公司去蹭经验，即使是没有报酬的机会也值得。文案创作有一定的条理性，通常做久了就能按照类别摸出一套规律出来，比如活动文案一般包括活动内容、活动对象、资金预算、预期目标等几大部分。策划要用尽可能详尽的文字去阐述，因为客户一般只是通过我们上传到网站上的作品来判断，不会进行语言交流，所以一定要让客户读懂并了解你的用意所在。策划与创意源于文化的底蕴，生于思维的碰撞，精于阅历的积淀。策划要求有新的创意，并直接针对市场和销售。策划和创意要求从业人员是专家，而非仙家；是解决问题而非点石成金。策划创意是团队组织行为、专家行为、工业化流程行为相结合的智业产业，是一项长期持久的事业。有一个细节，策划人员要掌握高超的排版与规范表达技巧，做到内容与形式的完美统一。所以要做这行，学习掌握文字排版与图文处理软件是必要的。

（二）土木工程专业的就业方向

1. 工程技术方向

（1）就业前景。

就像我们看到身边的高楼大厦正在不断地拔地而起、一条条宽阔平坦的大道向四面八方不断延伸一样，土木建筑行业对工程技术人才的需求也随之不断增长。2004 年进入各个人才市场招聘工程技术人员的企业共涉及 100 多个行业，其中在很多城市的人才市场上，房屋和土木工程建筑业的人才需求量已经跃居第一位。随着经济发展和路网改造、城市基础设施建设工作的不断深入，土建工程技术人员在当前和今后一段时期内需求量还将不断上升。再加上路桥和城市基础设施的更新换代，只要人才市场上没有出现过度饱和的状况，可以说土木工程技术人员一直有着不错的就业前景。

（2）从业建议。

随着我国执业资格认证制度的不断完善，土建行业工程技术人员不但需要精通专业知识和技术，还需要取得必要的执业资格证书。工程技术人员的相关执业资格认证主要有全国一、二级注册建筑师，全国注册土木工程师，全国一、二级注册结构工程师等。需要注意的是，这些执业资格认证均需要一定年限的相关工作经验才能报考，因此土木工程专业的毕业生即使走上工作岗位后也要注意知识结构的更新，尽早报考以取得相关的执业资格。想要从事工程技术工作的大学生，在实习中可选择建筑工地上的测量、建材、土工及路桥标段的路基、路面、小桥涵的施工、测量工作。

2. 设计、规划及预算方向

(1) 就业前景。

近年来，各种勘察设计院对工程设计人员的需求持续增长。城市规划是一种新兴职业，随着城市建设的不断深入，也需要更多的现代化设计规划人才。随着咨询业的兴起，工程预决算等建筑行业的咨询服务人员也成为土建业内新的就业增长点。

(2) 从业建议。

此类职位所需要的人不仅要精通专业知识，更要求有足够的大局观和工作经验。一般来说，其薪酬与工作经验成正比。以建筑设计师为例，现代建筑还要求环保和可持续发展，这些都需要建筑设计师拥有扎实的功底以及广博的阅历，同时善于学习，并在实践中去体会。另外，从事此类职业还需要全方面地加强自身修养，如需要熟悉电脑操作和维护，能熟练运用CAD绘制各种工程图以及用P3编制施工生产计划等，有的职位如建筑设计师还需要对人类学、美学、史学，以及不同时代不同国家的建筑精华有深刻的认知，并且要能融会贯通，锻造出自己的设计风格。这些都需要从学生时代开始积累自己的文化底蕴。实习时应尽量选取一些相关的单位和工作，如房地产估价、工程预算、工程制图等。

3. 质量监督及工程监理方向

(1) 就业前景。

工程监理是近年来新兴的一个职业，随着我国对建筑、路桥施工质量监管的日益规范，监理行业自诞生以来就面临着空前的发展机遇，并且随着国家工程监理制度的日益完善有着更加广阔的发展空间。

(2) 从业建议。

监理行业是一个新兴行业，因此也是一个与执业资格制度结合得相当紧密的行业，其职位的晋升与个人资质的取得密切相关。一般来说，监理员需要取得省监理员上岗证，项目直接负责人需要取得省监理工程师或监理员上岗证，工作经验丰富、有较强的工作能力。专业监理工程师需要取得省监理工程师上岗证，总监理工程师需要取得国家注册监理工程师职业资格证。木土工程专业的大学生想要进入这个行业，在校期间就可以参加省公路系统、建筑系统举办的监理培训班，通过考试后取得监理员上岗证，此后随工作经验的增加考取相应级别的执业资格证书。在实习期间，可选择与路桥、建筑方向等与自己所学方向一致的监理公司，从事现场监理、测量、资料管理等工作。

4. 公务员、教学及科研方向

(1) 就业前景。

公务员制度改革为普通大学毕业生打开了进入机关工作的大门，路桥、建筑行业的飞速发展带来的巨大人才需要使得土木工程专业师资力量的需求随之增长，但需要注意的是，这些行业的竞争一般较为激烈，需要求职者具有较高的专业水平和综合素质。

(2) 从业建议。

想要从事此类行业，一方面在校期间要学好专业课，使自己具有较高的专业水平；另一方面特别要注意理论知识的学习和个人综合素质的培养，使自己具备较高的普通话、外语、计算机水平和较好的应变能力。

四、实践项目

项目一 生涯人物访谈说明

1. 目的

• 生涯人物访谈的目标是收集使你做出明智职业生涯决策的信息。

• 不要利用生涯人物访谈来找工作或开展职业面试，这样不但会使你感到尴尬，也会使潜在雇主反感。

2. 意义

获得具体职业生涯详情最有效的方法之一，是对处在你感兴趣职位的人进行访谈。生涯人物访谈可以帮助你：

• 获取最新的职业信息。

• 扩大你的职业人际关系网。

• 树立工作面试的信心。

• 确定你的专业实力和不足。

• 从内部看组织。

3. 准备

提前准备好生涯人物访谈是非常重要的。了解自己有助于你深入地进行信息访谈。你对自己了解越多，进行生涯人物访谈时就会越专业，也就越有可能找到既开心又令人满意的工作。

• 列出你所感兴趣的组织和可访谈的人。

• 安排生涯人物访谈。

• 访谈前，打电话给你要访谈的人。进行自我介绍并说明意图。提一下你是如何找到他的名字的。尽管有些人可采用电子邮件或书信的形式联系，但电话联系的效果更好。

• 说明调研中你感兴趣的工作类型、原因以及进行访谈所需要的时间（通常 20 到 30 分钟）。如果你要访谈的人不能和你见面，就问问他们能否给出五分钟的时间进行电话访谈。如果他们还是很忙，就请求介绍一位与他所做工作相似的人。

• 感谢他能够接受访谈并确认访谈的日期、时间和地点。如果他不能见你，就表示遗憾。如果得到了被推荐人的名字，应表示感激。

4. 开展生涯人物访谈

你在生涯人物访谈中可以提问的问题举例如下：

■ 在这个工作岗位上，每天都做些什么？

■ 这项工作需要什么样的人？

■ 到这个领域工作需要的基本前提是什么？

■ 这项工作需要特别的知识、技能和经验吗？

■ 这种工作需要什么样的教育或培训背景吗？
■ 什么样的个人品质或能力对这项工作的成功来讲是重要的？
■ 你怎么看待这个领域工作将来的变化趋势？
■ 你认为将来这个领域潜在的不利因素是什么？
■ 就你的工作而言，你最喜欢什么？最不喜欢什么？
■ 这项工作的哪部分让你最满意，哪部分最有挑战性？
■ 在这个领域工作你遇到了什么样的问题？
■ 对于一个即将进入该领域的人，你愿意提出特别建议吗？

对于求职者来说，还有：

■ 你是怎么找到这份工作的？
■ 什么样的初级工作最有益于学到尽可能多的知识？
■ 公司对刚进入这个领域的员工提供哪种培训？
■ 本领域初级职位和略高级别职位的薪水是多少？
■ 这个领域有发展机会吗？
■ 你所在领域有“职业生涯道路”吗？
■ 这项工作采取工作行动和解决问题的自由度如何？
■ 你的工作是怎么为实现组织的总体目标或使命贡献力量的？

对于创业者来说，还有：

■ 这个行业目前处于什么状态？发展前景如何？
■ 这个行业的客户具有什么特点？
■ 这个行业有多少种业务形态？
■ 这个行业的营收模式如何？
■ 这个行业有多少家竞争者？竞争态势如何？
■ 需要做什么准备（多少资金、技术准备、人员准备、市场开拓计划等）？

5. 记住

• 一次访谈问的问题不要太多，一般5～10个。问题一定要简洁，不要浪费他人时间，并且按约定的时间结束。

• 给访谈对象留出提供其他信息的机会。

• 为自己准备个“30秒的广告”，因为在访谈过程中，别人可能会问到你的职业兴趣和目标。

• 一定要迅速发送感谢信（访谈结束后一天之内）。

6. 职业生涯人物访谈示例

（作者孙陆明——选自浙江省职业生涯规划比赛获奖作品《游戏策划 创我人生》）

采访人：孙陆明

被采访人：王少栋（杭州趣玩科技有限公司游戏策划）

① 学长你好，你认为做好游戏策划师这份工作应该具备哪些知识、技能和经验？

答：首先，职业技能，那么作为一名游戏策划，你当然需要拥有策划的一些能力，像数值框架的搭建、UI的绘制、人物剧情对白上的撰写，但仅仅拥有这些是不够的。那我觉得一定的程序编程能力、基础美术功底这两点是必不可少的，并不是说你作为一名策划，仅仅需要策划的能力就可以了，这会让你在工作上捉襟见肘。

② 你在你目前的工作岗位上主要做哪些工作？

答：目前我是从事安卓手机游戏开发的，主要还是画 UI、写系统结构文档。

③ 做游戏策划，你有哪些心得体会？

答：我觉得做游戏策划最重要的有两点。

第一点：心态，我们讲，做任何事都需要有一个好心态，特别是策划，因为很多时候你想出来的、策划出来的东西，可能程序上、美工上会把你否掉，因为各种原因像技术问题、工期等。所以作为游戏策划，你需要有承受挫折的心态。

第二点：沟通，策划在整个游戏团队中，是一个核心，也是一个领袖，在游戏制作过程中，你需要不断地完善程序、美工。如何把你的想法灌输给他们，如何让他们做出来的东西是你所设计的，这就要考验一个人沟通的能力了。

④ 你觉得目前游戏策划师这个岗位以及网游行业的前景如何？

答：目前国内的游戏行业还是发展得很不错的，特别是近几年的页游产业，包括手游这种随着移动终端迅速崛起的产品。

⑤ 目前本行业对游戏策划师这个岗位有哪些要求？

答：经验、成功的项目经历。

⑥ 就你的工作而言，你最喜欢什么？最不喜欢什么？

答：其实我比较喜欢静下心来画游戏的 UI，也就是界面。

⑦ 游戏策划师这个职业最吸引你的地方在哪里？

答：在于游戏策划，这是一个创造的职业，你可以把自己的创意变为现实，这是非常美好的事。

⑧ 据你所知，有什么职业杂志、行业网站或其他渠道能帮助我深入了解这个领域？

答：就像我上面说的，游戏策划所需要的技能、知识非常广，非常杂，没有哪个网站能够完全教会你如何做一名策划，重点是要自主学习。

⑨ 游戏策划师这个职业今后的职业发展路径如何？

答：游戏策划有很多分支，包括数值策划、关卡策划、剧情策划、系统策划，等等，往自己擅长精通的方向发展，是不错的，当然也可以全面发展成为一个主策划。

仿写：

项目二　目标职业分析

示例：游戏策划师职业分析。

1. 游戏策划师的主要职责

游戏策划，又称为游戏企划、游戏设计师，是游戏开发公司中的一种职称，主要职责是将一个想法变为可以实现的设计。

- 以创建者和维护者的身份参与到游戏的世界，将想法和设计传递给程序和美术；
- 设计游戏世界中的角色，并赋予他们性格和灵魂；
- 在游戏世界中添加各种有趣的故事和事件，丰富整个游戏世界的内容；
- 调节游戏中的变量和数值，使游戏世界平衡稳定；
- 制作丰富多彩的游戏技能和战斗系统；
- 设计前人没有想过的游戏玩法和系统，带给玩家前所未有的快乐。通常游戏策划在大部分公司都会有其更详尽的分工。

2. 游戏策划师的工作分类

- 游戏主策划

游戏主策划又称为游戏策划主管。游戏项目的整体策划者，主要工作职责在于设计游戏的整体概念以及日常工作中的管理和协调。同时负责指导策划组以下的成员进行游戏设计工作。

- 游戏系统策划

游戏系统策划又称为游戏规则设计师。一般主要负责游戏的一些系统规则的编写，系统策划和程序设计者的工作比较紧密。

- 游戏数值策划

游戏数值策划又称为游戏平衡性设计师。一般主要负责游戏平衡性方面的规则和系统的设计，包括AI、关卡等，除了剧情方面以外，其他的内容都需要数值策划负责。游戏数值策划的日常工作和数据打的交道比较多，如你在游戏中所见的武器伤害值、HP值，甚至包括战斗的公式等都由数值策划所设计。

- 游戏关卡策划

游戏关卡策划又称为游戏关卡设计师。主要负责游戏场景的设计以及任务流程、关卡难度的设计，其工作包罗万象，包括场景中的怪物分布、AI设计以及游戏中的陷阱等都会涉及。简单来说，关卡策划就是游戏世界的主要创造者之一。

- 游戏剧情策划

游戏剧情策划又称为游戏文案策划。一般负责游戏的背景以及任务对话等内容的设计。游戏的剧情策划不仅仅是自己埋头写游戏剧情，而且还要与关卡策划者配合好设计游戏关卡的工作。

- 游戏脚本策划

游戏脚本策划主要负责游戏中脚本程序的编写，类同于程序员但又不同于程序员，因为会负责游戏概念上的一些设计工作。通常是游戏设计的执行者。

由上面的分工可见，想要成为一名合格的游戏策划，必须具备有一定的特长和专业的知识。

3. 游戏策划师的社会需求情况

薪酬指数：据悉，目前游戏策划人才的待遇非常优厚，大多数网络游戏公司的策划岗位年薪都在10万元以上，多的甚至高达百万元。

成功通道：这里需要提醒的是，把游戏当成工作与玩游戏有本质的区别，游戏策划对从业者的要求很高，不但要了解国内外行业发展的态势，还要具备相当的技术功底，能将艺术和市场结合起来。

4. 游戏策划师职业认知

（1）知识、技能、素质要求。

策划是一门易学难精的职业。作为一名优秀的策划，他必须既要有理性的一面，也需要有感性的一面；必须具备对游戏的热爱这种感性的理念，也必须有统筹全局、平衡各方这样一个理性的逻辑思维能力。而理性和感性是对立的两极，一个人身上要想同时具备理性和感性的平衡是非常难的。

现在有许多年轻策划进入这个行业，凭的是对游戏的一腔热血，而在进入开发公司后，他需要在保持对游戏的高度热情的情况下，通过对一些技能的学习和经历的累积，来提升自己的内在涵养，也就是理性的一面。为什么说策划“难精”，就是因为技能是可以培养的，而涵养是需要长期累积的，并随着个人的人生经历不同而产生差异。像日本、欧美等一些著名的游戏策划和制作人，他们一般的年龄都达到了40～50岁，因为不经历那么长的时间，无法达到那么深的社会积淀和人生阅历，来支撑自己的设计思想。所以策划是一个入门比较容易，而精深很难的一个职业。

一般情况下，我们说一个合格的策划，他可能需要了解社会经济学、心理学、市场营销等方面的知识，同时考虑到所处公司的项目的异同，可能还需要对某些区域和时间段的历史、文化有所涉猎。比如网易公司的策划，可能更多要求具备中国古代文化的知识；而一个做西方奇幻题材的公司，对理解西方文学系统的要求可能就要更高一些。这些方面的书是可以最直接帮助年轻策划们提升自身策划能力的。文化、地理、景观等一些自然方面的知识也可以很好地帮助你累积自己的阅历。这里面，最难达到的一点就是，在长时间的人生过程中，经历的各种喜怒哀乐、悲欢离合等情感波折，能够使人更加理智、全面地看待问题，这个方面的积累并不是通过短时间的学习可以掌握的，他必须实实在在地通过你的人生去丰富它。

更加深一步的话，那么有一些表面上看起来可能直接用处不是很大的知识，例如对社会机构的认识，对人文关系的理解，国际国内的一些政治、经济、文化等这些方面的认知都会对加深你的人生阅历起到很好的作用，当然还有一些大家都认同的丰富人生阅历的方法，比如通过旅游了解各地风俗、民情。

（2）学历与工作经验。

教育培训：美术、计算机、网络游戏、策划专业，大专以上学历。

工作经验：首先需要描绘出简单的游戏构想，会撰写游戏剧本；能够独立完成整体的策划方案；一旦设计方案被认可，还必须对游戏中的每一个细节进行详解；有深厚的文化背景和较强的美术功底；富有团队精神、沟通能力、敬业精神；有较强的写作能力和丰富的创造力。

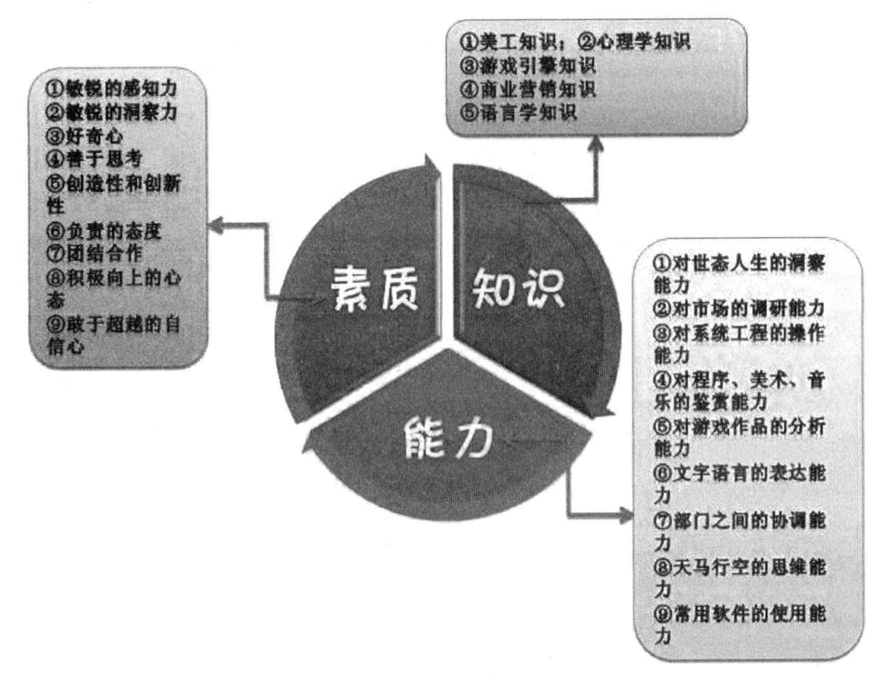

游戏策划师胜任力模型图

（3）职业发展路径。

游戏策划可以在今后成为游戏产品研发经理或游戏策划团队的负责人。

5. 杭州地区的在线游戏公司

① 杭州无端科技有限公司。公司类型：网页游戏研发＋网页游戏运营；代表游戏：《东风破》《波波巫》。

② 杭州傲天科技有限公司。公司类型：网络游戏研发；代表游戏：《武林秘籍》《纵横Q界》《聊斋Q传》《英雄美人》《争霸天下》。

③ 杭州边锋软件技术有限公司。公司类型：在线游戏及其平台的开发与运营；代表软件：《边锋游戏大厅》。

④ 杭州泛城科技有限公司。公司类型：网页游戏研发＋网页游戏运营；代表游戏：《水浒英雄》《悟空Q传》《魔力学堂》《末日传说》《名将风云》。

⑤ 杭州乐港科技有限公司。公司类型：网页游戏研发＋网页游戏运营；代表游戏：《热血三国》《热血三国Ⅱ》《魔晶幻想》《楚留香新传》《风云web》《新热血三国》《开心麻将》。

职业和工作世界探索综合作业

结合自我认知和职业认知的结果，填写我想从事或向往的职业之特性：

（1）职业一：

- 兴趣类型：
- 工作价值观：

◆ 专业知识：
◆ 能力与技能要求：
◆ 职场工作环境：
◆ 工作时间及待遇：
◆ 所需的教育训练：

是否已完全具备这些条件和能力？（是、否）

还需要加强的条件和能力有哪些？

我应该做怎样的努力？

（2）职业二：

◆ 兴趣类型：
◆ 工作价值观：
◆ 专业知识：
◆ 能力与技能要求：
◆ 职场工作环境：
◆ 工作时间及待遇：
◆ 所需的教育训练：

是否已完全具备这些条件和能力？

还需要加强的条件和能力有哪些？

我应该做怎样的努力？

（3）职业三：

◆ 兴趣类型：
◆ 工作价值观：
◆ 专业知识：
◆ 能力与技能要求：
◆ 职场工作环境：
◆ 工作时间及待遇：
◆ 所需的教育训练：

对于上述我有兴趣的职业，我认为最适合我的是：____________________

____

____

来自上市公司企业运营
对大学生的建议

第七单元　职业生涯决策与行动计划

人生的道路虽然漫长，但紧要处常常只有几步，特别是年轻的时候。

——柳青

人生如同行走。有时在大道，有时在小径；有时在上坡，有时在下坡。我们需要不断地选择。不同的选择让我们奔向不同的轨迹，让我们的生涯丰富多彩。面对十字路口，我们是坦然面对，还是惊恐无措？是胸有成竹，还是进退失据？

让我们抛开彷徨，勇敢地面对决定后道路上的泪水和欢笑。穿越它们，走向自己的精彩世界！

学习目标

- 理解职业生涯决策的概念、分析自己的决策风格。
- 掌握 2 种以上生涯决策的方法。
- 根据决策建立的方法，尝试为自己的学业建立目标决策。

一、感悟与训练

活动一　我的个人决策风格

请回想自己曾经经历过的重大决策情境，并按以下内容给予描述：当时的目标或者情境、面临的选择、选择的过程、最后做出的选择。想一想，面对其他生活的决策时，通常采用了什么样的决策模式？后果如何？

____

____

____

____

____

____

活动二 阅读并分析

（一）活动目标

帮助你认识错误的决策给人带来的危害。

（二）规则与程序

（1）请同学阅读下面的故事，并思考。

小马过河

马棚里住着一匹老马和一匹小马。

有一天，老马对小马说："你已经长大了，能帮妈妈做点事吗？"小马连蹦带跳地说："怎么不能？我很愿意帮您做事。"老马高兴地说："那好啊，你把这半口袋麦子驮到磨坊去吧。"

小马驮起口袋，飞快地往磨坊跑去。跑着跑着，一条小河挡住了去路，河水哗哗地流着，小马为难了，心想：我能不能过去呢？如果妈妈在身边，问问她该怎么办，那多好啊！可是离家很远了。小马向四周望望，看见一头老牛在河边吃草，小马"嗒嗒嗒"跑过去，问道："牛伯伯，请您告诉我，这条河我能让趟过去吗？"老牛说："水很浅，刚没小腿，能蹚过去。"小马听了老牛的话，立刻跑到河边，准备过去。突然，从树上跳下一只松鼠，拦住他大叫："小马！别过河，别过河，你会淹死的！"小马吃惊地问："水很深吗？"松鼠认真地说："深得很！昨天，我的一个小伙伴就是掉在这条河里淹死的！"小马连忙收住脚步，不知道怎么办才好。他叹了口气说："唉！还是回家问问妈妈吧！"

小马甩甩尾巴，跑回家去。妈妈问他："怎么回来啦？"小马难为情地说："一条河挡住了去路，我……我过不去。"妈妈说："那条河不是很浅吗？"小马说："是呀！牛伯伯也这么说。可是松鼠说河水很深，还淹死过他的伙伴呢！"妈妈说："那么河水到底是深还是浅呢？你仔细想过他们的话吗？"小马低下了头，说："没……没想过。"妈妈亲切地对小马说："孩子，光听别人说，自己不动脑筋，不去试试，是不行的。河水是深是浅，你去试一试就知道了。"

小马跑到河边，刚刚抬起前蹄，松鼠又大叫起来："怎么？你不要命啦！"小马说："让我试试吧！"他下了河，小心地趟到了对岸。原来河水既不像老牛说的那样浅，也不像松鼠说的那样深。

（三）讨论

请同学在小组内讨论小马先前为什么没有过河？它的决策出了什么问题？你在做决定的时候跟小马相像吗？你在做决定的时候会被他人的意见左右吗？

（四）总结

小马开始的风格是典型的"依赖型"。别人对他提出的意见，他都毫无保留地全盘接受，最后弄得自己无所适从。而通过妈妈的教导，学会了理性的分析，用实践来判断解决问题的方法。

活动三 阅读并分析

（一）活动目标

帮助你认识一个合理的决策需要理性分析的参与，需要科学理性的方法。

（二）规则与程序

（1）请同学阅读下面的故事，并思考。

不同的选择

上帝给两个人各一粒种子，并许诺说："三年后，谁培育出人间最大的花朵，以至于我在天堂都能观赏，谁就能获得飞翔的机会。"

甲立即揣着种子出发。他发誓要找到世上最肥沃的土壤、最优良的气候条件。乙没有出发。因为他觉得脚下的土地蛮不错，随手将种子种入土中。

一个月后，种子发芽、长大、开花了。那花很平常，既不大，也不奇。乙没有放弃，而是精心培育、守护。第二个月，他收获了几十粒种子。然后，他将种子全部种入附近的土地中。此时的甲，已走了很远。

乙的种子们又开花了，依然是平常的花朵，只是颜色多了两种。乙很高兴，他像园丁一样关怀着这种花。不久，他收获了一小袋种子，并立即将种子播撒在更大的范围。此时的甲，杳无音信。

乙的种子们又开花了，依然是平常的花朵，但出现了一些变种，颜色也更加多样。乙很兴奋，他估计奇迹就蕴藏其中。不久，他收获了数袋种子。为了更广泛地播种，乙爬上附近的山头，把种子撒向四面八方。

两年过去了。甲走遍天涯海角，但始终没有找到合适的土地，因为再好的土地都有些可疑，似乎仍有更神奇的土地在遥远的地方召唤他。因此，他的那粒种子一直揣在怀中，无处发芽。

而此刻乙所在的地方，已是漫山遍野的花朵了。这些花朵形态各异，多姿多彩；虽然没有一朵堪称大花，但乙不感到失望，因为种花本身的乐趣令他欣喜不已，充满创意，他更加投入这项工作了。

第三年春天，上帝站在天堂的大门边，看见人间有一朵硕大无比的花，乙正在忙忙碌碌。上帝还看见甲依然揣着种子到处奔波，像个投机分子。

这时候，乙感觉自己身轻如燕……他抬头看见上帝的微笑，于是他像展开了翅膀一样在空中翱翔……

（三）讨论

请同学对照自己以往的经历，回答如果某一次决定你觉得做得不够合理，重新选择，你将如何选择？

（四）总结

我们要做一个合理客观的决定，要学会科学的决策方法，学会理性分析。

活动四　非理性风格识别

小组内结成三人小组，对下列常见的非理性生涯决策风格进行辨析，写在下面横线处：

(1) 大家都说第一份职业非常重要，会对人的一生产生深远的影响，第一份工作我一定要找好。

____

____

____

____

(2) 我必须得到他人的认可。

____

____

____

____

(3) 我无法从事任何与我本身能力、专长不合的工作。

____

____

____

____

(4) 总是有某位专家或者比我懂得更多的人，可以为我找到更好的职业。

____

____

____

____

(5) 在选择要从事的工作领域中，我必须成为专家或者领导者，我才算成功。

____

____

____

____

二、职场案例与生涯故事

案例一　不经历风雨，怎么见彩虹

1980年，只有初中二年级文化程度的李黄玺到一汽当了一名维修工人。从进入工厂第一天起，李黄玺就暗下决心，一定要做一名掌握当代先进技术的优秀工人。他一边工作，一边开始了漫长而艰辛的业余学习生活。从1983年开始，他由业余高中至业余技校，从电工培训到高级电工技能班，一直到读完业余大学，这前后经历了8年。当看到大量运用计算机控制的生产线时，他开始学习计算机；当看到国外的进口设备出了故障，因不懂外语看不明白说明书而无法维修时，他开始学习外语；当看到从国外引进的设备因国外实行技术保密，生产线运行的指令代码没人能看明白时，李黄玺又开始了“破译”工程。

李黄玺所在的第二铸造厂是亚洲最大的具有国际先进水平的铸造厂之一。这里有丹麦的造型线、德国的机械手、西班牙的制芯机、美国的砂处理系统、日本的冲天炉控制系统。李黄玺通过刻苦钻研，对这些设备大胆进行改造，使这些设备更加先进，更加适合中国国情。有一条价值4000万元的造型线，其驱动部分采用的是当时世界上最先进的伺服技术，相关技术资料只有外文。李黄玺把十几万字的外文资料带回家，自费买来翻译软件开始艰难的翻译。整整3个月的时间，李黄玺这个连初中都没有毕业的普通工人，硬是把十几万字的资料翻译出来了，而且结合工作实际，将资料整理成了通俗易懂的逻辑图，成了这套资料的第一位中文翻译。

1991年以后，李黄玺运用学到的技能，先攻克了63项技术难关，成功地改造了4条具有国际先进水平的造型线。直接创造经济价值1300万元，并且有9项技术成果荣获国家专利。集团公司破格提升他为高级工人技师。他先后被评为长春市、吉林省和全国的特等劳动模范，荣获全国“五一劳动奖章”。

【思考】

（1）在目标的驱动下李黄玺都做了哪些努力？

（2）你有职业目标吗？最近你打算为实现目标做些什么？

案例二　每个人都可以创造机遇

董冰是一个农村女孩，在广西梧州农业学校读书的时候，她对家乡做了大量的调查，发现当地的养殖业有很大的发展潜力和市场，自己作为学农业的学生在当地一定会有用武之地。毕业后，她没有像其他同学一样到广东打工，而是凭着从学校里学到的知识和自信，带着一身干劲毅然回到了家乡。她向亲戚借了2000元，办了一个兽药和饲料店，开始了创业历程。随着时间的推移，她的经营范围已不仅限于养殖业，还办起了摩托车修理厂、米粉加工厂……一路走来，看似瘦小的她变得越来越“强大”。现在，董冰拥有了自己的公司，年生猪出栏3000多头，禽类出栏近6万羽，个人资产达200多万元。

董冰，一个中等职业学校的毕业生，一个体重仅有八十几斤的小姑娘，先后被授予自治区“双学双比”先进女能手、自治区“星火带头青年”、自治区“三八红旗手”、全国“三八红旗手”、全国“先进女能手”等荣誉称号。

【思考】

（1）董冰的故事给你什么样的启示？

（2）你如何理解“每个人都可以创造机遇”？

案例三 小李的选择

小李是某重点师范大学的2003届硕士毕业生，在找工作时面临3个选择：第一是去中国人寿保险公司做培训师（来校选人，学校领导推荐了小李），录用即为正式员工，薪水很高；第二是去某省会城市市教委做公务员，无须考试，录用即是；第三是去一个普通本科院校做高校教师。

面对这三个选择，小李的第一反应是要去做保险培训师，高薪，白领，她觉得能进入这样的岗位很骄傲，同学也很羡慕她有这样的机会。可就在小李买好了火车票准备去签协议的前一天晚上，她辗转反侧睡不着，她闭上眼睛想象自己穿着公司白领的西装套裙，穿梭在一幢现代化的大楼里，快节奏的生活，加班加点的工作，赚很多钱，但竞争激烈。她越想越觉得那个人不是她。她想要的工作是稳定的、相对自由的、受人尊重的能实现自身价值的，那个公司白领不能满足她的这些要求。于是第二天一早，她退掉了火车票，婉拒了那家公司。

剩下两个选择，小李又开始犹豫了，做公务员还是大学老师？她给亲戚朋友打电话，问了几个做公务员的亲戚和做大学老师的亲友，同时，她也想到了自己虽然学习很好，但从小到大都没有做过班长等任何领导干部职务，确实对组织管理没兴趣，所以觉得做公务员很可能一辈子只是做个小职员，不会有太多成就感。最终她选择来到高校做教师，这个选择她一直没有后悔，虽然在高校工资一般，但是这个职业给小李带来了满足感和成就感。她觉得选择职业要遵从自己内心的召唤，而不用依赖别人的或大多数人的看法。

【思考】

（1）小李想要的工作是什么样的？她为什么放弃了高薪的工作？

（2）如果你是“小李”，你会根据什么做出职业决策？

生涯故事 监狱中的三个人

有三个人要被关进监狱三年，监狱长满足他们三个一人一个要求。美国人爱抽雪茄，要了三箱雪茄。法国人最浪漫，要一个美丽的女子相伴。而犹太人说，他要一部与外界沟通的电话。

三年过后，第一个冲出来的是美国人，嘴里鼻孔里塞满了雪茄，大喊道：“给我火，给我火！”原来他忘了要火了。

接着出来的是法国人。只见他手里抱着一个小孩子，美丽女子手里牵着一个小孩子，肚子里还怀着第三个。

最后出来的是犹太人，他紧紧握住监狱长的手说：“这三年来我每天与外界联系，我的生意不但没有停顿，反而增长了200%，为了表示感谢，我送你一辆劳斯莱斯！”

这个故事告诉我们，什么样的选择决定什么样的生活。今天的生活是由三年前我们的选择决定的，而今天我们的抉择将决定我们三年后的生活。我们要选择接触最新的信息，了解最新的趋势，从而更好地创造自己的将来。

三、相关阅读与专家视角

阅读一　高管谈职业生涯规划

在担任公司高管的几年间，我面试过数以百计的各个层面的员工，其中最让我感到遗憾的一个现象就是：很多人有着非常好的素质，甚至有的还是名校的毕业生，因为不懂得去规划自己的职业，在工作多年后，依然拿着微薄的薪水，为了一份好一点的工作而奔波。很多这样的人，他们只要稍微修正一下自己的职业方向，就能够在职业发展上走得更从容。

有一次一个大连理工大学的研究生，好像是学电子的，来应聘我们的公关企划部部长。那小伙长得不错，将近一米八的身高，很阳光，个人素质也很好。他研究生毕业后去了一家稍微有点规模的IT企业，因为他对于软件的了解很不够，就没有做技术，而是从事管理，后来做到了总经理助理，主管行政和企划。工作5年后的薪水也就是5000元多点，他在公司的发展也受到了一定的局限。我在面试的过程中了解到，他之所以应聘我们的公关企划部部长，只是因为我们这个职位给的薪水还可以，而不是因为他喜欢这样的工作。后来我帮助他分析，依照他的素质和职业兴趣，如果选择得当，几年后应该有着很好的发展。但是我们公关企划部部长的职位并不适合他，如果我们聘用了他，不但耽误企业的发展，而且也会耽误他本人的发展。我帮助他分析以后，他恍然大悟，对我十分地感谢。后来他经过认真的思考及时修正了自己的职业道路，目前取得了不错的发展。所以有时候没有应聘上反而是面试的成功。在今天的市场环境中，类似的例子还有很多，这样的人大多都有一个共性，那就是最初的时候不知道自己应该在哪个领域开始自己的职业生涯，几年过去了，稀里糊涂地换了几家公司，回过头来才发现，只是积累了不同行业、不同职能方向不成功的丰富经验。而且据我观察，越是聪明的人越容易产生这样的问题。因为似乎什么工作都难不倒聪明人，他们就有机会尝试不同的工作，结果却都是“蜻蜓点水”。一段时间以后突然发现，多种多样的工作经验并没有给自己带来沉甸甸的收获，反而造成了自己缺乏专长、缺乏核心竞争力的局面。最最关键的就是他们永远都难以结束低薪长跑，白白浪费了上天赋予他们的才智。

当然，和此相对应的是另外的例子。有的人起点并不高，既非名校也不是什么好得不得了的专业，甚至这里边还有大专和中专毕业的人，但是因为他们有正确的职业发展之路，几年之后他们在职场上的价值超过了很多当初起点比他们高的人。我们公司现在的财务总监就是专科毕业的。但在十多年的财务生涯中，从出纳、会计、主管会计到财务经理，他一步一个脚印走得很踏实。不少和他同龄的本科生、研究生也还没有取得这样的成绩。我也认识不少拿着高薪的人士，他们中不乏低学历的人才，只是因为在一个领域里辛勤耕耘而成为这个领域的专精之士，从而能够获得和他们价值相匹配的薪酬。

各种有趣的职场现象还有很多。

有的人进了国有企业，进了政府机关，没有得到太大发展，一直非常矛盾，想离开又不愿失去既得利益，转换成本越来越大，勉强得来一官半职，也很是没意思。始终处在矛盾当中，年轻人的激情在无聊的事务中被慢慢消磨。

也有的人盲目地相信考证和考研，希望借助证书增加自己在职场的砝码；有人成功了，为数不少的人却越读越穷，所获得的薪酬远远达不到自己的期望。如果把考证和考研比作投资的话，至少是投资收益率不高。我就亲自面试过不少MBA，至少我是觉得他们没有获得和他们的投资相匹配的回报。

我们身边总有这种从一工作就抱怨不断却委曲求全的人存在，他们或者从一开始就没有为自己的职业做过规划，要么只进行过短期的职业指导，等有了一份自己可以接受的工作之后就“适可而止”，任由无聊和无奈一天天侵蚀自己日渐衰老的心。

根据我个人的经验和观察。有太多的人不了解如何去规划自己的职业生涯，包括不少读过职业生涯方面的书的人。我接触到不少刚刚毕业的大学生，他们对这样的问题更是全然没有概念，甚至我看到有的人30岁了还在为自己的职业发展感到迷茫，而且看趋势还要继续迷茫下去。究其原因关键是功力太浅，仅仅囿于职业来考虑职业，没有能够从更高的高度上来考虑这样的问题；而目前所谓的职业生涯指南的书也大多为学者所作，理论性有余，实践性不足，用以促进思考或许还有点帮助，用来指导实践则全无所获。正是基于这样的原因，近来我一直考虑怎么样将自己对于职业生涯的经验和观点能够系统地表达出来，以期能够对这方面的问题感到困惑的朋友有所帮助。

事实上，只要我们拥有了一定的理念和技巧，我们完全可以使我们的职业生涯不断增值，达到我们所期望的境界。

阅读二　成功就是做最好的自己

美国作家威廉·福克纳说过：“不要竭尽全力去和你的同僚竞争。你应该在乎的是，你要比现在的你强。”

中国社会有个通病，就是希望每个人都照一个模式发展，衡量每个人是否“成功”采用的也是一元化的标准：在学校看成绩，进入社会看名利。尤其是在今天的中国，人们对财富的追求首当其冲，各行各业，对一个人成功的评价，更多地以个人财富为指标。但是，有了最好的成绩就能对社会有所贡献吗？有名利就一定能快乐吗？

真正的成功应是多元化的。成功可能是你创造了新的财富或技术，可能是你为他人带来了快乐，可能是你在工作岗位上得到了别人的信任，也可能是你找到了回归自我、与世无争的生活方式。每个人的成功都是独一无二的。所以，凌志军在其《成长》一书中得出的重要结论是“成为最好的自己”。也就是说，成功不是要和别人相比，而是要了解自己，发掘自己的目标和兴趣，努力不懈地追求进步，让自己的每一天都比昨天更好。

成功的第一步：把握人生目标，做一个主动的人

在新浪聊天室里，当网友问我的人生目标是什么时，我是这么回答的：“人生只有一次，我认为最重要的就是要有最大的影响力（impact），能够帮助自己、帮助家庭、帮助国家、帮助世界、帮助后人，能够让他们的日子过得更好、更有效率，能够为他们带来幸福和快乐。”我回答这个问题时丝毫不需要思考，因为我从大学二年级起就把“影响力”当作自己的人生目标。

对我来说，人生目标不是一个口号，而是我最好的智囊，它曾多次帮我解决工作和生活中的难题。我当初放弃在美国的工作，只身来到中国创立微软中国研究院，就是因为我觉得后一项工作有更大的影响力，和我的人生目标更加吻合。此外，当我收到一封封迷茫学生的来信，给他们写回信时，我也会想："如何让回信有更大的影响力？"我先后公开的三封"给中国学生的信"都是如此诞生的。

马加爵也悟出了他的人生目标，只可惜他是在案发被捕后才悟出的。他说："姐，现在我对你讲一次真心话，我这个人最大的问题就是出在我觉得人生的意义到底是为了什么……在这次事情以后，此时此刻我明白了，我错了。其实人生的意义在于人间有真情。"如果马加爵能早几个月悟出人生目标，他在做傻事前就会问问自己，充满真情的父母、姐姐会怎么看待这件事？这样，他可能就不会走上歧途了。

所以，无论是为了真情，为了影响力，还是为了快乐、家人、道德、宁静、求知、创新……一旦确定了人生目标，你就可以像我一样在人生目标的指引下，果断地做出人生中的重大决定。每个人的人生目标都是独特的。最重要的是，你要主动把握自己的人生目标。但你千万不能操之过急，更不要为了追求所谓的"崇高"，或为了模仿他人而随便确定自己的目标。

那么，该怎么去发现自己的目标呢？许多同学问我他们的目标该是什么？我无法回答，因为只有一个人能告诉你人生的目标是什么，那个人就是你自己。只有一个地方你能找到你的目标，那就是你心里。

我建议你闭上眼睛，把第一个浮现在你脑海里的理想记录下来，因为不经过思考的答案是最真诚的。或者，你也可以回顾过去，在你最快乐、最有成就感的时光里，是否存在某些共同点？它们很可能就是最能激励你的人生目标了。再者，你也可以想象一下，十五年后，当你达到完美的人生状态时，你将会处在何种环境下？从事什么工作？其中最快乐的事情是什么？当然，你也不妨多和亲友谈谈，听听他们的意见。

成功的第二步：尝试新的领域、发掘你的兴趣

为了成为最好的自己，最重要的是要发挥自己所有的潜力，追逐最感兴趣和最有激情的事情。当你对某个领域感兴趣时，你会在走路、上课或洗澡时都对它念念不忘，你在该领域内就更容易取得成功。更进一步，如果你对该领域有激情，你就可能为它废寝忘食，连睡觉时想起一个主意，都会跳起来。这时候，你已经不是为了成功而工作，而是为了"享受"而工作了。毫无疑问地，你将会从此得到成功。

相对来说，做自己没有兴趣的事情只会事倍功半，有可能一事无成。即便你靠着资质或才华可以把它做好，你也绝对没有释放出所有的潜力。因此，我不赞同每个学生都追逐最热门的专业，我认为，每个人都应了解自己的兴趣、激情和能力（也就是情商中所说的"自觉"），并在自己热爱的领域里充分发挥自己的潜力。

比尔·盖茨曾说："每天清晨当你醒来的时候，都会为技术进步给人类生活带来的发展和改进而激动不已。"从这句话中，我们可看出他对软件技术的兴趣和激情。1977 年，因为对软件的热爱，比尔·盖茨放弃了数学专业。如果他留在哈佛继续读数学，并成为数学教授，你能想象他的潜力将被压抑到什么程度吗？2002 年，比尔·盖茨在领导微软 25 年后，却又毅然把首席执行官的工作交给了鲍尔默，因为只有这样他才能投身于他最喜爱的工作——担任首席软件架构师，专注于软件技术的创新。虽然比尔·盖茨曾是一个出色的首席执行官，但当他改任首席软件架构师后，他对公司的技术方向做出了重大贡献，更重要的是，他更有激情、更快乐了，这也鼓舞了所有员工的士气。

比尔·盖茨的好朋友，美国最优秀的投资家华伦·巴菲特也同样认可激情的重要性。当学生请他指示方向时，他总这么回答："我和你没有什么差别。如果你一定要找一个差别，那可能就是我每天有机会做我最爱的工作。如果你要我给你忠告，这是我能给你的最好忠告了。"

比尔·盖茨和华伦·巴菲特给我们的另一个启示是，他们热爱的并不是庸俗的、一元化的名利，他们的名利是他们的理想和激情带来的。美国一所著名的经管学院曾做过一个调查，结果发现，虽然大多数学生在入学时都想追逐名利，但在拥有最多名利的校友中，有 90%是入学时追逐理想、而非追逐名利的人。

我刚进入大学时，想从事法律或政治工作。一年多后我才发现自己对它没有兴趣，学习成绩也只在中游。但我爱上了计算机，每天疯狂地编程，很快就引起了老师、同学的重视。终于，大二的一天，我做了一个重大的决定：放弃此前一年多在全美前三名的哥伦比亚大学法律系已经修成的学分，转入哥伦比亚大学默默无名的计算机系。我告诉自己，人生只有一次，不应浪费在没有快乐、没有成就感的领域。当时也有朋友对我说，改变专业会付出很多代价，但我对他们说，做一个没有激情的工作将付出更大的代价。那一天，我心花怒放、精神振奋，我对自己承诺，大学后三年每一门功课都要拿 A。若不是那天的决定，今天我就不会拥有在计算机领域所取得的成就，而我很可能只是在美国某个小镇上做一个既不成功又不快乐的律师。

即便如此，我对职业的激情还远不能和我父亲相比。我从小一直以为父亲是个不苟言笑的人，直到去年见到父亲最喜爱的两个学生（他们现在都是教授），我才知道父亲是多么热爱他的工作。他的学生告诉我："李老师见到我们总是眉开眼笑，他为了让我们更喜欢我们的学科，常在我们最喜欢的餐馆讨论。他在我们身上花的时间和金钱，远远超过了他微薄的收入。"我父亲现在 70 岁高龄，经过从军、从政、写作等职业后才找到了他的最爱——教学。他过世后，学生在他抽屉里找到他勉励自己的两句话："老牛明知夕阳短，不用扬鞭自奋蹄。"最令人欣慰的是，他在人生的最后一段路上，找到了自己的最爱。那么，如何寻找兴趣和激情呢？首先，你要把兴趣和才华分开。做自己有才华的事容易出成果，但不要因为自己做得好就认为那是你的兴趣所在。为了找到真正的兴趣和激情，你可以问自己：对于某件事，你是否十分渴望重复它，是否能愉快地、成功地完成它？你过去是不是一直向往它？是否总能很快地学习它？它是否总能让你满足？你是否由衷地从心里（而不只是从脑海里）喜爱它？你的人生中最快乐的事情是不是和它有关？当你这样问自己时，注意不要把你父母的期望、社会的价值观和朋友的影响融入你的答案。

如果你能明确回答上述问题，那你就是幸运的，因为大多数学生在大学四年里都在摸索或悔恨。如果你仍未找到这些问题的答案，那我只有一个建议：给自己最多的机会去接触最多的选择。记得我刚进卡内基·梅隆的博士班时，学校有一个机制，允许学生挑老师。在第一个月里，每个老师都使尽全身解数吸引学生。正因为有了这个机制，我才幸运地碰到了我的恩师瑞迪教授，选择了我的博士题目"语音识别"。虽然并不是所有学校都有这样的机制，但你完全可以自己去了解不同的学校、专业、课题和老师，然后从中挑选你的兴趣。你也可以通过图书馆、网络、讲座、社团活动、朋友交流、电子邮件等方式寻找兴趣爱好。唯有接触你才能尝试，唯有尝试你才能找到你的最爱。我的同事张亚勤曾经说："那些敢于去尝试的人一定是聪明人。他们不会输，因为他们即使不成功，也能从中学到教训。所以，只有那些不敢尝试的人，才是绝对的失败者。"希望各位同学尽力开阔自己的视野，不但能从中得到教益，而且也能找到自己的兴趣所在。

成功的第三步：针对兴趣，定阶段性目标，一步步迈进

找到了你的兴趣，下一步该做的就是制定具体的阶段性目标，一步步向自己的理想迈进。

首先，你应客观地评估距离自己的兴趣和理想还差些什么？是需要学习一门课、读一本书、做一个更合群的人、控制自己的脾气还是成为更好的演讲者？十五年后成为最好的自己和今天的自己会有什么差别？还是其他方面？你应尽力弥补这些差距。例如，当我决定我一生的目的是要让我的影响力最大化时，我发现我最欠缺的是演讲和沟通能力。我以前是一个和人交谈都会脸红，上台演讲就会恐惧的学生。我做助教时表现特别差，学生甚至给我取了个“开复剧场”的绰号。因此，为了实现我的理想，我给自己设定了多个提高演讲和沟通技巧的具体目标。

其次，你应定阶段性的、具体的目标，再充分发挥中国人的传统美德——勤奋、向上和毅力，努力完成目标。比如，我要求自己每个月做两次演讲，而且每次都要我的同学或朋友去旁听，给我反馈意见。我对自己承诺，不排练三次，决不上台演讲。我要求自己每个月去听演讲，并向优秀的演讲者求教。有一个演讲者教了我克服恐惧的几种方法，他说，如果你看着观众的眼睛会紧张，那你可以看观众的头顶，而观众会依然认为你在看他们的脸，此外，手中最好不要拿纸而要握起拳来，那样，颤抖的手就不会引起观众的注意。当我反复练习演讲技巧后，我自己又发现了许多秘诀，比如：不用讲稿，通过讲故事的方式来表达时，我会表现得更好，于是，我仍准备讲稿但只在排练时使用；我发现我回答问题的能力超过了我演讲的能力，于是，我一般要求多留时间回答问题；我发现自己不感兴趣的东西就无法讲好，于是，我就不再答应讲那些我没有兴趣的题目。几年后，我周围的人都夸我演讲得好，甚至有人认为我是个天生的好演说家，其实，我只是实践了中国人勤奋、向上和毅力等传统美德而已。

任何目标都必须是实际的、可衡量的目标，不能只是停留在思想上的口号或空话。制定目标的目的是为了进步，不去衡量你就无法知道自己是否取得了进步。所以，你必须把抽象的、无法实施的、不可衡量的大目标简化成为实际的、可衡量的小目标。举例来说，几年前，我有一个目标是扩大我在公司里的人际关系网，但“多认识人”或“增加影响力”的目标是无法衡量和实施的，我需要找一个实际的、可衡量的目标。于是，我要求自己“每周和一位有影响力的人吃饭，在吃饭的过程，要这个人再介绍一个有影响的人给我”。衡量这个目标的标准是“每周与一人一餐、餐后再认识一人”。当然，我不会满足于这些基本的“指标”。扩大人际关系网的目的是使工作更成功，所以，我还会衡量“每周一餐”中得到了多少信息，有多少我的部门雇用的人是在这样的人际网中认识的。一年后，我的确从这些衡量标准中，看到了自己的关系网有了显著的扩大。

制定具体目标时必须了解自己的能力。目标设定过高固然不切实际，但目标也不可定得太低。对目标还要做及时的调整：如果超出自己的期望，可以把期望提高；如果未达到自己的期望，可以把期望调低。达成了一个目标后，可以再制定更有挑战性的目标；失败时要坦然接受，认真总结教训。

最后，再一次提醒同学们，目标都是属于你的，只有你知道自己需要什么。制定最合适的目标，主动提升自己，并在提升过程中客观地衡量进度，这样才能获得成功，才能成为更好的自己。

项目一　我的决策平衡单

请填写决策平衡单，并思考，你的哪一个职业方案最适合你？这一方案适合你的原因是什么？在职业选择过程中，你最看重什么？

示例：选自浙江省职业生涯规划获奖作品《游戏策划 创我人生》作者　孙陆明

职业决策考虑因素	权重（1～5）	职业选择一 游戏策划师	职业选择二 网站运营专员	职业选择三 网络游戏营销员
工作环境	4	4	4	4
工作地点	2	4	4	4
工作薪酬	4	4	4	4
工作压力	3	4	4	4
理想目标相关	4	5	4	3
职业升级	3	4	4	3
工作自由度	5	4	3	4
独立性	4	4	4	3
名声	3	3	3	3
地位	4	4	3	3
乐趣	3	4	4	4
老师的建议	3	4	4	4
亲人的建议	3	2	3	3
价值的实现	5	4	4	3
分值总计		207	182	165

分析小结：

在我的职业决策考虑因素中，我最重视的是工作自由度和价值的实现两个因素。通过职业平衡单的工具测评及其分值总计，三个目标职业中，游戏策划师更符合我的职业需要，而且我对游戏策划这一职业领域有着较为充分的了解并拥有游戏策划的实战经验，目前有自主策划的各类大小游戏策划书 30 余件。因此，我将游戏策划师作为我的首选目标职业，而网站运营专员和网络游戏营销员作为备选职业。游戏策划师、网站运营专员和网络游戏营销员在素质能力方面具有一定的联系，其中包括策划与设计能力、想象与思考能力以及计算机软件和系统工具的使用能力等。

仿写：我的决策平衡单

职业决策考虑因素		权重	选择一		选择二		选择三	
		−5+5	得（+）	失（−）	得（+）	失（−）	得（+）	失（−）
自我物质方面的得失	个人收入							
	未来发展							
	休闲时间							
	对健康的影响							
他人物质方面的得失	家庭地位							
	家庭收入							
自我精神方面的得失	创造性							
	多样性和变化性							
	影响和帮助他人							
	自由独立							
	应用所长							
	适合兴趣							
	被认可							
	发挥能力							
他人精神方面的得失	父亲							
	母亲							
	男朋友							
	老师							
总分								

项目二　决策中个人SWOT分析

SWOT是4个英文单词（S：Strengths，W：Weaknesses，O：Opportunities，T：Threats)的缩写，即强项、弱项、机会、威胁。指从业者在制定职业目标时，要首先对自己进行自我认知，对自己的工作、职业、生活及大环境进行研究，制定一份个人强项、弱项、机会、威胁（SWOT）的分析报告。

SWOT分析练习

请结合前面所学内容，对自己的学习、生活及大环境进行研究，制定一份个人SWOT分析报告。

示例：个体职业决策过程的SWOT结果的运用

外部环境分析（O. T.） 内部环境分析（S. W.）	机会（Opportunity）	威胁（Threat）
	（1）人力资源管理部门逐渐受到企业的重视 （2）入世后，外资企业的进入导致人力资源管理人才需求量的增大 （3）心理学在人力资源管理中的重要性逐渐凸显出来	（1）人力资源管理方向的毕业生 （2）MBA的兴起 （3）人力资源管理在很多企业中仍然处于刚起步阶段，其运作很不规范 （4）比起学历，我国许多企业更看重工作经验
优势： （1）硕士学历，成绩优秀 （2）丰富的学生干部管理经历 （3）大型公司半年实习的经历 （4）具有心理学的知识背景	优势机会策略（S. O.） （1）继续学习心理学知识，将心理学知识运用到人力资源管理中 （2）发挥担任学生干部的管理特长	优势威胁策略（S. T.） （1）强调自身心理学背景的优势 （2）强调大型公司半年的实习经验 （3）强调较强的学习能力和适应力
劣势： （1）师范院校毕业 （2）没有丰富的工作阅历 （3）专业不对口 （4）性格急躁，容易冲动	劣势机会策略（W. O.） （1）利用较强的学习能力，自学人力资源课程，加强英语的学习 （2）继续加强自己在师范院校中所培养的口语交流、文字书写等优势	劣势威胁策略（W. T.） （1）训练克制自己的冲动个性 （2）结合两个不同的专业，培养宽阔的视野和创新能力 （3）积极寻找重视员工潜能的企业
分析后的结论	职业发展道路定位在大中型的外资企业人力资源管理部门	

仿写：我的 SWOT 分析

外部环境分析（OT） 内部环境分析（SW）	机会	威胁
优势	优势机会策略	优势威胁策略
劣势	劣势机会策略	劣势威胁策略
分析后的结论		

附：个人优势与劣势自我测评表

评估纬度	评估等级				
	优秀	较好	一般	较差	差
1. 思维/认识能力					
逻辑思维能力	1	2	3	4	5
综合分析能力	1	2	3	4	5
判断能力	1	2	3	4	5
数据分析能力	1	2	3	4	5
空间思维能力	1	2	3	4	5
2. 知识与技能	1	2	3	4	5
专业知识	1	2	3	4	5
基础知识	1	2	3	4	5
商业知识	1	2	3	4	5
社会知识	1	2	3	4	5
研究开发能力	1	2	3	4	5
实际动手能力	1	2	3	4	5
交际能力	1	2	3	4	5
书面表达能力	1	2	3	4	5
口头表达能力	1	2	3	4	5
团队合作能力	1	2	3	4	5
领导才能	1	2	3	4	5
创新能力	1	2	3	4	5
学习能力	1	2	3	4	5
信息搜集能力	1	2	3	4	5
新技术的应用能力	1	2	3	4	5
解决问题能力	1	2	3	4	5
压力管理能力	1	2	3	4	5
自我平衡能力	1	2	3	4	5
3. 学习/工作效率	1	2	3	4	5
学习/办事的条理性或计划性	1	2	3	4	5
时间管理的有效性	1	2	3	4	5
学习/工作效率与效果	1	2	3	4	5
4. 个人发展	1	2	3	4	5
自信	1	2	3	4	5
自律	1	2	3	4	5
自立	1	2	3	4	5
责任	1	2	3	4	5
诚信	1	2	3	4	5
了解自己（优势与劣势）	1	2	3	4	5
渴望继续学习	1	2	3	4	5

请参阅上表内容，完成 SWOT 分析后，分析并回答下面的问题：

（1）你在学习和生活中应该如何充分利用自己的强项？如何进一步发展这些强项？

（2）应该做些什么来弥补自己的弱项？

（3）从明天开始你打算怎么改善？

（4）针对就业的压力和威胁，你个人可以做些什么来降低威胁的程度？

项目三 寻找人生目标——“六步游戏”法

以下是国外学者经过反复探讨而得到的一个寻找人生目标的逐步突出法，现在就让我们通过做这个“六步游戏”来找到自己的人生目标。

游戏道具：4～5 张小纸片。

环境要求：安静舒适。

情绪状态：精神饱满，情绪激昂，思维活跃。

提醒：在考虑目标时，尽量全面，避免仅从一个方面考虑，如不仅仅考虑事业，还要考虑家庭、人际、业余生活等方面。

第一步：寻找终生目标

拿出一张纸片，写下第一个问题：我终生的目标是什么？然后用2分钟写下答案，要无拘无束，想的是什么就写下什么。再花2分钟进行必要的修改。

如果你不好直接确立你的人生目标，你可以回想一下你童年、少年时的梦想，或者那些最令你开心的事。以此作为启发，再写下你的答案。

实例扫描：事业成功、家庭幸福、快乐……

也许你写下的目标比较宽泛，那也没有关系，还有第2步呢。

____

____

____

____

____

____

第二步：思考如何度过今后三年

请在第二张纸片上写下第二个问题："我该怎样度过今后三年?"用2分钟尽快写下答案，再用2分钟把忽视的项目补充进去。

在第二张纸片上，所写的东西要较之第一张纸片具体。这里的具体即是指所做的工作要具体。如第一张纸上你若写了过幸福的生活，那么在这一张纸上你就得将之分解为较为具体细致的目标。

实例扫描：拥有一份满意的工作，进入管理阶层；经济收入比刚工作时翻一倍；向女朋友求婚；将母亲接到自己身边；和好朋友经常保持联系……

____

____

____

____

____

____

第三步：半年内最重要的事

请在第三张纸上写下第三问：我在这半年内都应该做哪些事？哪些工作对我是最重要

的、最迫切的？这张纸片所罗列的内容，应该比第二张纸更具体、细致、全面，是自己需要也是能够立刻做的。

实例扫描：申请学位，联系实习单位去实习；帮助女友补习功课；经常给母亲打电话；和朋友保持联系……

第四步：浏览前三步

浏览一下前三步答案，你应该发现，第二步的答案就是第一步答案的延伸，第三步的答案则是前两步答案的继续。如果你的三步答案不具备这种逻辑，就需要重新来做，务必使这些答案符合事物的发展逻辑。

第五步：目标分类

请把 3 张纸片都拿起来，把上面的目标分别归类，如分为事业目标、爱好特长目标、能力目标、婚恋目标、社会友情目标、身心素质目标、读书目标等。

实例扫描：事业目标：功成名就、进入管理层、联系实习单位；婚姻目标：幸福、向女友求婚、帮女友补习功课……

第六步：确立不同时期的目标

请按类别关系，将 3 张纸片上的目标按同类关系以及同性质的关系连成一条线，就成了你的短期、中期、长期的目标了。

实例扫描（以事业目标为例）：

短期－中期－长期：联系实习单位——进入管理阶层——功成名就。

然后，结合自己的个人情况，根据短期目标制订切实可行的月计划、周计划、日计划。每一级计划的制订都应该是服务于上一级计划的，比如，制订周计划是为了完成月计划，制订日计划是为了完成周计划。当短期目标实现后再向下一个目标突进。

____

____

____

____

____

这种“目标逐步突出法”，最好在新年开始或你的生日进行。在开始新的一年或新的一岁时，寻找一下自己人生奋斗的方向，该是非常有意义的庆贺方式。

来自考研专家陈老师对大学生的建议

项目四　教练技术引领行动

BCC（Bord Certified Coach For Career），即生涯教练认证，是美国NBCC推出的生涯咨询方面的国际认证，由北森公司引入中国，下面的练习是根据生涯教练咨询技术编写的，旨在唤起个体对未来目标的向往、激发潜能，促进行动。

请小组内两位同学一组，分成A、B角，做以下练习：

（1）生命的愿景（理想时刻）：想象一下，未来的某一刻，你的人生达到了理想的状态，你拥有理想的生活、理想的工作、理想的关系。整个生命处于一种放松、满足、快乐、成功的状态中，这个时候，你会看到什么样的情景？那个情景中有什么？你会听到哪些声音？你发自内心的感受是什么……

（2）角色（身份、职位、称谓）：在那样一个画面中，你的身份是什么？假如这个时候有人问你要一张名片，你名片上的职位写的是什么？

（3）价值观（背后的动力与意义）：我很好奇，为什么你觉得这样的人生才是最有意义的？

（4）能力（需要完善和提高的）：假如在未来你能实现这样的梦想，你觉得还需要提高哪些方面的能力？

（5）行为/行动（方案与计划）：如果要在……实现这样的愿景，请问你觉得大概的行动计划会是什么？

（6）环境：（时间，地点）：假如要在……提高……你觉得一年之内，最有可能完成的计划会是什么？

（7）环境：（时间，地点）：如果愿意，你可以通过什么样的途径，让我知道你已经在行动了。

职业生涯规划设计书

（可加插图片，可自拟题目）

姓名：　　　　　　　　性别：　　　　　　　　出生年月：

学校：

院系：

电话：　　　　　　　　　　　　　　　　　　　手机：

电子邮件：

撰写时间：　　年　月　日

《职业生涯规划书》基本内容

一、自我探索

1. 我的成长经历

2. 职业兴趣

我最快乐的三个生活画面：

我最喜欢的书/杂志/电视频道：

我最喜欢的职业：

我最喜欢的休闲活动：

我最愿意担任的职务：

我的霍兰德代码、特点、相关职业：

兴趣探索小结：

3. 性格特征

我的个性特质：

我的性格优势、劣势：

我适合的岗位特质：

我可能的盲点：

性格探索小结：

4. 职业能力

我的五项核心能力：

我的知识技能：

我的可迁移技能：

我的自我管理技能：

我的成就事件追忆：

能力探索小结：

5. 价值观探索

我最敬佩的人：

我最向往的职业：

我的生涯架构单：

我的工作价值观：

6. 360度评估结果

自我评价　　优点：　　缺点：

家人评价　　优点：　　缺点：

老师评价　　优点：　　缺点：

亲密朋友评价 优点： 缺点：
同学评价 优点： 缺点：
其他社会关系评价 优点： 缺点：

二、职业探索

1. 目标职业一

（1）工作本身。
工作内容：
工作环境：
职业的典型生活：
（2）怎样得到工作。
进入职业的途径：
胜任标准：
（3）工作待遇。
薪酬：
福利待遇：
（4）未来发展。
职业本身的前景：
职业的晋升和发展路径：
培训和继续教育的机会：
（5）工作带来的影响。
从事该职业人员的生活方式：
对休闲、婚姻、家庭的影响：

2. 目标职业二

3. 目标职业三

三、决策与应对

1. 首选职业目标

（1）SWOT 分析：
我的优势：（Strength）
我的弱势：（Weakness）
我的机会：（Opportunity）
我面临的挑战：（Threat）
（2）决策分析：

2. 备选职业目标一

（1）SWOT 分析：

我的优势：(Strength)

我的弱势：(Weakness)

我的机会：(Opportunity)

我面临的挑战：(Threat)

(2) 决策分析：

3. 备选职业目标二

(1) SWOT 分析：

我的优势：(Strength)

我的弱势：(Weakness)

我的机会：(Opportunity)

我面临的挑战：(Threat)

(2) 决策分析：

4. 行动计划

(1) 大学期间的行动计划：

(2) 职场适应计划：

(3) 长期发展计划：

四、自我监控

1. 评估的时间

2. 评估的内容

实施策略评估：

职业路径评估：

职业目标评估：

职业生涯规划书示例一（节选）

第四部分 职业生涯的定位及规划

一、个人职业生涯规划的定位

1. 我的定位

经过对 MBTI 人格类型以及动力理论的分析以及对相关行业、公司、职位的背景了解，我综合各方面因素给职业生涯的定位是：

行业：快速消费品行业

公司：欧美世界 500 强跨国企业

职位：企业内部行政管理部门——人力资源方向

2. 定位依据

我是一个喜欢创新的人，对尝试新事物十分有兴趣。在生活中，我会乐意尝试体验所有新推出的、具有舒适感的产品，尤其是我们生活中的快速消费品，如饮料、食物、糖果、化妆品、沐浴产品等。在分析了自己的偏好后，我对将来行业的定位是快速消费品行业。

回看我的行为风格，我喜欢高效、直接，讲究效率与时间，喜欢在不断竞争中提升自我。我的动力理论中成功愿望达到 81 分，我的完美追求以及我的外语水平让我更希望任职于具有专业化和国际化工作氛围的外资公司。

另外，我的朋友群体中不乏在世界 500 强工作的人员，我的社交圈子也是我选择外资企业的一个考虑因素。

首先，我从小就担任班干部、团干部、学校干部，锻炼了良好的沟通与协调能力，能够流利地表达自我，注重他人感受，能够敏锐地觉察他人的需求与感受，这些正是做一个人力资源者所必备的基本前提。

其次，我有多年的主持、演讲、朗诵经验，对于当众即席演讲等面对公众的主持能够做到收放自如、自然大方。另外，多年的上台经验塑造了我良好的形象，得体的谈吐也能够给予别人舒适的感觉。这些与人力资源所要求的亲和力、能够代表企业良好形象是吻合的。

最后，动力理论中我的人际交往得分为 95 分，我发现自己喜欢并擅长和人打交道。同时，我也喜欢处理资料，对信息整理、索取、反馈并进行工作事务合理规划，这可以说是我自小经历发展的势头，也是我一直身处组织秘书部的原因。综上所述，我选择的是两者的平衡点——人力资源而非公关人员行业。

综合上述主观因素分析，本人规划未来的职业生涯道路：以在外企中提供综合服务的管理性部门，即人力资源部、行政部门等的职员为起点，继而专注于人力资源方面的发展，逐步提高职位，最终发展成为公司人力资源总监。

二、人生职业生涯发展道路

接下来，我从长期和短期两方面进行职业生涯规划宏观与微观的阐述。

1. 长期职业生涯规划——宏观阐述

年龄阶段	职业发展目标	发展阶段	阶段相关论述
20～22 岁	大学本科毕业，加入快速消费品行业，成为世界 500 强企业的培训生	准备期	校园学习、校内学生工作、社会实践三者同步发展，积累一切可以积累的猎职资本
22～24 岁	晋升为公司人力资源部门下设二级部门的主管	探索期（关键的五年）	开始相关职位经验和原始资本的累积，初步了解行业，把握自身需求以及发展方向
24～27 岁			业内相关证书的进修及考核，将几年的工作经验化为自我增值；同时应对可能出现由于婚育原因而出现的人事变动
27～30 岁	争取升任公司人力资源部门下设二级部门的部门经理	建立期	积累公司内部人脉关系，不断提升自身在公司的影响力，逐步参与整个人力资源部的运作
30～35 岁	晋升为公司人力资源部的总经理	发展期	参加 MBA 课程进修，进一步提升并巩固自身在公司内部的地位，同时加强与其他知名企业相关人士的交流
35～42 岁	晋升为公司人力资源部部门总监	巅峰期	协同公司各部门高级管理人员，为公司的发展提出各项宏观建议，不断加强对公司的宏观把握；完善并管理自身的团队
42～48 岁	在人力资源总监的职位上创造优秀的绩效	成熟期	延续公司人力资源的良好态势，为公司建立一支优秀的后备队伍
48 岁以后	实现公司内部人员的良性交接	衰退期	完成在公司的使命，开始转向实现人生的其他梦想

2. 相关能力的要求

阶段	相关能力	证书
大学阶段	英语能力	大学英语四、六级（CET4&CET6）
		剑桥商务英语高级（BEC HIGHER）
		托福（TOEFL）
	计算机能力	全国计算机二级
		ERP 金碟软件人力资源认证
职业生涯阶段	人力资源技能认证	助理人力资源管理师（国家职业资格三级）
		国际人力资源管理师（IHRP）
	管理能力	MBA 课程及学位

3. 短期（大学阶段）规划目标——微观阐述

大学一年级		
学习规划	学习任务	• 探索大学学习方法，按照课程规划，完成基础必修课程的学习 • 在能力范围内尽可能多地完成全校性任选课程（争取完成三门）
	学习目标	• 保持学期平均绩点 3.0 以上

续表

学生工作	工作实施	• 加入经济管理学院团委秘书部干事，担任 2014 级纪检组组长、班级团支书 • 积极参与学校、学院各类文体比赛，锻炼自身各方面的能力 • 认真学习前辈的经验，务求掌握学生活动的策划组织流程
	能力锻炼	• 统筹管理能力、执行能力、人际交往能力
社会实践	工作实施	• 广州友谊班尼路服饰有限公司任职店面管理专员 • 广州名人婚纱影楼任职业务推广专员 • 南方报业集团任职南方都市报促销员
	能力锻炼	• 营销策划能力，社交公关能力，语言表达能力
大学二年级		
学习规划	学习任务	• 塑造专业思维，提高自身的专业敏感度，搜集与专业相关的信息，加深专业理解，争取更好地入门 • 争取完成教学大纲规定的全校性选修课计划，为大三腾出时间
	学习目标	• 把学期平均绩点提高至 3.3 以上 • 考取全国计算机二级、全国大学生英语四级证书
学生工作	工作实施	• 加入学校职业规划园担任委员，以尽早接触职业规划相关信息 • 担任经济管理学院艺术团司仪队队长，2014 级纪检组组长 • 寻求能够自主策划组织大型学生活动的机会
	能力锻炼	• 统筹管理能力、策划组织能力、沟通交流能力
社会实践	工作实施	• 参加了广州卡耐基培训学校关于职业生涯规划的培训，认识自我 • 加入中国移动通信集团公司，正式签约为兼职员工，感受大型企业的先进管理和内部运作
	能力锻炼	• 社交公关能力，语言表达能力，自我认知能力
大学三年级		
学习规划	学习任务	• 对感兴趣并致力于日后发展的专业科目进行深入的研究和探讨，做到有的放矢 • 参加不同种类的英语技能相关认证，从根本上提高英语水平 • 学习企业 ERP 运作，重点掌握人力资源管理模块
	学习目标	• 把学期平均绩点提高至 3.6 以上 • 通过 CET6 和 BEC Vantage，参加 TOEFL 考试并争取高分 • ERP 金碟软件人力资源认证
学生工作	工作实施	• 争取成为学校职业规划园园长，积累职场人脉关系和社会经验 • 担任经济管理学院艺术团副团长，策划组织各类文娱活动
	能力锻炼	• 统筹管理能力、策划组织能力、沟通交流能力
社会实践	工作实施	• 大三上学期继续中国移动通信集团公司的兼职工作 • 大三下学期争取进入快速消费品行业世界 500 强外资企业实习 • 2017 年 3 月份申请全市十所大学联系合作的国际团体 Aiesec 的出国实习资格，争取暑假期间获得出国企业实习的机会
	能力锻炼	• 全球视野、大局观，语言表达能力
大学四年级		
学习规划	学习任务	• 认真完成大学剩余课程并撰写优秀的大学本科毕业论文 • 在找工作的同时，继续英语方面的强化学习
	学习目标	• 把学期平均绩点保持在 3.6 左右
学生工作		• 完成学校职业规划园的既定工作
猎职工作		• 以最积极的态度，搜集最广泛的信息，争取加入快速消费品行业世界 500 强外资企业，并根据现实需要提高自身技能

第五部分 职业生涯规划的风险评估及战略调整

一、职业生涯战略路线的风险评估

职业发展道路充满着不确定性，我们永远无法准确地预期明天将要发生的事情。所以，在进行职业生涯规划的过程中，我们有必要考虑未来各个阶段可能出现的出人意料的情况，并思考应对方案。下表引自第四部分对于我个人一生的长期职业生涯规划，我将对各个时期的风险予以评估，此评估建立在阶段目标基础上。

发展阶段	风险类别	系　数	预防（发生后的应对）措施
准备期	不能顺利拿到学位	5%	抓紧学习，遵守校内规章，保持先进
	不能顺利加入500强外企或是职位不理想	40%	• 预防：强攻英语，提前进入猎职准备 • 应对：先进入相关行业领域，在未来一两年内积极进修，以待机遇
探索期（关键的五年）	业绩考核没能通过	20%	工作时要保持学习状态，不断掌握新的技能，此外要积极参与课外进修
	婚育引起的公司人事变动	40%	• 预防：积累人脉资本，与上司建立互信，表示对公司的无限忠诚与热爱 • 应对：在生育期不忘“自我充电”，保持良好心态，运用已有工作经验重新猎职
建立期	公司内部的恶性竞争	40%	保持良好心态，在提高自身业绩水平的同时，保持与上级的良性互动，不断提出有利于公司发展的建议
发展期	公司内部的恶性竞争	50%	除了上述谈到的应对方案外，还可以通过课外进修MBA课程，提高自身的竞争力
	与上司产生意见分歧，关系恶化	40%	进行短期观望，若发现发展空间不大，则考虑通过中介机构进行猎职
巅峰期	由于年龄和工作的缘故导致身体状况不佳	30%	积极接受正规渠道治疗，发挥管理者的宏观能力，指挥团队保证公司正常运作
	家庭变故	10%	主动关怀，努力维系
成熟期	精神负荷过重	30%	以团队为导向，培养接班人
衰退期	身体状况不佳	50%	尽可能多地把时间用于身体调节，保证人生后半段的稳定生活

二、职业生涯规划的反馈与调整

在实施我的生涯目标的过程中，还要及时地对职业规划加以检查和纠正，因为我的人生职业目标必定会随着我对自己的认识加深和外界环境的变化而变化。同时，在实现职业生涯目标的过程中，还要考虑由于我的年龄、身体健康状况、家庭情况、工作和家庭的平衡、地理因素以及机会成本等因素的变化影响而对我的职业规划产生的影响，及时、适当地对我的职业规划加以调整，以保证职业规划的适应性和正确性。

附录一　专业选择与霍兰德职业兴趣类型对应表

学位类别	专业名称	R	I	A	S	C	E	Holland 代码							
工程类	服装设计与工程	3	2	5	3	3	4	AER	AEC	AES					
文史类	广告学	3	1	5	3	3	4	AER	AEC	AES					
农学类	园艺	4	3	4	2	3	1	ARC	RAC	RAI	ARI				
文史类	动画	4	2	5	2	3	2	ARC							
文史类	音乐学	5	3	5	2	1	1	ARI	RAI						
文史类	美术学	5	3	5	2	1	1	ARI	RAI						
文史类	艺术设计	5	3	5	2	2	1	ARI	RAI						
工程类	包装工程	3	3	4	2	2	2	ARI	AIR						
文史类	戏剧影视文学	1	3	5	3	2	2	ASI	AIS						
管理学类	会计学	1	4	1	2	5	3	CIE							
管理学类	信息管理与信息系统	5	5	1	3	4	2	RIC	IRC						
法政经济类	金融学	2	4	1	4	5	3	CIS	CSI						
工程类	印刷工程	3	3	2	2	4	3	CRI	CRE	CIR	CER	CEI	CIE		
管理学类	财务管理	4	3	1	3	5	2	CRS	CRI						
医学类	临床医学	4	3	1	3	4	1	CRS	RCS	CRI	RCI				
管理学类	档案学	3	3	1	3	4	1	CSI	CIS	CRS	CSR	CIR	CRI		
文史类	汉语言	1	3	2	4	4	2	CSI	SCI						
管理学类	图书馆	3	2	1	3	5	1	CSR	CRS						
法政经济类	侦查学	3	2	1	4	5	2	CSR							
理学类	资源环境与城乡规划管理	2	4	2	4	3	4	EIS	ISE	SIE	ESI	IES	SEI		
管理学类	工商管理	1	2	1	4	4	5	ESC	SCS						
管理学类	市场营销	2	3	3	5	4	5	ESC	SEC						
管理学类	行政管理	1	3	2	5	5	5	ESC	SEC	CSE	CES	SCE	ECS		
法政经济类	国际政治	1	3	2	4	3	4	ESI	SEI	SEC	ESC				
农学类	园林	3	5	4	2	2	1	IAR							
文史类	汉语言文学	1	4	3	3	3	1	IAS	ISA	ICS	ISC	IAC	ICA		
工程类	工业设计	2	4	4	3	2	3	IAS	AIS	IAE	AIE				
文史类	考古学	2	5	3	2	4	2	ICA							
医学类	基础医学	3	5	2	1	4	1	ICR							
医学类	药学	3	5	1	3	3	2	ICR	IRS	IRC	ISR	ICS	ISC		
工程类	自动化	3	5	1	3	4	2	ICR	ICS						
工程类	水文与水资源工程	2	5	1	1	3	2	ICR	ICE						

续表

学位类别	专业名称	R	I	A	S	C	E	Holland 代码							
理学类	统计学	4	5	2	2	4	2	ICR	IRC						
文史类	历史学	1	5	2	3	4	2	ICS							
法政经济类	财政学	3	5	1	3	4	2	ICS							
工程类	安全工程	3	4	2	3	4	2	ICS	CIS	CIR	ICS				
理学类	数学与应用数学	2	5	1	3	4	2	ICS							
工程类	水利水电工程	2	5	1	2	2	4	IER	IES	IEC					
法政经济类	经济学	3	5	1	3	2	3	IES	ISE	IER	IRE	IRS	ISR		
管理学类	管理科学	4	5	2	3	3	1	IRC	IRS						
工程类	冶金工程	4	4	2	2	2	2	IRC	RIC	IRS	IRA	IRC	RIS	RIE	RIA
工程类	金属材料工程	4	4	2	2	2	2	IRC	RIC	IRS	IRA	IRC	RIS	RIE	RIA
工程类	无机非金属材料工程	4	5	1	2	3	1	IRC							
工程类	高分子材料与工程	5	5	1	2	3	1	IRC							
工程类	材料成型及控制工程	4	5	2	1	3	3	IRC	IRE						
工程类	过程装备与控制工程	5	5	2	2	4	2	IRC	RIC						
工程类	热能与动力工程	5	5	1	3	3	1	IRC	RIC	RIS	IRS				
工程类	电气工程及其自动化	5	5	2	3	3	3	IRC	IRS	IRE	RIC	RIS	RIE		
工程类	通信工程	5	5	1	2	4	3	IRC	RIC						
工程类	计算机科学与技术	5	5	2	3	3	2	IRC	IRS	RIS	RIC				
工程类	生物医学工程	4	5	3	1	3	2	IRC	IRA						
工程类	测绘工程	3	4	2	1	2	1	IRC	IRA						
工程类	制药工程	3	5	1	2	3	2	IRC	ICR						
工程类	交通工程	4	5	1	4	4	3	IRC	IRS	ICR	ISR				
理学类	信息与计算科学	4	5	1	2	3	2	IRC							
理学类	物理学	4	5	2	1	3	1	IRC							
理学类	生物科学类	4	5	1	2	3	3	IRC	IRE						
理学类	地质学	3	4	1	3	3	2	IRC	IRS	ISR	ICR				
理学类	地球物理学	2	4	1	1	2	1	IRC	ICR						
理学类	大气科学类	3	5	1	2	3	1	IRC	ICR						
理学类	理论与应用力学	4	5	1	2	3	1	IRC							
理学类	材料化学	4	5	1	2	2	2	IRC	IRS	IRE					
理学类	微电子学	3	5	1	1	1	2	IRE							
医学类	中医学	3	5	1	3	3	2	IRS	IRC	ISR	ICR				
农学类	农业资源与环境	4	5	1	3	2	2	IRS							
工程类	交通运输	4	4	1	3	3	2	IRS	IRC	RIS	RIC				
理学类	应用物理学	3	5	1	3	2	3	IRS	ISR						
教育学类	教育学	1	5	2	3	3	2	ISC	ICS						
法政经济类	哲学	1	5	2	3	3	2	ISC	ICS						
法政经济类	国际经济与贸易	2	4	1	4	3	3	ISC	ISE	SIE	SIC				
法政经济类	社会学	1	5	2	5	3	3	ISC	ISE	SIE	SIC				
法政经济类	政治学与行政学	1	5	2	3	3	2	ISC	ICS						
理学类	地理科学	1	5	2	3	2	2	ISC	ISE						

续表

学位类别	专业名称	R	I	A	S	C	E	Holland 代码							
理学类	环境科学	1	4	2	3	2	2	ISC	ISA	ISE					
医学类	口腔医学	5	3	4	3	2	1	RAS							
工程类	建筑学	5	3	3	3	4	2	RCA	RCI	RCS					
医学类	麻醉学	5	3	1	2	4	2	RCI							
医学类	医学影像学	5	3	1	2	4	1	RCI							
农学类	农学	5	3	2	1	4	2	RCI							
教育学类	教育技术学	5	3	2	2	3	1	RCI	RIC						
工程类	勘查技术与工程	4	2	2	2	3	2	RCI	RCA	RCS	RCE				
工程类	建筑环境与设备工程	5	3	2	3	4	2	RCI	RCS						
工程类	纺织工程	4	4	4	2	3	2	RIA	RAI	AIR	ARI	IAR	IRA		
农学类	植物保护学	5	5	1	2	4	2	RIC	IRC						
农学类	动物医学	5	3	1	2	3	2	RIC	RCI						
工程类	机械设计制造及其自动化	5	5	1	2	3	2	RIC	IRC						
工程类	测控技术与仪器	5	4	2	3	2	3	RIC	RIE						
工程类	土木工程	5	4	2	3	4	3	RIC	RCI						
工程类	环境工程	5	3	1	3	3	2	RIC	RIS	RSC	RCS	RSI	RCI		
工程类	油气储运工程	5	3	2	3	3	3	RIC	RIS	RSC	RCS	RSI	RCI	RIE	REI
								REC	RCE	RSE	RES				
工程类	航海技术	5	3	2	3	4	3	RCI	RCE	RCS					
工程类	船舶与海洋工程	5	3	2	1	2	2	RIC	RIA	RIE					
工程类	轻化工程	4	4	2	2	3	3	RIC	IRC	IRE	RIE				
理学类	化学类	5	5	1	2	3	1	RIC	IRC						
理学类	地理信息系统	5	4	1	2	4	2	RIC	RCI						
理学类	海洋技术	4	3	2	2	2	2	RIC	RIS	RIA	RIE				
工程类	采矿工程	4	4	1	2	2	3	RIE	IRE						
医学类	医学检验	5	4	1	3	3	1	RIS	RIC						
医学类	针灸推拿学	5	3	1	3	2	2	RIS	RSI						
医学类	法医学	5	4	2	3	3	2	RIS	RIC						
农学类	林学	5	4	3	3	2	1	RIS	RIA						
农学类	动物科学	5	3	1	3	2	3	RIS	RSI	RIE	REI	RSE	RES		
工程类	港口航道与海岸工程	5	3	2	3	3	2	RIS	RIC	RSC	RCS	RCI	RSI		
工程类	化学工程与工艺	5	4	2	3	2	2	RIS							
理学类	电子信息科学与技术	5	4	1	3	2	2	RIS							
工程类	给排水工程	5	3	1	4	4	3	RSC	RCS						
教育学类	体育学类	4	1	2	4	1	3	RSE	SRE						
文史类	非英语类外语	1	2	4	5	3	2	SAC							
教育学类	学前教育	1	2	3	5	2	2	SAC	SAI	SAE					
文史类	广播电视新闻学	2	2	5	5	3	4	SAE	ASE						
文史类	对外汉语	1	1	2	5	4	2	SCE	SCA						
法政经济类	治安学	1	2	2	5	4	4	SCE	SEC						
文史类	英语学	2	3	2	4	3	2	SCI	SIC						

续表

学位类别	专业名称	R	I	A	S	C	E	Holland 代码							
法政经济类	社会工作	1	2	1	4	3	2	SCI	SCE						
医学类	护理学	4	3	2	5	4	1	SCR	SRC						
教育学类	特殊教育	3	2	1	5	4	2	SCR							
管理学类	人力资源管理	1	2	2	5	3	5	SEC	ESC						
管理学类	旅游管理	1	2	1	5	3	3	SEC	SCE						
管理学类	公共事业管理	3	3	2	5	3	4	SEC	SER	SEI					
管理学类	劳动与社会保障	1	3	2	5	3	3	SEC	SIC	SIE	SEI	SCI	SCE		
管理学类	土地资源管理	2	2	1	5	3	4	SEC							
法政经济类	法学	1	2	1	5	2	4	SEC	SEI						
文史类	新闻学	2	3	2	5	3	3	SEI	SCE	SIC	SCI	SIE	SEC		
文史类	编辑出版学	1	3	2	5	2	4	SEI							
管理学类	物流管理	1	3	2	5	2	2	SIC	SIE						
理学类	心理学	1	4	1	5	3	2	SIC							
文史类	广播电视编导	5	1	4	5	3	4	SRA	RSA	RSE	SRE				
管理学类	工程管理	4	3	1	5	2	2	SRI							
工程类	城市规划	5	3	3	5	2	2	SRI	RSI	SRA	RSA				

附录二　MBTI 16种人格类型详解

ISTJ（内倾、感觉、思维和判断）

一、个性特征描述

ISTJ 型的人是严肃的、有责任心的和通情达理的社会坚定分子。他们值得信赖，他们重视承诺，对他们来说，言语就是庄严的宣誓。

ISTJ 型的人工作缜密，讲求实际，很有头脑也很现实。他们具有很强的集中力、条理性和准确性。无论他们做什么，都相当有条理和可靠。他们具有坚定不移、深思熟虑的思想，一旦他们着手自己相信是最好的行动方法时，就很难转变或变得沮丧。

ISTJ 型的人特别安静和勤奋，对于细节有很强的记忆和判断能力。他们能够引证准确的事实支持自己的观点，把过去的经历运用到现在的决策中。他们重视和利用符合逻辑、客观的分析，以坚持不懈的态度准时地完成工作，并且总是安排有序，很有条理。他们重视必要的理论体系和传统惯例，对于那些不是如此做事的人则很不耐烦。

ISTJ 型的人总是很传统、谨小慎微。他们聆听和喜欢确实、清晰地陈述事物。ISTJ 型的人天生不喜欢显露，即使有危机之时，也显得很平静。他们总是显得责无旁贷、坚定不移，但是在他们冷静的外表之下，也许有强烈却很少表露的反应。

可能存在的盲点

ISTJ 型的人的一个普遍问题是在计划的细节和每日运行中丧失了自我的倾向。一旦沉浸其中，他们就会很固执僵化，不愿意适应或接受另外的观点。如果没有看到新想法的直接和有效的运用，他们往往会产生怀疑，他们必须花时间注意全部的客观事情、考虑他们可能没有考虑的可选择的情况、收集范围更广泛的信息，有意识地努力对他们的行为的未来含义做出预测，能够在各方面都增进 ISTJ 型的人的影响。

ISTJ 型的人很难理解其他人的需求，尤其是那些与自己差异很大的需求。因为他们对自己的反响很隐蔽，所以他们被视为冷静而无情。他们必须直接地表达出对他人的欣赏，而不是仅仅保留在内心。

因为 ISTJ 型的人很有条理，所以他们希望别人也如此。他们冒险把自己的判断强加于别人，无视那些不是十分自信的人的意见。他们强求别人按照他们的方法做事，阻止运用那些更有创造性的、新颖的方法。他们应该对未经考验和非传统的方式持开放的态度，这样才会对人们的差异更加容忍，最终才能做出有效的抉择。

二、功能运用

外向与内向是指我们心理能量的作用方向，判断与知觉是我们做事的两种方式。心理学称之为“态度”。感觉与直觉是我们获取信息的方式，思考和情感是做决定的方式，心理学称之为“功能”，功能是人格理论的精髓、核心。每一个人都会用到4种功能，但对功能应用的喜好程度不一样。等级中第一位的称为“主导功能”，第二位的称为“辅助功能”。每个人都需要运用到这两个过程。

ISTJ型的人主导功能是感觉（关注细节），辅助功能是思维。他们倾向于：注意细节、重视实际、能记住琐碎细节、耐得住烦闷的工作、有耐性、细心有条理；合乎逻辑、善于分析、客观、公正、有逻辑系统的思考、坚定。

ISTJ型的人比较少地使用他们的第三、第四功能——情感和直觉。即使在需要这些功能的场合，他们仍然无法有效使用。

1. 作为一个ISTJ型的人

如果你过多地使用感觉功能，你可能会失去整体的概念、想不出各种可能解决的途径、不求创新、无法应付太复杂的工作、不喜欢预测未来。

如果你过多地使用思考功能，你可能在需要的时间忘记去称赞他人，或忽视你的决策对其他人的影响。

2. 问题解决方式

每个人都会用自己的方式进行决策，决策通常来自你的主导功能，并且完全忽视你的第四功能。你的功能运用如下。

主导功能：感觉。

辅助功能：思维。

第三功能：情感。

第四功能：直觉。

工作中选择符合你的主导功能和辅助功能的岗位是非常重要的。第三功能要经过发展锻炼才能合适运用，第四功能可能永远不会在你的职业生涯中起到关键作用，因此你应当避免那种要求长期使用它的工作。

三、ISTJ型的人在工作中的特点

1. 工作中的优势

（1）办事精确，希望第一次就能把工作做好。

（2）乐意遵循确定的日常安排和传统的方针政策。

（3）每次都能十分专注地把注意力集中在一个项目或任务上。

（4）能够独立地工作。

（5）灵敏的组织能力。

（6）一丝不苟、认真专注地对待具体问题、事实和细节。

（7）相信传统模式的可取之处，并且能够遵循传统模式。

（8）非常强的责任意识，别人可以信任你去实现自己的诺言。

（9）明白清晰的工作伦理，认为高效率和多成果是很重要的。

（10）对实现目标有毅力和决心。

（11）通情达理，正视现实。

2. 工作中的劣势

（1）不愿意尝试、接受新的和未经考验的观点和想法。

（2）对变动感到不安，排斥革新。

（3）对需要很长时间才能完成的任务缺乏耐心。

（4）有时会由于近期目标而忽略长远需要。

（5）办事死板，必要的时候难以或不愿意适应新情况。

（6）难以看到问题的整体以及行为的长远影响。

（7）对于方针或决定将会对别人造成什么样的影响缺乏敏感。

（8）有的时候不愿意改变努力的方向或调整投入的多少。

（9）不愿意促成必要的改变，也不愿意支持经过仔细考虑的风险行为。

四、ISTJ 型的人适合的岗位特质

（1）本质上是技术性的，能让你依靠自己的能力来使用和了解重要的事实和细节。

（2）涉及很多实际的产品和服务。这些产品或服务是通过严谨周密、合乎逻辑且效率高的方法——最好是运用标准化的工作程序来生产或实现的。

（3）能让你有大量的时间独立地工作，运用杰出的集中注意力的能力来完成项目和（或）任务。

（4）是在一个稳定和标准化的环境中完成的，做这些工作时你不必去冒不必要的风险、运用未经检验过的或实验性的方法。

（5）能看得见的而且可以衡量的结果，而且需要和重视运用精确的标准来评估工作的多少或好坏。

（6）有明确的目标、清晰的组织制度和模式。

（7）在演示或递交工作成果之前能让你有充足的时间来准备，最好是单独进行或小组进行。

（8）能让你具有越来越大的职责和权力；你的工作表现是根据完成工作任务的多少或实现工作目标的好坏来衡量的，而且你的努力和贡献很受欣赏和重视。

（9）能让你拥有必要的资源（人力方面和财力方面）和材料来订立正式的目标，并且实现这些目标。

五、ISTJ 型的人适合的职业类型

1. 商业

- 审计员。
- 公司经理。

- 会计。
- 管理者或监督人。
- 文字信息处理专家。
- 效率专家或效率分析者。
- 保险业主（保险商）。
- 后勤供给经理。
- 制定规章制度的官员。
- 信息总管。
- 会计或保险统计员。

ISTJ 型的人经常喜欢与商业有关的一些职业，他们在管理系统和使事物正常运行方面有出色的才能。他们经常喜欢到传统的、已经建立多年的团体或公司去工作，他们的加盟有助于团体或公司机构的正常运行。他们工作富有效率，他们认真而详尽地记录各种花销和税务，不允许有任何未经检查或未经修正的错误或遗漏出现。作为管理者，他们为每一名雇员制订清晰的工作权限、建立起一整套标准的规则。他们喜欢能够生产出具体产品或提供具体服务的商业工作。

2. 销售或服务

- 警察局高级职员或侦探。
- 情报检索服务社代理人。
- 政府雇员。
- 陆军军官。
- 管教人员。
- 房地产代理商。
- 体育设备或商品销售商。
- 教养所所长。

市政服务工作能够满足 ISTJ 型的人服务于社区的愿望。他们喜欢维护服务或保护所有人的社会系统。他们喜欢在制度分明的环境中工作。无论是发布命令还是接受命令，他们都做得很好。他们运用自己的知识和过去的经验果断地、有效地处理当前的问题。他们对事实和细节有非常好的记忆力，无论做什么，他们都用自己的实践经验做出判断。他们喜欢销售真实有形的产品，从中他们可以获得个人收益。

3. 金融

- 银行查账员。
- 投资担保人。
- 税收监察员。
- 预算分析员。
- 股票经纪人。
- 房地产策划人。
- 信贷分析员。

ISTJ 型的人拥有数学方面的天才。他们能记住有关事实和细节的数字，并能在必要时引用它们来支持自己的观点。他们不会轻易转移注意力，工作时特别专心、辛苦，工作成果既准确又细致。金融领域的职业需要以下才能：能很好地独立工作、能够吸收大量数据、能够进行精确的计算，这些都是ISTJ型的人所具有的。

4. 教育

- 学校校长。
- 教师（技术、工业、数学、物理）。
- 图书管理员。
- 管理者。

教育领域的职业对ISTJ型的人是非常适合的，尤其是那些管理和技术方面的工作。ISTJ型的人能够很好地管理学校或课程的运行。他们通过实践寻找维持系统运行的可能性和方法。管理方面和图书馆方面的职业使ISTJ型的人能够独立工作，运用他们客观的分析能力处理数据，如考试成绩、预算等。教书对ISTJ型的人也很适合，特别是一些技术和实践的科目能为他们提供很多学习和教授的机会。

5. 法律或技术

- 法律调查员。
- 电工。
- 工程师。
- 机械师。
- 计算机程序设计员。
- 科学作家。
- 律师秘书或律师专职助手。
- 药品经销商或调查员。
- 脑电图技术专家或技师。
- 地质学家。
- 气象学家。
- 航空机械师。
- 机械、工业、电子工程师。
- 农业科学家。

这些职业为ISTJ型的人提供了运用他们技术才能的机会，而且他们的工作结果都是要求高度准确的产品。因为他们从不盲目地接受事物，所以他们能够抓住工作中的疏忽和纰漏，并且忠诚地遵循必要的程序和系统。上述职业中有很多还能为ISTJ型的人提供独自工作的机会，让他们充分发挥专心工作的优点、出色的记忆力及各种技巧。

6. 保健

- 兽医。
- 普通外科医师。
- 牙医。
- 护理指导员。
- 保健指导员。
- 药剂师。
- 实验室技术人员。

- 医学研究者。
- 最初保健护理医师。
- 生物学和医学技术专家。
- 运动生理学家。
- 药剂师或配药技术员。

ISTJ 型的人经常投身于医药行业，特别喜欢就职于一些有着传统制度的医院。他们对病人保持密切的关心，耐心地倾听他们的诉说，并给他们提供一些有思想、有节制的建议，制订出恰当的治疗计划。ISTJ 型的人还是保健方面成功的指导者，他们尽心尽力地工作，承担应尽的义务，履行应负的责任。他们喜欢有条理的工作环境，在这种环境中他们能朝着目标前进，按时完成应做的工作。牙科和药剂学需要更多的技巧，因此为 ISTJ 型的人所喜爱。因为他们善于抓住事实信息，并且能够永远保留这些信息。

六、ISTJ 型的人的工作风格

1. 对组织的贡献

（1）行事坚定，按部就班。

（2）关注所管理事务的具体细节，小心谨慎。

（3）能恰当、得体地安排工作事务。

（4）讲信用、守承诺。

（5）在良好的组织机构中工作较佳。

2. 领导风格

（1）通常运用经验和对事实的把握做出决策。

（2）在履行职责时，表现可靠、稳定和始终如一。

（3）尊重传统和等级制度。

（4）欣赏和鼓励那些照规矩办事的人。

（5）关注当前的、实际存在的组织需求。

3. 潜在缺陷

（1）忽略日常工作的长远影响。

（2）不注意微妙的人际信息。

（3）有时表现得不灵活，僵化。

（4）相对更期望他人循规蹈矩，而不鼓励创新。

七、ISTJ 型的人适合的工作环境

（1）所在组织中，成员工作努力并且关注事实和结果。

（2）工作环境能够提供一定的安全感和稳定性，并能考虑个人隐私。

（3）领导认可和赞赏稳健的工作方式。

（4）结构化的。

（5）有序的。

（6）工作取向。

八、个人发展建议

现在你对自己的人格类型和动力已经有了一个比较清楚的了解，但这还不够。“如何通过这些信息使你在这份工作上取得更大的成功”，这是关键所在。

运用你的能力非常容易，你成功的秘诀在于：要敢于探索新的可能性、更多考虑人性的因素、要乐于接受新事物。

个人发展建议是我们咨询师多年测评职业咨询和职业生涯规划的心得体会和经验总结，我们意识到以下的建议中有很多是难以完全照办的，但只要你花时间认真思考，一定会对你有极大的帮助和改变。

发展建议：

（1）除了眼前的现实，需要关注问题的更广泛的枝节。

（2）需要考虑人的因素，需要尝试新的东西以避免墨守成规。

（3）需要对那些不太在意规则而努力创新的人保持足够的耐心。

ISFJ（内倾、感觉、情感和判断）

一、个性特征描述

ISFJ 型的人忠诚、有奉献精神和同情心，他们意志清醒而有责任心，乐于为人所需，理解别人的感受。

ISFJ 型的人十分务实，他们喜欢平和谦逊的人，他们喜欢利用大量的事实情况，对于细节则有很强的记忆力。他们耐心地对待任务的整个阶段，喜欢事情能够清晰明确。

因为他们具有强烈的职业道德，所以他们如果知道自己的行为真正有用，会对需要完成之事承担责任。他们准确系统地完成任务。他们具有传统的价值观，十分保守。他们利用符合实际的判断标准做决定，通过出色的注重实际的态度增加稳定性。

ISFJ 型的人平和谦虚、勤奋严肃。他们温和、圆通，支持朋友和同伴。他们乐于协助别人，喜欢实际可行地帮助他人。他们利用个人热情与人交往，在困难中与他人和睦相处。ISFJ 型的人不喜欢表达个人情感，但实际上对于大多数的情况和事件都具有强烈的个人反应。他们关心保护朋友，愿意为朋友献身，他们有为他人服务的意识，愿意承担他们的责任和义务。

可能存在的盲点

ISFJ 型的人生活在完全现实的生活中，他们很难全面地观察问题，也很难预见情形的可能性结果，尤其是当他们不熟悉情形之时。他们需要看得更远些，想象如果以不同方式做事可能会产生怎样的后果。

ISFJ 型的人为了自己和那些对其应负责的人，每天陷入了劳累和无终止的劳作中。他们常常过多地工作，亲自去做某件事以确保能够一丝不苟地完成。因为他们天生并不是过分自信或意志坚强，所以他们有被别人利用的危险。他们必须表达不断被各种事务缠绕的怨恨之情，所以他们没有发现自己已成为一种帮助的角色。而且他们还必须让其他人知道他们的需求和成就。

ISFJ 型的人经常需要额外的时间以掌握技术性的内容。他们往往过多地计划，所以必须制订有助于重新调整他们那耗费过多、令人担心的精力的计划。ISFJ 型的人必须寻找能够得到他们应得的、更多的快乐和更放松的方法。

二、功能运用

ISFJ 型的人主导功能是感觉（关注细节），辅助功能是情感。他们倾向于：注意细节、重视实际、能记住琐碎细节、耐得住烦闷的工作、有耐性、细心有条理；体谅他人感受、了解他人的需要、喜欢和谐的人际关系、易表露情感、喜欢去说服他人。

ISFJ 型的人比较少地使用他们的第三、第四功能——思维和直觉。即使在需要这些功能的场合，他们仍然无法有效使用。

1. 作为一个 ISFJ 型的人

如果你过多地使用感觉功能，你可能会失去整体的概念、想不出各种可能解决的途径、不求创新、无法应付太复杂的工作、不喜欢预测未来。

2. 问题解决方式

主导功能：感觉。

辅助功能：情感。

第三功能：思维。

第四功能：直觉。

工作中选择符合你的主导功能和辅助功能的岗位是非常重要的。第三功能要经过发展锻炼才能合适运用，第四功能可能永远不会在你的职业生涯中起到关键作用，因此你应当避免那种要求长期使用它的工作。

三、ISFJ 型的人在工作中的特点

1. 工作中的优势

(1) 能够很好地集中、关注焦点。

(2) 很强的工作伦理，工作努力而且很负责任。

(3) 良好的协作技巧，能和别人建立起和谐友好的关系。

(4) 讲求实效的工作态度，办事方法现实可行。

(5) 十分关注细节，能够准确地把握事实。

(6) 乐于助人，给同事和下属职员的工作提供支持和帮助。

(7) 了解公司（或组织）的经历，能够很好地维护公司（或组织）的传统。

(8) 杰出的组织才能。

(9) 愿意在传统的机构中工作，而且兢兢业业、不遗余力。

(10) 能够连续地工作，对相同的工作任务不会感到厌倦。

(11) 非常强的责任意识，别人可以信任你去实现自己的诺言。

(12) 喜欢运用固定的办事程序，尊重别人的地位和能力。

（13）通情达理，正视现实。

2. 工作中的劣势

（1）不愿意尝试、接受新的和未经考验的观点和想法。

（2）对反对意见过于敏感，在紧张的工作环境里感到很受压抑。

（3）可能只关注细节和眼前之事，而对整体和将来重视不够。

（4）倾向于同时投入到过多的任务之中。

（5）难以适应新环境，或者在不同工作任务之间来回切换时会有困难。

（6）易于被需要同时解决的太多的工作项目或任务弄得晕头转向、无所适从。

（7）如果自己得不到充分的重视和赞赏，可能会感到灰心丧气。

（8）一经做出决定，就不愿意从头考虑同一个问题。

四、ISFJ 型的人适合的岗位特质

（1）力求仔细观察、一丝不苟和准确无误，因此我能充分发挥记忆事实和分析细节的能力。

（2）能让我致力于有形的、现实的项目任务，并以此为别人提供帮助和服务；通常需要对细节问题非常关注，对精确性的要求也非常高。

（3）使我通过默默无闻的努力工作，表达自己对别人的同情与对工作的热忱；同时我做出的贡献也受到重视和赞赏。

（4）在一个传统、稳定、有序和制度化的环境中工作，并且能为别人提供使用价值非常高的服务。

（5）要求我遵循标准化的工作程序，运用现实的判断力，并且仔细、有条不紊地坚持到底。

（6）每次都全身心地投入到一个项目任务或一个人身上，并且做出的产品或提供的服务能够带来可观的结果。

（7）能让我有一个独立的工作空间，这样我就能连续地集中注意力，受到最小限度的干扰和打断。

（8）不论是帮助别人也好，还是与志同道合的人打交道也好，大多数时候都只需要我关注一个对象，而不是同时为好几个人工作或提供服务。

（9）在完成工作任务的过程中，要求我条理清晰并且效率很高。

（10）把工作成果向别人展示之前，能让我事先有充分的时间来准备。

五、ISFJ 型的人适合的职业类型

1. 健康护理部分

- 牙医。
- 家庭运动医生。
- 护士。
- 医务技术专家。

- 理疗法专家。
- 医疗设备推销。
- 提供健康护理人员。
- 饮食专家或营养学家。
- 眼科大夫。
- 医务记录管理人员。
- 药剂师或药剂技术人员。
- 放射专家。
- 呼吸系统专家。
- 兽医。
- 初级保健大夫。
- 家庭保健助理。
- 医务或牙科助理。

这些职业允许ISFJ型的人在这样一种环境下工作，在这里他们的贡献通过对别人施加的个人的、直接的影响表现出来。那些职业中的很大一部分要求同客户和患者进行亲身的、一对一的交往。

ISFJ型的人喜欢用一种真实的方法帮助别人。那些职位也允许ISFJ型的人在一种传统的、组织化的文化中相对独立地工作。医务领域充分利用了ISFJ型的人学习和实践技术的能力，为他们提供了同别人建立个人联系的机会。

2. 社会服务部门或教育部门

- 学前教育或初级学校教师。
- 图书馆员或建筑师。
- 教育管理人员。
- 社会福利工作人员。
- 咨询服务人员。
- 个人咨询人员。
- 宗教教育者。
- 言语病理学家。
- 家庭健康社会服务人员。
- 儿童福利咨询人员。
- 戒酒和戒毒咨询人员。
- 小学教师。
- 图书管理员或档案保管员。
- 特殊教育老师。
- （博物馆、美术馆、图书馆等的）馆长。
- 家谱学家。
- 教育行政人员。
- 社会工作者（老年服务）。
- 神学教育者。

• 社会工作人员（老年和儿童的每日看护问题）。

由于教育部门能为 ISFJ 型的人提供帮助他人、服务社会的机会，所以很吸引这种类型的人。ISFJ 型的人经常喜欢教初级中学，由于这可以同学生进行个人交往和发挥他们擅长教基本技巧的能力。许多 ISFJ 型的人喜欢教育管理类的职业。尤其当他们对特定范围（例如特殊教育）或相对小的服务范围（一个小镇而非大城市）负责时更是这样。ISFJ 型的人喜欢在组织内独立工作，这种组织必须是认可他们的成绩、使他们明白职业目标的那种。

研究领域为 ISFJ 型的人提供满足感是因为它们提供了独立工作和调查具体任务的机会。图书馆员们要求创造性并保持完整而准确的记录，这使他们能利用自己的组织能力和回忆事实的特长。

尽管经常面临挑战，社会福利工作仍给予 ISFJ 型的人获得职业满足的机会。因为通过同客户的交往，ISFJ 型的人能对别人的生活给予切实地提高，因此，他们发现贡献是有价值的，这些工作提供了同样的一对一交往和独立工作的环境，这对于 ISFJ 型的人都具有吸引力。

3. 商业

• 秘书。
• 员工监督人。
• 顾客服务代表。
• 人事管理人员。
• 计算机操作者。
• 记账员。
• 信用顾问。
• 律师的专职助手。
• 家用保健品推销员。

这些职业提供大量的在一对一基础上同别人交往的机会，因此常为 ISFJ 型的人所喜欢。这些职业中许多都不是独立完成的工作，这能使 ISFJ 型的人使用组织方面和深入细节的能力。尤其当他们同受他们尊敬和钦佩的人一块工作时。这些职业同样要求知识及技术和交流技巧以帮助别人获取信息或帮助他们满足需求。

4. 创造性或技术性

• 内部装饰人员。
• 电工。
• 零售商。
• 旅店老板。
• 艺术家。
• 音乐家。
• 销售代理人。
• 商业计划者。
• 不动产经纪人。

这些职业彼此未必有关联但它们有一些共同的特征和要求。每种都要求与同日常生活有关的实际东西打交道。作为一个内部装饰人员，ISFJ 型的人运用他或她的审美感给予客户以合适的装潢。这种工作要求注重细节以及同别人合作，向满足客户对他或她室内装饰的需要和愿望迈进的能力。ISFJ 型的人很注重自己房间的装饰，因此，他们容易理解客户装饰出使他们舒服的居室的愿望。

对于电工，要求技术准确性和坚持标准程序和代码。ISFJ 型的人喜欢注意那些要求亲自动手的工作，也喜欢使用他们掌握的技术。如果 ISFJ 型的人感到他或她的贡献是有价值的并为人欣赏，如果他或她赢得了同顾客、同伙、同事的有质量的交往，那么电工的工作也是令人满意的。

零售推销和商业是经常为 ISFJ 型的人所喜欢的职业，尤其当他们在小专卖店或大商场的一个部门工作时。ISFJ 型的人常可以成为小商店的好老板。他们对诸如商店形象之类细节的关注与对顾客的“感觉”经常为他们赢得长期稳定的买卖。他们喜欢一定时间内同一名顾客交流，寻找合适的装饰品与顾客们已有的相配套。他们喜欢长期维持与顾客的关系，对待顾客十分友好和诚实可信。

六、ISFJ 型的人的工作风格

1. 对组织的贡献

（1）重视人的实际需要。

（2）在贯彻执行组织目标中，采用强的执行技巧。

（3）关心细节，遵从规范，埋头苦干，有责任心。

（4）乐意为他人服务。

（5）安排事情井井有条。

2. 领导风格

（1）不刻意追求领导角色，但在必要时能毅然承担重任。

（2）期望他人和自己都遵从组织的需求、规范和等级。

（3）运用表面现象背后的个人影响。

（4）认真、谨慎地遵守传统做法和规章。

（5）在细节上动脑筋以取得实际结果。

3. 潜在缺陷

（1）对未来过分悲观。

（2）在对人表达其观点时被视为不够强硬。

（3）由于总是避免出风头，其作用被低估。

（4）僵化、不太灵活。

七、ISFJ 型的人适合的工作环境

（1）在良好建构的任务上认真勤勉工作的人。

（2）提供安全感。

（3）工作结构清晰。

（4）安静平和。

（5）讲效率。

（6）考虑隐私权。

（7）服务导向。

八、个人发展建议

现在你对自己的人格类型和动力已经有了一个比较清楚的了解，但这还不够。“如何通过这些信息使你在这份工作上取得更大的成功”，这是关键所在。

运用你的能力非常容易，你成功的秘诀在于：清楚地表达自己；考虑尚不存在的可能之事；设法更加灵活随和，表现自然一些。

个人发展建议是我们咨询师多年测评职业咨询和职业生涯规划的心得体会和经验总结，我们意识到以下的建议中有很多是难以完全照办的，但只要你花时间认真思考，一定会对你有极大的帮助和改变。

发展建议：

（1）在寻求未来工作上需要以积极、全局的态度处之。

（2）需要发展其决断性和直截了当。

（3）需要学会积极面对外界。

（4）需要以更加开放的态度对待其他的做事方式。

INFJ（内倾、直觉、情感和判断）

一、个性特征描述

INFJ 型的人生活在思想的世界里。他们是独立的、有独创性的思想家，具有强烈的感情、坚定的原则和正直的人性。

即使面对怀疑，INFJ 型的人仍相信自己的看法与决定。他们的评价高于其他的一切，包括流行的观点和存在的权威，这种内在的观念激发着他们的积极性。通常 INFJ 型的人具有本能的洞察力，能够看到事物更深层的含义。即使他人无法分享他们的热情，但因灵感对于他们的重要而令人信服。

INFJ 型的人忠诚、坚定、理想化。他们珍视正直，十分坚定以至达到倔强的地步。因为他们的说服能力，以及对于什么对公共利益最有利有清楚的看法，所以 INFJ 型的人会成为伟大的领导者。由于他们的贡献，他们通常会受到尊重或尊敬。

因为珍视友好和和睦，INFJ 型的人喜欢说服别人，使之相信他们的观点是正确的。通过运用嘉许和赞扬，而不是争吵和威胁，他们赢得了与他人的合作。他们愿意毫无保留地激励同伴，避免争吵。

通常 INFJ 型的人是深思熟虑的决策者，他们觉得问题使人兴奋，在行动之前他们通常要仔细地考虑。他们喜欢每次全神贯注于一件事情，这会造成一段时期的专心致志。

满怀热情与同情心，INFJ 型的人强烈地渴望为他人的幸福做贡献。他们注意其他人的情感和利益，能够很好地处理复杂的人际关系。INFJ 型的人本身具有深厚复杂的性格，既敏感又热切。他们内向，很难被人了解，但是愿意同自己信任的人分享内在的自我。他们往往有一个交往深厚、持久的小规模的朋友圈，在合适的氛围中能产生充分的个人热情和激情。

可能存在的盲点

由于往往注意“思想”，INFJ 型的人有时不切实际，会忽视需要注意的常规细节。更多的是对周围事物的注意，以及更多地依赖于经证实的消息，这使 INFJ 型的人在真实的世界中停留于自己创造的思想上。

INFJ 型的人对于自己的原则如此坚定，以至于发展到眼光狭窄的地步。他们很顽固地对待变化，一旦决定已经做出，他们可能会拒绝改变。有时他们会忽略不支持他们立场的重要事实，或是拒绝与他们的价值观相冲突的看法。他们不可能听取其他人的异议，因为对他们来说，自己的立场似乎是毫无疑问的。INFJ 型的人应该尝试更加客观地看待自我和自己的工作。

因为他们对于自己的观点如此具有保护性，所以 INFJ 型的人往往超越常规。他们经常是完美主义者，会对批评过敏。虽然他们意志坚定，但是在处理人际关系中的冲突时也会遇到困难，如果冲突发展，他们会变得失望和沮丧。对于他们的人际关系和自我，INFJ 型的人越客观，就会越少受这些伤害的影响。

二、功能运用

INFJ 型的人主导功能是直觉，辅助功能是情感。他们倾向于：探求隐含的原因、可能性或事物的整体；对事实和经验做出符合逻辑的结论。

INFJ 型的人比较少地使用他们的第三、第四功能——思考和感觉。即使在需要这些功能的场合，他们仍然无法有效使用。

1. 作为一个 INFJ 型的人

如果你过多地关注直觉，你可能不注重细节、不注意实际、不耐沉闷、不合逻辑、把握不住现在、骤下断语。

2. 问题解决方式

主导功能：直觉。

辅助功能：情感。

第三功能：思考。

第四功能：感觉。

工作中选择符合你的主导功能和辅助功能的岗位是非常重要的。第三功能要经过发展锻炼才能合适运用，第四功能可能永远不会在你的职业生涯中起到关键作用，因此你应当避免那种要求长期使用它的工作。

三、INFJ 型的人的工作特点

1. 工作中的优势

(1) 对于那些于你很重要的项目，你专注且执着。

(2) 坚决果断，并有高度的组织能力。

(3) 有创造力，能提出独树一帜的解决问题的方法。

(4) 与别人感情交融，能预见别人的需要。

(5) 能以透视法看到事情发展的宏观图像以及意识与行动间未来的潜在联系。

(6) 有理解复杂概念的能力。

(7) 对别人真正关心，有帮助别人成长和发展的才能。

(8) 独立，有很强的个人信念。

(9) 有做出成绩、不达目的不罢休的干劲。

(10) 对自己信仰的事业尽职尽责。

2. 工作中的劣势

(1) 过分的专心致志，结果可能导致死板。

(2) 对于要做完一件事要花多少时间心中没数。

(3) 很难做与自己价值观相冲突的事。

(4) 对计划的可行性有不切实际的倾向。

(5) 一旦做出决定不愿再回头审视一下，更不愿意撤销决定。

(6) 不会处理矛盾，易于忽略不快。

(7) 很难拉下面子客观、直接地训诫属下。

(8) 很难把复杂的想法简明地表达出来。

(9) 易于仓促下判断。

四、INFJ 型的人适合的岗位特质

(1) 允许我自己考虑并创立新颖的观点和（或）方法来解决工作中出现的各种各样不同的问题，并帮助别人成长和发展。

(2) 能让我提供一种我所信仰且引以为豪的产品或服务。

(3) 承认我的首创者、拥有者身份，以及所做的独有的共享。

(4) 能让我自由地表达自己，并让我看到我的洞察力所带来的结果。

(5) 能让我为别人的利益或别人提供服务而实施自己的想法，允许我一对一地展开工作。

(6) 有一个友好、没有紧张关系的工作氛围，其中我的看法能得到重视，而我的努力能得到别人的精神支持。

(7) 允许我独立地工作，且有机会在一个友好、没有人际冲突的环境中经常与人探讨我的工作。

(8) 可以自由地安排自己的工作时间及环境，对自己的工作进程和工作成果有极大的支配权。

(9) 给予我足够的时间来制订并审查我的计划，以便使我的计划准备得很充分。

(10) 符合我自己的个人价值和观点，能让我在人格上和职业上都保持诚实正直的品质。

五、INFJ 型的人适合的职业类型

1. 一般职业咨询或教育职业

- 职业咨询顾问。
- 心理学家。

- 教育顾问。
- 图书管理员。
- 特殊教育老师。
- 双语种教育老师。
- 早期教育老师。
- 雇员帮助顾问。
- 儿童福利顾问。
- 酒精和毒品禁戒顾问。
- 教师（高中或大学英语、艺术、音乐、社会科学）。
- 社会工作人员（老人与儿童日常护理问题）。

这些职业允许INFJ型的人利用他们的想法和知识帮助别人。咨询和教育领域非常要求个人之间的交流，常常是一个面对一个的形式，这使INFJ型的人可以与他人建立深入的关系。INFJ型的人也乐于研究、学习，有从教育行业获得发展的机会，他们通常会在学术环境中感到非常轻松自在。

2. 家教职业

- 牧师、教士、修道士、修女。
- 家教工作者。
- 家教教育指导者。

家教工作是要求人能够深入而切身地致力于其中，坚持以工作为使命的工作哲学。INFJ型的人常常认为他们的工作就是使命，从与他人分享他们的哲学和信念之中获得充分的满足感。

3. 创造性职业

- 艺术家。
- 小说家。
- 设计师。
- 通用设计建筑师。
- 编辑、艺术指导（杂志）。
- 剧作家。
- 诗人。
- 信息制图设计者。
- 自由宣传媒介设计人。
- 家谱学家（家族研究者）。

INFJ型的人对艺术的爱好是由于他们具有运用自己的想法和眼光创造独特作品的能力。艺术品使INFJ型的人以个人的方式表达自己，结果往往是给予他人一种冲击力。这些职业通常都是独立工作，使INFJ型的人能够组织并控制环境、过程和成果。

4. 健康护理或社会服务职业

- 保健管理人。
- 调解人或冲突解决人。
- 社会工作人员。

- 饮食学家、营养学家。
- 全面健康医生。
- 职业治疗医生。
- 社会服务代理人。
- 社会科学家。
- 心理健康顾问。
- 语言病理学家、听觉学家。
- 信息治疗医生。

社会服务职业要求人致力于帮助他人，这常常是通过有组织的机构进行的。多数INFJ型的人喜欢在这样的环境中工作，尤其当职员较少而关系密切的时候。社会服务使INFJ型的人可以对个人或社会的问题思考并提出新的解决方法。许多时候，社会工作人员的工作是独立而个别地进行的，使他们可以与客户和同事经常展开一对一的交流。

5. 商业

- 人事资源经理。
- 组织机构的发展顾问。
- 职业分析家。
- 公司、工作小组培训人。
- 商业销售计划人。
- 口译、翻译。
- 市场人员（提供服务或点子）。
- 雇员帮助方案的协调者或顾问。
- 人事资源多样化管理人。
- 优先顾客销售代表。
- 环境法律师。

尽管INFJ型的人中并没有大量的人被商业领域的工作所吸引，他们仍然可能在一些商业领域中获得职业满足感。

人力资源或人事和组织机构的发展咨询是商业中有关“人”的部分，要求能够对许多不同的人感兴趣并且易于和人们相处。这些职业使INFJ型的人能够帮助他人找到工作，建立有效的工作环境，而且可以致力于创造性地解决以人为焦点的问题。

营销工作使INFJ型的人能够通过工作小组发挥其创造性解决问题的能力。如果INFJ型的人对于工作过程投入很多，而且能够保持令人轻松舒适的个人和工作的统一完整性，他们就会觉得这样的工作是令人满意的。

六、INFJ型的人的工作风格

1. 领导风格

（1）依据对组织和人的认识与洞察进行领导。

（2）赢得合作而非请求合作。

（3）行动连贯一致。

（4）致力于促使抱负变成现实。

（5）用其理想激励他人。

2. 潜在缺陷

（1）能够发现新的思想，但可能不被重视或被低估。

（2）对于批评不太直率，不愿意强迫他人而自己承受过多。

（3）一根筋，无视其他需要做的事情。

七、INFJ 型的人适合的工作环境

（1）关注于理想的同事，存在创造的机会。

（2）和谐并协调。

（3）安静。

（4）允许有仔细斟酌的时间和空间。

（5）组织化的。

八、个人发展建议

现在你对自己的人格类型和动力已经有了一个比较清楚的了解，但这还不够。“如何通过这些信息使你在这份工作上取得更大的成功”，这是关键所在。

运用你的能力非常容易，你成功的秘诀在于：注意细节，学会灵活一点；无论做什么事情都要自发自愿，不要让人督促你。

个人发展建议是我们咨询师多年测评职业咨询和职业生涯规划的心得体会和经验总结，我们意识到以下的建议中有很多是难以完全照办的，但只要你花时间认真思考，一定会对你有极大的帮助和改变。

发展建议：

（1）需要发展果断性技能。

（2）需要学会在适当的基础上给人以建设性的反馈。

（3）需要和他人一道检讨自己的眼光。

（4）需要放松，对于目前情况下能够完成的事情，应当抱有更开放的态度。

INTJ（内倾、直觉、思维和判断）

一、个性特征描述

INTJ 型的人是完美主义者。他们强烈地要求个人自由和能力，同时在他们独创的思想中，不可动摇的信仰促使他们达到目标。

INTJ 型的人思维严谨、有逻辑性、足智多谋，他们能够看到新计划实行后的结果和生活中转变为真实物质的理论体系。他们对自己和别人都很苛求，往往几乎同样强硬地逼迫别人和自己。他们并不十分受冷漠与批评的干扰，作为所有性格类型中最独立的，INTJ 型的人更喜欢以自己的方式行事。面对相反意见，他们通常持怀疑态度，十分坚定和坚决。

权威本身不能强制他们，只有他们认为这些规则对自己的更重要的目标有用时，才会去遵守。

INTJ 型的人是天生的谋略家，具有独特的思想、伟大的远见和梦想。他们天生精于理论，对于复杂而综合的概念运转灵活。他们是优秀的战略思想家，通常能清楚地看到任何局势的利处和缺陷。对于感兴趣的问题，他们是很好的、具有远见和见解的组织者。如果是他们自己形成的看法和计划，他们会投入不可思议的专心、注意力和能量、积极性。依靠到达或超过自己的高标准的决心和坚忍不拔，他们获得了许多成就。

可能存在的盲点

由于有时对一些不切实际的高标准充满幻想，INTJ 型的人对自己和他人的期望过多。事实上，他们往往不在意自己如何符合别人的标准，重要的是自己。他们对于自己的行为如何影响他人缺乏理解，往往在提供改进意见时挑剔而直率。他们经常不鼓励他人提出自己的观点或表达个人感情。因为 INTJ 型的人相当冷淡，所以他们错误地推论别人也希望受到同样方式的对待。他们需要学习理解别人貌似“非理性”的感情，认可它们是合理可取的。这有助于防止他们疏远和激怒周围的人。

因为 INTJ 型的人过多地重视他们对未来的见解和想法，所以很容易忽略现在的重要事情和现实。他们也无法认识到自己思想中有事实上的缺点，这会使他们的想法的实施更加困难。收集所有相关的和真实的材料有助于确信他们的想法的可操作性。INTJ 型的人需要简化自己理论性的、复杂的思想，这样才能把自己的想法传达给别人。

因为 INTJ 型的人在工作中常常选择孤独、一心一意地努力，所以他们忽视了在活动中邀请别人参加或协助。征求别人的信息和建议会帮助他们在进程中早些认识到不切实际的想法，或者帮助他们在投入大量时间之前，做出一些改动和提高。

对于 INTJ 型的人来说，增加影响在于对次要的观点做出让步以赢得更重要的东西。这也会减少 INTJ 型的人变得太固执的可能性。当他们努力采用一种更易被接受的方式生活和与人相处时，INTJ 型的人会得到更多的平衡、自信，成功地使自己更多的创新被社会接受。

二、功能运用

INTJ 型的人主导功能是直觉（关注可能性），辅助功能是思维。他们倾向于：探求隐含的原因、可能性或事物的整体；对事实和经验做出符合逻辑的结论。

INTJ 型的人比较少地使用他们的第三、第四功能——情感和感觉。即使在需要这些功能的场合，他们仍然无法有效使用。

1. 作为一个 INTJ 型的人

如果你过多地关注直觉，你可能错过事物的相关事实、细节或以前的经验。

如果你过多地使用思考功能，你可能在需要的时间忘记去称赞他人，或忽视你的决策对其他人的影响。

2. 问题解决方式

主导功能：直觉。

辅助功能：思维。

第三功能：情感。

第四功能：感觉。

工作中选择符合你的主导功能和辅助功能的岗位是非常重要的。第三功能要经过发展锻炼才能合适运用，第四功能可能永远不会在你的职业生涯中起到关键作用，因此你应当避免那种要求长期使用它的工作。

三、INTJ型的人在工作中的特点

1. 工作中的优势

(1) 能看到事情的可能发展情况及其潜在的含义。

(2) 喜欢复杂理论及智力上的挑战。

(3) 有创造性地解决问题的天资，能客观地审查问题。

(4) 即使在面对阻挠时也会义无反顾地去实现目标。

(5) 自信，且对自己的设想会不顾一切地采取行动去实行。

(6) 对于在工作中胜任和胜出有强烈动机。

(7) 能很好地适应一个人单独工作，独立、自主。

(8) 标准高，工作原则性强。

(9) 能创造出方法体系和模式来达到你的目标。

(10) 擅长于从事技术性工作。

(11) 能逻辑地、分析地做出决定。

(12) 坚决果断，有高度的组织能力。

2. 工作中的劣势

(1) 当计划中创造性部分完成后对该计划失去兴趣。

(2) 易于像紧逼自己工作一样去逼着别人工作。

(3) 对那些反应不如你敏捷的人缺乏耐心。

(4) 不愿意和那些你认为能力没有你强的人一起工作。

(5) 唐突、不机智、缺乏交际手段，尤其在你匆忙时。

(6) 对一些世俗小事没有兴趣。

(7) 对自己的观点顽固地坚持。

(8) 有想要去改变那些根本没有必要改善的事物的倾向。

(9) 易于过于理论化而不去考虑实际情况。

(10) 不愿意花时间适当地欣赏、夸奖雇员、同事或别人。

(11) 对那些既定问题不愿再审查。

(12) 易于过分强调工作，从而损害了家庭的和谐。

(13) 对一些工作所要求的“社交细节”没有耐心。

四、INTJ型的人适合的岗位特质

(1) 允许我创作并发展一些新颖的、创造性地解决问题的方法来改善现行的体系。

（2）允许我集中精力实施我的想法，以一种逻辑的、系统的方式工作，同时，在工作中我的工作能有所回报。

（3）让我能和别的对工作尽职尽责的人一起工作，同时他们的专业技术及其聪明才干是我所敬佩的。

（4）为我新奇的计划而给我应有的荣誉，让我持有该计划的原始创作权，以及允许我对这一计划的事实持有控制权。

（5）能我让独立工作，但定期与一小群才华横溢的人在一个没有人际冲突的、平和的工作环境中互相交流想法。

（6）能让我平时常受到新的信息流的冲击，提供给我新的途径来提高我的机智和胜任能力。

（7）允许我创作一项成功，它必须符合我自己高标准的要求，而非为了迎合别人的喜好。

（8）我的工作并不要求我去完成那些琐碎的任务。

（9）给我提供高度的自主与自我支配。允许我自由地改变意图，发展人们的潜在能力以及开发新的方法体系。

（10）所有的一切都以同样的、公平的标准来评价，对工作情况的评估应该给予既定的标准而非给予个性的角逐，同时我的付出要得到相应的回报。

五、INTJ 型的人适合的职业类型

1. 商业或金融

- 电信安全人员。
- 经济学家。
- 国际银行家。
- 药物研究员（R&D）。
- 财务计划人。
- 投资银行家。
- 管理顾问（电脑、信息服务、营销、机构重组）。

上述商业和金融领域都要求高度发展的分析能力，这是许多 INTJ 型的人所具有的。对于 INTJ 型的人，智力挑战在获得职业满足感的时候必不可少。而在药物研究这一日益发展的高科技领域以及电信保险领域大量存在这样的挑战。不断变化的投资业和国际银行业也充分地利用了 INTJ 型的人具有的全球眼光和长期规划的能力。

2. 科技

- 科学家、科学研究员。
- 技术人员（电力、电子）。
- 设计工程师。
- 宇航员。
- 电脑程序员。
- 环境规划人。
- 生物医学研究员、工程师。
- 电脑系统分析员。

- 操作研究分析员。
- 信息服务开发人。
- 软件和系统研究员和开发员。
- 网络一体化专家（电信业）。
- 信息服务和新业务开发人。

科技领域吸引了 INTJ 型的人对逻辑体系的兴趣。这些领域提供了迅速发展高科技产品和设备的工作机会。INTJ 型的人往往能够发挥他们的创造力来开发富有创造性的系统。

3. 教育

- 大学教师。
- 学习课程设计人。
- 行政管理人。
- 数学家。

高等教育比初级教育和中级教育更能吸引 INTJ 型的人，因为它往往涉及教授更具整体眼光的理论和系统、制订教育课程或系统并且确保它们有效进行，允许 INTJ 型的人不断进行改善进步。高等教育领域也使 INTJ 型的人可以收集和管理各种信息以及和其他聪明的人打交道，这使他们得以发展自身的能力。

4. 健康护理或医药

- 精神病学家。
- 心理学家。
- 神经病学家。
- 生物医学工程师。
- 心脏病学家。
- 药物学家。
- 药物研究员。
- 生物医学研究员。

更要求技术性的医药学领域往往是许多 INTJ 型的人能够获得成功和满足的地方。这些领域包括极其复杂的系统，允许 INTJ 型的人独立地进行工作，而具有最小限度的外界打扰或投入。

5. 专门职业

- 代理人（行政管理、诉讼）。
- 管理顾问。
- 战略设计人。
- 投资、商业分析家。
- 经理。
- 法官。
- 新闻分析员、撰稿人。
- 工程师。
- 冶金工程师。
- 知识产权律师。
- 土木工程师。

专门职业提供给 INTJ 型的人各种各样有吸引力的方面。其中只有“经理”要求独立的调查和计划。发展战略、体系和长景计划发挥了 INTJ 型的人的未来倾向性（直觉功能）以及设计如何以有序而逻辑的方式达到目标的能力。INTJ 型的经理往往会在一个雇员和他或她非常相像的小机构里获得职业满足感。如果职员不要求大量的个人支持或手把手地监督，那么 INTJ 型的人在管理中会更可能得到满足感。

6. 创造性职业

- 作家。
- 艺术家。
- 发明家。
- 设计人。
- 建筑师。
- 整体设计建筑师。
- 信息制图设计师。
- 自由媒体设计人。
- 编辑、艺术指导。

创造性职业的吸引力在于它能让人进行创造性工作。作家和艺术家运用他们的直觉创造新的表现和陈述。发明家能够创造新系统或新装置来改善生活方式或解决令人烦恼的问题。这三种职业都要求 INTJ 型的人独立地工作，达到他们自己的目标和标准，他们自己来做最后的评判人。

六、INTJ 型的人的工作风格

1. 对组织的贡献

（1）能够将思想、创意落实成为行动计划。

（2）致力于排除达到目标的所有障碍。

（3）能够清晰地认识到组织发展的方向。

（4）能够充分认识到组织是一个复杂关联的有机整体，并能够让组织成员明了组织中的各种关系。

2. 领导风格

（1）驱动自己和他人达成组织目标。

（2）行动坚定有力。

（3）能够坚持自己的意见，不为他人所动。

（4）关注新的发展可能性，并使之具体化、概念化。

（5）必要时可毫不留情地重组整个系统。

3. 潜在缺陷

（1）表现得不太让步以致他人害怕接近。

（2）对自己和他人要求严格，可能忽视他人的情绪感受。

（3）难以忍受让不合实际的思想蔓延。

（4）忽视他们的思想和行动风格对别人的影响。

七、INTJ 型的人适合的工作环境

（1）贯彻长期规划、果断的和有挑战性的同事。
（2）给予反思的权利。
（3）有效率、具有有创造性和有影响力的人。
（4）鼓励和支持自主性。
（5）有创造的机会。
（6）关注任务。

八、个人发展建议

现在你对自己的人格类型和动力已经有了一个比较清楚的了解，但这还不够。“如何通过这些信息使你在这份工作上取得更大的成功”，这是关键所在。

运用你的能力非常容易，你成功的秘诀在于：考虑实际情况、认同别人所提意见的价值、平衡你的工作和个人生活。

个人发展建议是我们咨询师多年测评职业咨询和职业生涯规划的心得体会和经验总结，我们意识到以下的建议中有很多是难以完全照办的，但只要你花时间认真思考，一定会对你有极大的帮助和改变。

发展建议：
（1）需要引发反馈和建议。
（2）需要学会欣赏他人。
（3）需要学会在何时放弃不实际的想法。
（4）需要更加关注其思想对他人的影响。

ISTP（内倾、感觉、思维和认知）

一、个性特征描述

ISTP 型的人坦率、诚实、讲求实效，他们喜欢行动而非漫谈。他们很谦逊，对于完成工作的方法有很好的理解力。

ISTP 型的人擅长分析，所以他们对客观含蓄的原则很有兴趣。他们对于技巧性的事物有天生的理解力，通常精于使用工具和进行手工劳动。他们往往做出有条理而保密的决定，他们仅仅是按照自己所看到的有条理而直接地陈述事实。

ISTP 型的人好奇心强，而且善于观察，只有理性、可靠的事实才能使他们信服。他们重视事实，简直就是有关他们知之甚深的知识的宝库。他们是现实主义者，所以能够很好地利用可获得的资源，同时他们善于把握时机，这使他们变得很讲求实效。

ISTP 型的人平和而寡言，往往显得冷酷而清高，而且容易害羞，除了与好朋友在一起时。他们平等、公正。他们往往受冲动的驱使，对于即刻的挑战和问题具有相当的适应性和反应能力。因为他们喜欢行动和兴奋的事情，所以他们乐于户外活动和运动。

可能存在的盲点

因为 ISTP 型的人独自做决定，所以他们常常对即使是最重要的事情也只是自我保留，这使得在他们生活中的人对于即将发生的事情茫然不知，他们很难与别人分享行动、情感，也很少关心别人，因为他们认为这些是没有必要的。他们必须接受的是，其他人希望和必须知道自己生活中将要发生的事情，同时 ISTP 型的人也必须意识到他们正是能够向别人提供一个准确解释的人。

ISTP 型的人是如此的现实，以至于对几乎所有的计划，他们都知道使努力达到最小化的方法。他们渴望拥有自由的时间，所以他们的准备不会多于基本的必要或者不可能坚持到计划得出结果，因为这样的结果使他们能够节省时间和精力。描绘出整个计划，完成所有的步骤和细节，这样会约束他们潜在的主动性的缺乏，淡化他们漠不关心的表象。

ISTP 型的人始终都注意着新的感官信息，喜欢开放地面对所有可进行的选择，所以他们会优柔寡断。对于兴奋事物的需求使得他们很草率而且易于厌烦。树立目标，对于他人和事情都做出严肃的承诺，这样会帮助他们避免普通的失望和随意的生活方式的潜在危险。

二、功能运用

ISTP 型的人主导功能是思考（喜欢事实），辅助功能是感觉。他们倾向于：合乎逻辑、善于分析、客观、公正、有逻辑系统的思考、具有谈判能力、坚定；注意细节、重视实际、能记住琐碎细节、耐得住烦闷的工作、有耐性、细心有系统。

ISTP 型的人比较少地使用他们的第三、第四功能——直觉和情感。即使在需要这些功能的场合，他们仍然无法有效使用。

1. 作为一个 ISTP 型的人

如果你过多地使用思考功能，你可能忽略他人感受、误解别人的价值观、不在意和谐、不露感情、悯情较少、不能说服他人。

如果你过多地关注细节，你可能失去整体的概念、想不出各种可能解决的途径、不信直觉、不求创新、无法应付太复杂的工作、不喜欢预测未来。

2. 问题解决方式

主导功能：思维。

辅助功能：感觉。

第三功能：直觉。

第四功能：情感。

工作中选择符合你的主导功能和辅助功能的岗位是非常重要的。第三功能要经过发展锻炼才能合适运用，第四功能可能永远不会在你的职业生涯中起到关键作用，因此你应当避免那种要求长期使用它的工作。

三、ISTP 型的人在工作中的特点

1. 在工作中的优势

（1）出色处理限定任务和实质产品的能力。

(2) 敏锐的观察力和对事实信息的出色记忆力。
(3) 将混乱的数据和可辨认的事实有序排列的能力。
(4) 独自工作或与你敬佩的人并肩工作的态度。
(5) 在压力之下面对危机保持头脑冷静的能力。
(6) 知道完成工作需要做什么和必须做什么的能力。
(7) 用手和工具工作的态度。
(8) 对突然变化和迅速发生的转变适应良好的能力。
(9) 实际性和丰富的常识。
(10) 确认和利用有效资源的能力。
(11) 柔韧性和愿意冒险以及尝试新事物。

2. 工作中的劣势

(1) 难以看到行动的深远影响。
(2) 缺乏进行言语交流的兴趣，尤其是表面上的交流。
(3) 不喜欢事先准备，你在组织时间上有一定困难。
(4) 对抽象、复杂的理论缺乏耐心。
(5) 有对别人的感觉迟钝麻木的倾向。
(6) 有容易变得厌烦和焦躁的倾向。
(7) 难以看到目前不存在的机会和选择。
(8) 对行政上的细节和程序缺乏耐心。
(9) 不愿意重复自己。
(10) 难以做出决定。
(11) 很强的独立性，不喜欢过多的条条框框、官僚作风。
(12) 抵制确定长期目标，难以到达最后期限。

四、ISTP 型的人适合的岗位特质

(1) 让我确认和使用以最有效的可能方式提供的资源。

(2) 让我实践、掌握，然后运用拥有的技能，尤其是机械技能和那些需要使用工具的能力。

(3) 让我运用自己对周围世界的理解和技术上的知识，看到工作中潜在的逻辑原理；让我参与解决困难和难题。

(4) 有明确的方向；在那儿我能方便地工作，生产真实、实际的产品。

(5) 有趣且充满活力，让我独立地进行工作，并且经常有机会到工作领域之外和户外活动。

(6) 在一个没有其他人强加的过多规则和操作标准的环境中工作；在那儿我能享受自然发生的冒险，并且逐步应付任何危机。

(7) 让我在最小限度的监督下独立工作，而且我也没有被要求去密切监督别人。

(8) 给我足够的时间去发展自己的兴趣、爱好。

(9) 给我相当数量的娱乐和不断的挑战。

（10）让我有效地利用装置和能源，而不要求必要的路线和步骤。

五、ISTP 型的人适合的职业类型

1. 销售部门、服务部门、劳改部门

- 警员或劳教人员。
- 赛车手。
- 飞机驾驶员。
- 武器操作员。
- 猎人。
- 情报人员。
- 司法官。
- 消防员。
- 调查员。
- 运动器材商品推销员。
- 药品推销员。
- 私人调查员或私人侦探。

ISTP 型的人的职业偏好源于他们不愿受一大堆条框束缚的观念。他们激动时总发挥得很好。他们也喜欢那种自主的环境，他们可以发挥他们的能力，很快地对手头的资源做出估计，然后采取适宜的步骤。他们善于各自工作，必要时，也乐于作为集体成员。ISTP 型的人喜欢掌握某种特别工具或机器的使用方法，也喜欢户外生活和身体运动。

2. 技术部门

- 电器设备专家。
- 信息产业开发人员。
- 技术培训人员（一对一设置的）。
- 后勤和供给制造商或经理。
- 网络调查专家（通信部门）。
- 电脑程序设计师。
- 海洋生物学家。
- 电器工程师、机械工程师、土木工程师。

ISTP 类型的人常可以从技术行业中获得满足感是因为他们对物体如何运作感兴趣。他们在机械领域表现优秀是因为他们有很强的观察能力和记忆使用事实细节的能力。他们通常喜欢手工活，也喜欢能不断给他们提供感官信息的工作。当他们的逻辑分析是建立在通过自己 5 种感觉获得的可靠事实上时，总能取得良好的结果。

3. 健康护理业

- 心电图专家或技师。
- 透射技师。
- 急救医生。
- 运动保健医生。

• 牙医或牙科助理。

这些医疗保健工作对于 ISTP 型的人而言具有吸引力是源于他们较高的技术天分。这里的每一种工作都要求严格的准确性，良好的实践和操作能力、耐性和投入，这些对使用和保养敏感的诊断设备都是必需的。

4. 商业或金融业

• 证券分析家。
• 采购员。
• 办公室管理人员。
• 银行家。
• 经济学家。
• 法律顾问。
• 业务顾问。
• 律师帮办。

由于对数字的注重和精确意识，ISTP 型的人在商业和金融业也可以获得满足。工作环境相当重要，但 ISTP 型的人更容易喜欢个人自由不受限制的职业。自主的工作，没有太多的会议和复杂的人际关系都是必要的。

ISTP 型的人常常能使混乱的数据和事实有序化。他们可以轻易地发掘经济情况之间的关系，易于和能够对紧急变化做出反应。

5. 贸易部门

• 计算机维修。
• 飞机技师。
• 农场人员。
• 教练。
• 木工。
• 汽车部件零售商。
• 商业家。

贸易行业的独立性和实践性常常吸引 ISTP 类型的人。ISTP 型的人偏爱切实具体的，能上手的工作。如果项目本身能完全吸引他们的注意力，他们会坚忍不拔地做下去。所以如果他们对体育感兴趣，相似的贸易职业中他们更愿选择做教练员。从业余爱好中成就一项事业，是 ISTP 型的人的绝好的策略。

六、ISTP 型的人的工作风格

1. 对组织的贡献

(1) 能在必要时和面临问题时挺身而出。

(2) 能够迅速把握信息的要旨。

(3) 做事有原则，但不因循原则。

(4) 在危机时能保持镇定，对他人有安定作用。

(5) 对技术领域有天生的嗜好。

2. 领导风格

（1）通过以身作则进行领导，在稳固的事实基础上做出分析判断。

（2）更倾向于采用团体合作方式，希望能公平对待每个人，宽松地管理下属。

（3）一旦出现问题，能够迅速做出反应。

3. 潜在缺陷

（1）只关注重要的事，而对他人似乎关心不够。

（2）缺乏一定的坚持性，在已付出的努力结出硕果之前就已经另谋他途了。

（3）过于权宜，走捷径，少付出。

（4）有时表现得漫无目的。

七、ISTP 型的人适合的工作环境

（1）环境中的各种问题需要以行动予以解决。

（2）行动导向的人。

（3）项目导向。

（4）不受规则限制。

（5）提供许多新的立即要解决的导向。

（6）培养独立性。

八、个人发展建议

现在你对自己的人格类型和动力已经有了一个比较清楚的了解，但这还不够。“如何通过这些信息使你在这份工作上取得更大的成功”，这是关键所在。

运用你的能力非常容易，你成功的秘诀在于：学会交流、考虑别人的感受、信守承诺。

个人发展建议是我们咨询师多年测评职业咨询和职业生涯规划的心得体会和经验总结，我们意识到以下的建议中有很多是难以完全照办的，但只要你花时间认真思考，一定会对你有极大的帮助和改变。

发展建议：

（1）需要深入与他人交流沟通。

（2）需要发展坚毅力，为达到期望结果需要做必要的计划并付出必要的努力。

（3）需要形成设立目标的习惯。

ISFP（内倾、感觉、情感和认知）

一、个性特征描述

ISFP 型的人平和、敏感，他们保持着许多强烈的个人理想和自己的价值观。他们更多的是通过行为而不是言辞表达自己深沉的情感。

ISFP 型的人谦虚而缄默，但实际上他们是具有巨大的友爱和热情之人，但是除了与他们相知和信赖的人在一起外，他们不经常表现出自我的另一面。因为 ISFP 型的人不喜欢直

接的自我表达，所以常常被误解。

ISFP 型的人耐心、灵活，很容易与他人相处，很少支配或控制别人。他们很客观，以一种相当实事求是的方式接受他人的行为。他们善于观察周围的人和物，却不寻求发现动机和含义。

因为 ISFP 型的人完全生活在目前之中，所以他们的准备或计划往往不会多于必需，他们是很好的短期计划制订者。因为他们完全投入于现在，喜欢享受目前的经历，而不继续向下一个目标冲刺，所以他们对完成工作感到很放松。

他们对于从经历中直接了解和感受的东西很感兴趣，常常富有艺术天赋和审美感，力求为自己创造一个美丽而隐蔽的环境。

ISFP 型的人经常是忠诚的追随者和团体成员。因为他们利用个人的价值标准去判断生活中的每一件事，所以他们喜欢那些花费时间去认识他们和理解他们内心的忠诚之人。他们需要最基本的信任和理解，在生活中需要和睦的人际关系，对于冲突和分歧则很敏感。

可能存在的盲点

高度的敏感天性使 ISFP 型的人清楚地了解别人的需求，他们有时过度地工作以满足那些需求，以至于在这一过程中忽略了自我。他们必须更多地关心自己而不是别人。

因为他们完全把注意力集中于他们现在的经历，所以往往无法看得更远，从而丧失了更广泛的视野。有时他们很难理解一个较为复杂的环境事务。因为他们通常不会寻找或观察在目前不存在的可能发生的事物，所以他们往往不会事先准备，也很难有条理地安排时间和资财。他们本来应该努力工作以约束自己的冲动，从而完成任务和享受一段安静时光，或是参加一项自己喜欢的活动。

ISFP 型的人往往做个人的反省，然后变得很生气和失望，所以说他们是很容易受别人影响的。由于他们总是按人和事物所呈现的表象来认识他们，却从来不会预想其中的不良动机或从中推断出其他的内容，所以人们常认为他们过于信任他人，很容易上当受骗。他们必须对自己的需求更加关心，进一步考虑他人行为的含义。对自己的分析更多地具有怀疑精神和客观性，会使他们的判断力更出色。

二、功能运用

三、ISFP 型的人在工作中的特点

1. 工作中的优势

（1）热情、慷慨。

（2）对你很关心的组织忠诚。

（3）注意重要的细节，尤其是那些有关他人的细节。

（4）考虑周到。

（5）主动愿意支持组织的目标。

（6）准确评估目前的能力和看出什么是最需要保持稳定的能力。

（7）仔细评估冒风险和试用新方法时的灵活性和主动性。

2. 工作中的劣势

（1）有只接受事物的表面现象而忽略事物深层暗示的倾向。

（2）没有能力观察到目前不存在的机会和可选择的机会。

（3）做出对个人的批评和消极的反馈趋势。

（4）不愿意提早准备，你在利用自己的时间上有问题。

（5）决断的困难。

（6）不喜欢过多的规则和结构过于复杂的机构。

（7）在与自己的感受相矛盾时很难做出符合逻辑的决定。

（8）不愿意为坚持自己的想法和立场而冒险打破与他人的协调关系。

（9）有会被大量的极其复杂的任务压得喘不过气来的趋势。

（10）反对制订长期的目标，很难按时完成任务。

（11）不会很自觉地做直接的报告或批评他人。

四、ISFP 型的人适合的岗位特质

（1）是与自身很强的内在价值以及自己所关心和愿意为之贡献自己经历和才智的事业一致的。

（2）如果要与他人合作，在积极肯定的团队中工作，自己会是其中一名忠诚又富于合作精神的一分子。

（3）要求注意到细微之处，因为在工作中，我所接触到的是对他人有益而又有实际应用价值的具体事物。

（4）除了与其他和蔼、谦虚的人为伍外，还要给我留有一定的空间，使我能够独立地完成工作，而不受过多的规章和僵化的操作规程的束缚。

（5）使我成为适应能力极强而且负责的人。在工作中，我明确的目的是能够让我亲眼看到和亲身体会到我所做的工作的结果。

（6）让我通过审美和品位来增强我工作领域的吸引力，使其更加个性化，并使其他人感到工作在其中会更舒适。

（7）是在非常愉悦而又充满合作意识的氛围中完成的。人与人之间的冲突会保持在最低限度。

（8）给我一个机会，使我在完成我认为很重要的工作内容的过程中体验到自身的成长和发展。

（9）能让我提供实用的帮助，及时而简洁地处理好问题。

（10）不要求我做定期的公开演说，以及领导一大群我太熟知的人或给别人消极的反馈评价。

五、ISFP 型的人适合的职业类型

1. 工艺部门

- 时装设计师。

- 木匠。
- 珠宝商。
- 园艺匠。
- 织毯工人。
- 陶工。
- 漆匠。
- 舞蹈演员。
- 设计人员（内容、背景）。
- 厨师长。

这些职业对 ISFP 型的人主要吸引力在于它们能提供用他们的双手创造外观以吸引人，更多的是在实际工作中，他们喜欢运用 5 种感觉从事实际的工作。这些职业为 ISFP 型的人提供了灵活的时间和自由安排工作的机会。大多数 ISFP 型的人喜欢自主，不必遵守管理规则。

2. 健康护理部门

- 上门服务护士。
- 运动专家。
- 按摩医生。
- 放射技师。
- 医务助理。
- 牙科助理、保健医师。
- 兽医助理。
- 动物护理人员、训练人员。
- 家庭保健助理。
- 初级保健大夫。
- 饮食专家、营养学家。
- 验光师、配镜师。
- 运动心理专家。
- 职业疗法医师。
- 工艺师。
- 药剂师。
- 呼吸系统专家。
- 执职行医护士。

ISFP 型的人常可以从健康护理业中获得满足感，尤其是那些能让他们直接同用户和患者打交道的工作。他们喜欢许多治疗工作的亲手参与的特征——在危机中或危机后，从身体到感情上帮助他人。他们通常善于观察，能对微小变化做出反应，喜欢解决短期问题。对于 ISFP 型的人而言，从这些职业以及其他任何职业获得满足感的最重要成分是能看到或体验到对他们成就的反馈以及能意识到他们工作的重要性。

3. 技术工作

- 调查员。
- 计算机操作人员。

- 林务员。
- 植物学家。
- 地质学家。
- 技师。
- 海洋生物学家。

ISFP 型的人喜欢实际工作，不喜欢理论工作。他们倾向于喜欢运用实际的积极的技术，户外工作的机会尤其为 ISFP 型的人喜欢，他们对工作中的变化和种类表现出极大的兴趣。

4. 销售或服务业

- 初级教师（自然科学或艺术）。
- 警察、劳改官员。
- 紧急热线电话操作员。
- 清洁服务人员。
- 仓库保管员。
- 侍者。
- 美容师。
- 旅行用品推销员。
- 优质用户销售代表。
- 商业计划人员。
- 体育设备推销员。
- 家用保健品推销员。
- 家庭保健护理人员。
- 儿童福利咨询人员。
- 戒酒戒毒顾问。
- 社会工作人员（老人、儿童日常护理问题）。

许多 ISFP 型的人在服务部门找到了让他们满意的工作。满足人或动物的需要的工作最值得他们干。他们喜欢能分享他们价值观，培养和鼓励人际和谐、合作，以及能认可他们的成绩的工作环境。许多 ISFP 型的人喜欢处在特定的主观环境中，通常和小孩在一起，在这种环境中，他们有机会表露自然性和乐趣。

5. 商业

- 记账员。
- 司法员。
- 打字员。
- 职员监督人员。
- 经理人员。
- 律师帮办。

职员工作，如果是处于一种适合的环境中，也能给 ISFP 型的人提供满足。关键因素是在一种积极支持的气氛中运用他们的实际技能。当作为小组的一部分而工作，或处于一种能尊重个人隐私和成长的稳定环境中时，ISFP 型的人工作总是很出色。他们喜欢能让他们创造和保持愉快的、个性化的工作环境的职业部门。

六、ISFP 型的人的工作风格

1. 对组织的贡献

（1）注重组织成员的需要和要求。

（2）采取行动以确保他人的适意感。

（3）在工作中注入轻松愉快。

（4）借助其合作的天性把人和事组织在一起。

（5）关注组织中人的因素。

2. 领导风格

（1）喜欢采用合作的团队方式。

（2）运用相互间的情感交流作为激励他人的手段。

（3）更倾向于赞扬而非批评。

（4）凭借对他人的良好意愿，温和地说服他人。

（5）能应付情境并适应情境的要求。

3. 潜在缺陷

（1）过于轻信别人并容易上当。

（2）即使在必要时也不批评他人，而只是过分地责难自己。

（3）没有看到现实背后的东西，全方位地审时度势。

（4）太容易受伤害和退缩。

七、ISFP 型的人适合的工作环境

（1）需要默默地积极工作的合作的同事。

（2）照顾个人的隐私空间。

（3）有礼貌的同事。

（4）人员导向。

八、个人发展建议

现在你对自己的人格类型和动力已经有了一个比较清楚的了解，但这还不够。“如何通过这些信息使你在这份工作上取得更大的成功”，这是关键所在。

运用你的能力非常容易，你成功的秘诀在于：学会声明自己的主张；脚踏实地，在更广阔的背景下考虑问题；不要太个人化地看待事物。

个人发展建议是我们咨询师多年测评职业咨询和职业生涯规划的心得体会和经验总结，我们意识到以下的建议中有很多是难以完全照办的，但只要你花时间认真思考，一定会对你有极大的帮助和改变。

发展建议：

（1）需要发展怀疑和分析信息的方法，而不是一味接受。

(2) 需要学会在他人自鸣得意时做出否定性反馈。

(3) 需要发展一个更加未来导向的前景。

(4) 需要更果敢和更直接地对待他人。

INFP (内倾、直觉、情感和认知)

一、个性特征描述

INFP 把内在的和谐视为高于其他一切。他们敏感、理想化、忠诚，对于个人价值具有一种强烈的荣誉感，个人信仰坚定，有为自认为有价值的事业献身的精神。

INFP 型的人对于已知事物之外的可能性很感兴趣，精力集中于他们的梦想和想象。他们思维开阔、有好奇心和洞察力，常常具有出色的长远目光。在日常事务中，他们通常灵活多变、具有忍耐力和适应性。但是他们非常坚定地对待内心的忠诚，为自己设立了事实上几乎是不可能的标准。

INFP 型的人具有许多使他们忙碌的理想和忠诚。他们十分坚定地完成自己所选择的事情，他们往往承担得太多，但不管怎样总要完成每件事。

虽然对外部世界他们显得冷淡缄默，但 INFP 型的人很关心内在。他们富有同情心、理解力，对于别人的情感很敏感。除了他们的价值观受到威胁外，他们总是避免冲突，没有兴趣强迫或支配别人。INFP 型的人常常喜欢通过书写而不是口头来表达自己的感情。当 INFP 型的人劝说别人相信他们的想法的重要性时，可能是最有说服力的。

INFP 型的人很少显露强烈的感情，常常显得沉默而冷静。然而，一旦他们认识了，就会变得热情友好。INFP 型的人很友好，但往往避免浮浅的交往。他们珍视那些花费时间去思考目标与价值的人。

可能存在的盲点

由于不如 ENFJ 型的人有条理性，他们有时会对事实判断错误，不能意识到自己的非逻辑性。当他们的梦想脱离现实时，其他人可能认为他们充满怪想、神神秘秘。INFP 型的人应该很好地向更现实的人请教，他们的理想在现实世界中是否可行和有用。

因为 INFP 型的人如此坚信自己的理想，所以他们常常忽视其他观点的作用，而且有时会很刻板。他们对于物质环境不十分有兴趣，他们经常很忙碌以至于没有注意周围正在发生的变化。

INFP 型的人对于一种想法的酝酿要比实际中开始一个计划所需要的时间长很多。他们完美主义的倾向导致他们长久地精练思想而从来没有分享过它们。这是很危险的，因为对于 INFP 型的人而言，更重要的是寻找表达他们思想的途径。为了避免沮丧，他们需要使工作变得更重视行动。

INFP 型的人很情绪化地陷于自己的工作中，所以对于批评很敏感，更加复杂的是，当他们追求自己不可能达到的高标准时，往往对自己的要求太多。即使事实上他们能够完成许多事情，但仍会导致情感上的不满足。当 INFP 型的人失望时，往往对于他们周围所有的事物都很对立。努力发展他们的计划的客观性会有助于 INFP 型的人更少地受批评与失望的影响。

因为 INFP 型的人往往努力让许多人同时高兴，所以让他们坚持一种不受欢迎的立场是很困难的。对于批评别人，他们感到犹豫不决，也很少会说“不”。当 INFP 型的人对于一些想法和计划没有表达他们的相反意见时，其他人会误以为 INFP 型的人同意他们的观点。INFP 型的人需要培养更多的敢作敢为的信心，才能学会在必要的时候对他人提出诚恳的批评。

二、功能运用

INFP 型的人主导功能是情感（关注情感），辅助功能是直觉。他们倾向于：体谅他人感受、了解他人的需要、喜欢和谐的人际关系、易表露情感、喜欢去说服他人；探求隐含的原因、可能性或事物的整体。

INFP 型的人比较少地使用他们的第三、第四功能——感觉和思维。即使在需要这些功能的场合，他们仍然无法有效使用。

1. 作为一个 INFP 型的人

如果你过多地关注情感，你可能会表现得不合乎逻辑、不够客观、没有组织系统的思考、不具批判精神地全盘接受、感情用事。

如果你过多地关注直觉，你可能错过事物的相关事实、细节或以前的经验。

2. 问题解决方式

主导功能：情感。

辅助功能：直觉。

第三功能：感觉。

第四功能：思维。

工作中选择符合你的主导功能和辅助功能的岗位是非常重要的。第三功能要经过发展锻炼才能合适运用，第四功能可能永远不会在你的职业生涯中起到关键作用，因此你应当避免那种要求长期使用它的工作。

三、INFP 型的人在工作中的特点

1. 工作中的优势

（1）考虑周到细致且能集中注意力深入研究某个问题或观点。

（2）渴望打破常规思考，并考虑新的可能情况。

（3）积极投身于所信仰的事业。

（4）必要时一个人也能很好地工作。

（5）对收集所需信息有一种天生的好奇与技巧。

（6）能通观全局以及看到意识与行为之间的联系。

（7）能洞察别人的需要与动机。

（8）适应能力强，能很快改变你的行事速度及目标。

（9）在一对一的基础上很好地与人工作。

2. 工作中的劣势

（1）必须控制方案或计划，否则你可能会失去兴趣。

（2）有变得无秩序性的倾向，很难把握优先处理的事。

（3）不愿做与自己价值观相冲突的工作。

（4）在做事方式上不愿按照传统方式行事。

（5）天生的理想主义者，这样可能使你得不到现实的期望。

（6）讨厌以传统的或惯常的方式行事。

（7）很难在竞争的、气氛紧张的环境中工作下去。

（8）在处理及完成顽固的组织和与人们打交道时没有耐心。

（9）在预计做某事要求多长时间时有不切实际的倾向。

（10）不愿惩戒直接肇事者，不愿意批评别人。

四、INFP型的人适合的岗位特质

作为INFP型的人，职业满足意味着你做的这些工作有以下特质：

（1）我的工作与我个人的价值观和信仰相一致，同时允许我通过工作表达我的想象力。

（2）给我时间发展我的想法到相当深度，同时对这一思维过程以及思维产物操持控制权。

（3）独立完成工作，有一个私人的工作空间以及大量不受干扰的时间，但必须有机会与我敬重的人交流一下观点。

（4）我的工作环境是一个灵活性强的组织机构，其将烦琐的规章制度减至最少限度，同时允许我有灵感时工作。

（5）我要在一个合作的环境中与别的有创造力的、讨人喜欢的人一起工作，且这个工作环境没有紧张的人际关系以及人际纠纷。

（6）允许我表达别出心裁的观点，而且在工作中个人的发展受到鼓励与夸奖。

（7）不要要求我经常在一大群人面前介绍我的工作，或者在我的工作还没有完成至我满意之前让我与大家分享。

（8）允许我帮助别人成长、发展以及实现他们所有的潜能。

（9）我的工作包括理解别人以及发掘他们行为的动机，允许我发展与别人一对一的深厚关系。

（10）允许我为实现我的理想而工作，且工作上不要受到政治的、经济的或别的方面的障碍的限制。

五、INFP型的人适合的职业类型

1. 创造性职业或艺术

- 艺术家。
- 作家（诗人、小说家）。
- 记者。
- 娱乐人士。
- 建筑师。

- 演员。
- 编辑。
- 音乐家。
- 信息制图设计师。
- 编辑、艺术指导（杂志）。

INFP 型的人为艺术所吸引是由于他们有能力以富于创造性的个人方式来表达他们自己和他们的想法。以艺术为工作具有个人的自由和灵活性，这是 INFP 型的人信奉的生活方式。无论是写文章、画画还是用其他手段来工作，无论是进行设计还是作为演员或音乐家运用他们自己的身体来工作，INFP 型的人都力求创造独到的成果，这是他们心声的真实表现。许多 INFP 型的人把自己描述为“内心深沉”的艺术家，即使他们并不以艺术为生。一些 INFP 型的人甚至会说，做艺术家并不是他们做出的选择，而是他们必须背负的十字架。

2. 教育或咨询职业

- 大学教授（人文、艺术）。
- 调研员。
- 心理学家。
- 顾问。
- 社会工作者。
- 图书管理员。
- 教育顾问。
- 特殊教育老师。
- 双语种教育老师。
- 儿童早期教育老师。
- 雇员帮助顾问。
- 儿童福利顾问。
- 酒精和毒品禁戒顾问。
- 翻译、口译。
- 法律调停人。
- 社会工作者（老年人和儿童日常护理问题）。

教育和咨询行业都是可以使 INFP 型的人为帮助他人成长和发掘人性潜能而工作的领域。INFP 型的人为改善他人生活质量的愿望和努力的确非常崇高。他们更喜欢大学，而不是小学或中学，因为大学里来自学生们的动力更强大。他们喜欢学习的过程，喜欢作为调查员或图书管理员来探求更深刻和更有意义的理解。INFP 型的人是富于同情心而具洞察力的顾问、心理学家以及社会工作者，力求帮助他们的客户在自己的社会关系和生活范围里获得自我理解和和谐。作为顾问，他们高兴的是，在理解他人的时候他们也逐渐理解了自己。

3. 宗教职业

- 牧师。
- 宗教教育工作者。

- 传教士。
- 教堂工作人员。

对于许多 INFP 型的人，献身宗教事业是很值得的。他们乐于帮助人们发展精神世界，在为自己和他人的梦想奋斗并得以实现的过程中，他们深感快乐。他们往往喜欢一个对一个的交流，但随着经历增多，他们也渐渐乐于传道和做报告了。对于 INFP 型的人，最根本的地方在于从事与他们内心价值观念和信仰一致的工作，往往宗教领域的职业可以满足这一点。

4. 医疗保健

- 饮食学家、营养学家。
- 理疗医生。
- 家庭健康社会工作者。
- 职业治疗医生。
- 按摩专家。
- 全面健康医生。
- 语言病理学家、听觉病理学家

保健领域吸引 INFP 型的人的方面在于它能够让他们对客户或病人进行亲切而亲密的工作。INFP 型的人一般都会喜欢这样的职业给予他们的自主性，他们可以自己开业，或者做一家大型健康护理机构的顾问。理疗、全身治疗以及按摩的诊断治疗工作具有创造性和精神因素，这些都令人满意，它们运用了 INFP 型的人的直觉和情感倾向。

5. 机构发展

- 雇员发展专家。
- 人力资源开发人员。
- 社会科学家。
- 多样化管理人。
- 顾问（工作组构建、冲突解决）。

尽管 INFP 型的人通常不会对商业领域的工作感到满意，仍然有一些筛选出来的领域有可能让 INFP 型的人获得成功和满足感。

一些 INFP 型的人喜欢合作的环境，有时他们的工作涉及帮助别人找到适合于自己的工作。他们喜欢人事或人力资源发展方面的工作，喜欢在一个公司内部设计并安置工作。他们需要与支持他们的人共同工作，从而感到他们所做的贡献是独特而且受人重视的。这样，在竞争激烈的商业世界，他们才会找到满足感。

六、INFP 型的人的工作风格

1. 对组织的贡献

（1）致力于为每个人在组织中找到一个位置。

（2）其理想很具有说服力。

（3）为了共同的目的将人们聚拢在一起。

（4）能够为组织发现新的机会和发展的可能性。

2. 领导风格

（1）采用推动促进的方式进行领导。

（2）宁愿扮演独特的、非常规性的领导角色。

（3）强调工作进展的可能性，能够为了长远目标而独立地工作。

（4）更乐于赞赏别人而非指责和批评。

（5）鼓励他人照自己的理想行动。

3. 潜在缺陷

（1）由于追求完美主义，可能会拖延工作任务。

（2）同时取悦于太多的人。

（3）固执地不按照逻辑和事实调整自己的看法。

（4）花费太多的时间反复琢磨而不采取行动。

七、INFP 型的人适合的工作环境

（1）关注他人价值的、和蔼可亲并讲信用的同事。

（2）合作气氛，考虑个人的隐私权。

（3）灵活。

（4）不官僚。

（5）安定而平静。

（6）给予反思的时间和空间。

八、个人发展建议

现在你对自己的人格类型和动力已经有了一个比较清楚的了解，但这还不够。“如何通过这些信息使你在这份工作上取得更大的成功”，这是关键所在。

运用你的能力非常容易，你成功的秘诀在于：设定切合实际的期望值，重视让步，不要太主观地看待问题。

个人发展建议是我们咨询师多年测评职业咨询和职业生涯规划的心得体会和经验总结，我们意识到以下的建议中有很多是难以完全照办的，但只要你花时间认真思考，一定会对你有极大的帮助和改变。

发展建议：

（1）需要学会现实地工作而不光是追求完美。

（2）需要发展其坚韧、讲究实际和说“不”的自觉行动。

（3）需要更加强调和重视事实和逻辑。

（4）需要发展和实施行动计划。

INTP（内倾、直觉、思维和认知）

一、个性特征描述

INTP 型的人是解决理性问题者。他们很有才智和条理性，以及创造才华的突出表现。

INTP 型的人外表平静、缄默、超然；但内心却专心致志于分析问题。他们苛求、精细、惯于怀疑。他们努力寻找和利用原则以理解许多想法。他们喜欢有条理和目的的交谈，而且可能会仅仅为了高兴。只有有条理的推理才会使他们信服。

通常 INTP 型的人是足智多谋、有独立见解的思考者。他们重视才智，对于个人能力有强烈的欲望，有能力也很感兴趣向他人挑战。INTP 型的人最主要的兴趣在于理解除了能够准确知道、接受和明显的事物之外的可能性。他们乐于为了改进事物的目前状况或解决难题而发展模式。他们的思考方式极端复杂，而且他们能更好地组织概念和想法而不是人。偶尔，他们的想法非常复杂，以至于很难向别人表达和被他人理解。

INTP 型的人十分独立，喜欢冒险和富有想象力的活动。他们灵活易变、思维开阔，更感兴趣的是发现有创见而且合理的解决方法，而不是仅仅看到成为事实的解决方式。

可能存在的盲点

因为 INTP 型的人过分依赖他们的条理性分析，所以他们会忽视与别人有关的事物。如果某一方面不符合逻辑，即使对于他们来说很重要，他们也会冒险抛弃。他们承认自己所真正关心的会有助于与真实的情感保持联系。

INTP 型的人精通于观察一种思想的缺陷，但对于表达自己的评价却沉默寡言。因为他们拒绝在整个计划中存在一点不符合逻辑的地方，所以他们在涉及计划某部分的一个细微错误之时迟滞不前，使整个方案难以完成。当他们把自己高度磨炼过的批评性思考运用到周围的人身上时，他们直率的诚实会变为一种无意的伤害。

因为 INTP 型的人喜爱解决问题，所以往往他们会对常规的细节缺少耐心，而且如果一个计划需要过多的细节或持久贯彻，他们会失去兴趣而永远完成不了计划。向外转移他们的能量会使他们获得充分的实际知识以产生可行的、让别人能接受的想法。

当 INTP 型的人努力维持自己高标准的完美时，他们有时会想到不合适。学会与别人分享感受会帮助他们获得更现实和客观的见解。

二、功能运用

1. 作为一个 INTP 型的人

2. 问题解决方式

每个人都会用自己的方式进行决策，决策通常来自你的主导功能，并且完全忽视你的第四功能。你的功能运用如下：

主导功能：感觉。

辅助功能：思维。

第三功能：情感。

第四功能：直觉。

工作中选择符合你的主导功能和辅助功能的岗位是非常重要的。第三功能要经过发展锻炼才能合适运用，第四功能可能永远不会在你的职业生涯中起到关键作用，因此你应当避免那种要求长期使用它的工作。

三、INTP 型的人在工作中的特点

1. 工作中的优势

(1) 急切地“想知道盒子外面的世界”，能想出一些新的可能性。

(2) 能够理解非常复杂和高度抽象的概念。

(3) 杰出的创造性地解决问题的技能。

(4) 独立自主；有探险精神、创造意识以及克服困难的勇气。

(5) 能够综合运用大量的信息。

(6) 搜集所需信息时理智的好奇心、独特的洞悉力。

(7) 即使在压力很大的情况下也能逻辑地分析事物。

(8) 学习新知识的信心和动力都很大。

(9) 客观性；能够客观地分析和处理问题，而不是感情用事。

(10) 对自己的想法和观点充满信心。

(11) 能够把握事物的全局，弄清行为和思想的长远影响。

(12) 能灵活地适应新情况，有很强的随机应变的能力。

2. 工作中的劣势

(1) 办事情可能条理不清，容易发生紊乱。

(2) 过于自信，可能会不恰当地运用自己的能力和社会经历。

(3) 对思维狭窄和思想固执的人缺乏耐心。

(4) 不喜欢按传统的、公式化的方式来办事。

(5) 问题一旦解决，兴趣便不复存在。

(6) 不擅长于把复杂的思想和问题用简明的形式表现出来，并用简单的形式将其解决。

(7) 可能过于理论化，而忽视或无视现实性。

(8) 不能严格要求自己去考虑且解决重要的细节性问题。

(9) 不喜欢重复地做一件事。

(10) 对程式化的事情和固执的人缺乏耐心。

四、INTP 型的人适合的岗位特质

(1) 让我开发、分析、批判新的想法和主意。

(2) 让我把注意力和精力集中到那些创新的、理论的和逻辑的思维过程中，而不是只一心关注着结果和产品会是如何。

(3) 富有挑战性，涉及许多复杂的问题；因此，我能有机会试行一些不落俗套的方案，通过冒险性的实践找到最佳解决方法。

(4) 让我有充足的安静的私有时间独立地工作，来投入到并完成自己的思维过程。

(5) 让我自己制订并保留评估自己工作的高层次的标准，并在此基础上决定自己的成绩与不足。

(6) 在一个富有的、可以通融的环境中工作，没有那些无用的规章制度、过多的限制和不必要的会议。

(7) 能让我和一小组我所钦佩的亲密朋友和伙伴合作。

(8) 让我经常有机会增长自己的能力和才干，与别的有影响的成功人士会面、合作。

(9) 让我开发有独创性的思想和方案，能把一些具体的实施步骤和细节问题委托给一名高效率的助手。

(10) 不要求我直接管理别人、监督或考虑一些人际关系的协调或不和。

五、INTP 型的人适合的职业类型

1. 计划和开发

- 计算机软件设计员。
- 计算机程序员。
- 系统分析人员、数据库管理人员。
- 调查开发专家。
- 战略策划者。
- 新市场或新产品开发者。
- 网络一体化专家（电信专家）。
- 转换管理方式的咨询人员。
- 财政计划者。
- 投资银行家。
- 信息服务开发者。
- 计算机程序设计人员。
- 信息服务人员。
- 新的商业领域开发者。
- 管理咨询人员（计算机、信息服务、销售，重组）。

计划和开发领域为 INTP 型的人们提供了一个发挥他们特长的机会——分析问题并找到创新性的答案。大多数 INTP 型的人喜欢工作在技术领域，他们运用自己理解复杂系统的能力和发现错误、消除错误的能力，去分析问题、解决问题。

INTP 型的人能够轻易地看出产品、服务或系统是否适合整个公司、工厂或整套工艺。他们喜欢以创新的、更有效的方法去处理问题。

2. 保健或技术

- 神经病学家。
- 物理学家。
- 整形外科医生。
- 药剂师。
- 科学家（化学、生物）。
- 药品调查员。
- 生物工程学家。
- 兽医。

医药卫生和其他科技领域使 INTP 型的人杰出的推理能力和利用科技资料的能力得到运用，INTP 型的人对不断发展的神经病学、整形外科学、生物医学和配药学方面的研究都很感兴趣。因为这些学科使 INTP 型的人能够站在科学发展的最前沿进行创新，有时甚至还有一些冒险。物理、化学和生物学为 INTP 型的人提供了复杂的概念以及不断学习新知识和不断问“如果……”的机会。这些学科能够允许 INTP 型的人进行独立工作，特别是当它们涉及一些较强的研究工作的时候。同时，由于这些领域有难度、富于竞争性，所以吸引了许多有才华、有智慧的人，这对 INTP 型的人也是一个刺激和挑战。

3. 专门领域

- 律师。
- 经济学家。
- 心理学家、精神分析学家。
- 金融分析家。
- 建筑师。
- 侦探。
- 知识产权代理人。
- 法律调解人。
- 公司财务代理人。
- 精神病医生。

这些专业领域也为 INTP 型的人提供了许多分析并解决复杂问题的机会。通常，这些领域都是极富挑战性的，要求研究人员有清晰的逻辑思维能力，对付问题和挑战要有创新性的解决方法。对建筑师和心理学家来说，工作中心都是一个创造的过程。善于看清楚一个因素或一个条件在整个模型或系统中的地位和作用是 INTP 型的人的一个特别优势，同时也是调查研究者和金融分析家工作中的一个主要内容。从制定毫无纰漏的法律条文到预测经济发展的微妙走势，这些都为 INTP 型的人提供了感受兴奋和接受挑战的机会。

4. 学术领域

- 数学家。
- 考古学家。
- 历史学家。
- 哲学家。
- 大学里的高级教师。
- 学术研究者。
- 逻辑学家。
- 大学行政官员。
- 经济学家。
- 翻译。

学术领域充满刺激的世界是 INTP 型的人非常喜欢的，因为这个领域着重开发新事物，寻找新的解决问题的方法。INTP 型的人经常在大学教授这个职位上找到职业满足感。他们通常愿意给高年级学生讲授一些比较专深的课程。INTP 型的人喜欢做上面所列出的任何一门学科的调查研究工作，他们喜欢这种能够独自工作的机会，然后与同行们共享他们的成果与创新。INTP 型的人最喜欢在没有复杂规则限制、没有官僚政治的环境中工作，然而，这两点恰恰是大多数大学院校所不能避免的。

5. 创造性的职业

- 摄影师。
- 富有创造力的作家。
- 艺术家。
- 演员、舞蹈家。
- 音乐家。
- 代理人。
- 发明家。
- 信息图表设计者。

对 INTP 型的人来说，这些职业最吸引他们的地方是可以充分发挥想象力、完全自由地进行创造。INTP 型的人喜欢利用不同的手段和已往的经验与不同的人共同进行创造的过程。INTP 型的人通常喜欢一个人工作或者只与少量可能会给工作带来转变的人们一起工作。由于对自己的能力和表达自己兴趣的艺术实力的自信，INTP 型的人非常欣赏自己的作品。但是，他们并不为了追求满足感而必须完成作品。很多 INTP 型的人喜欢由富有创造力的人所组成的世界，因此他们喜欢做代理人。他们创造的新事物、新产品和新的服务方式给他们带来了类似于发明家一样的成功。

注意，这些职业只能给具有独一无二的、与生俱来的才能的 INTP 型的人带来职业满足感。

六、INTP 型的人的工作风格

1. 对组织的贡献

（1）能够设计有逻辑的复杂的系统，并且表现出解决复杂问题的专业才干。

（2）具有理智的洞察力和判断力。

（3）能够逻辑性地分析和思考问题。

（4）能够一针见血地看待问题的核心。

2. 领导风格

（1）领导过程中，强调逻辑的、系统的思考分析，注重现实性。

（2）更愿意面对思想观念、工作任务，而不是人际关系。

（3）为寻求自主性宁愿领导其他独立类型的人。

（4）根据才干而非地位将人联结在一起。

（5）寻求理智而非情感方面的相互关系。

3. 潜在缺陷

（1）太过抽象以致实施起来不现实。

（2）太过理智，其解释过分理论化。

（3）过分关注微小的不一致，而以团队工作的和谐为代价。

（4）将批评性分析思考转向于人，行动起来没有人情味。

七、INTP型的人适合的工作环境

(1) 需要有解决复杂问题的独立思考者。
(2) 允许隐私权。
(3) 培养独立性。
(4) 灵活、安静、和谐的工作氛围。
(5) 无结构。
(6) 奖励自主。

八、个人发展建议

现在你对自己的人格类型和动力已经有了一个比较清楚的了解，但这还不够。“如何通过这些信息使你在这份工作上取得更大的成功”，这是关键所在。

运用你的能力非常容易，你成功的秘诀在于：更加有条理、对聪颖不足的人要有耐心、设法增进自己的社交能力。

个人发展建议是我们咨询师多年测评职业咨询和职业生涯规划的心得体会和经验总结，我们意识到以下的建议中有很多是难以完全照办的，但只要你花时间认真思考，一定会对你有极大的帮助和改变。

发展建议：
(1) 需要关注实际的细节，发展坚定的实施能力。
(2) 需要花力气将事情说得更简单些。
(3) 需要对他人给予的信息表示欣赏。
(4) 需要更多地了解他人以及他人的职业。

ESTP（外向、感觉、思维和认知）

一、个性特征描述

ESTP型的人不会焦虑——他们是快乐的。ESTP型的人活跃、随遇而安、天真率直。他们乐于享受现在的一切而不是为将来计划什么。

ESTP型的人很现实，他们信任和依赖于自己对这个世界的感受。他们是好奇而热心的观察者。因为他们接受现存的一切，所以他们思维开阔，能够容忍自我和他人。ESTP型的人喜欢处理、分解与恢复原状的真实事物。

ESTP型的人喜欢行动而不是漫谈，当问题出现时，他们乐于去处理。他们是优秀的解决问题的人，这是因为他们能够掌握必要的事实情况，然后找到符合逻辑的明智的解决途径，而无须浪费大量的努力或精力。他们会成为适宜外交谈判的人，他们乐于尝试非传统的方法而且常常能够说服别人给他们一个妥协的机会。他们能够理解晦涩的原则，在符合逻辑的基础上，而不是基于他们对事物的感受之上做出决定。因此，他们讲求实效，在情况必须时非常强硬。

在大多数的社交场合中，ESTP 型的人很友善，富有魅力、轻松自如而受人欢迎。在任何有他们的场合中，他们总是爽直、多才多艺和有趣，总有没完没了的笑话和故事。他们善于通过缓和气氛以及使冲突的双方相互协调来化解紧张的局势。

可能存在的盲点

ESTP 型的人偏好得过且过的生活方式，对意料之外的危机采取一种应急的态度，这会导致他们周围环境的混乱。由于缺少计划，他们会错过许多机会。有时他们会一下子承担许多任务，然后便发现自己的负担过重，无法遵守诺言。ESTP 型的人必须超越眼前的状况和对物质世界的兴趣，努力寻找准时完成工作的途径。

当 ESTP 型的人力求诚实时，尤其是当他们从一种经历闯入另一种经历时，往往会忽视他人的情感，感觉变得很迟钝。有时他们的炫耀被视为很粗俗，而且会使他们尽力取悦之人产生敌对的态度。当 ESTP 型的人把他们的观察力更多地倾注于感受他们周围的人之时，他们会有更大的影响力。他们应该控制自己的莽撞、劲头和对享乐的偏好，使他人更容易接受，这样会使他们更有影响作用。

ESTP 型人的兴趣更多的在于迅速有效地解决问题，他们往往直接地投身于下一场危险，而对于目前计划中缺少兴奋的部分往往不能坚持完成。他们确实应该学会管理时间、运用长远规划的技能，从而有助于他们为责任做准备，并很好地完成。ESTP 型的人通过放慢培养自己行为标准的速度、考虑自己行为的后果，可以使自己更加行之有效。

二、功能运用

ESTP 型的人主导功能是感觉（关注细节），辅助功能是思维。他们倾向于：注意细节、重视实际、能记住琐碎细节、耐得住烦闷的工作、有耐性、细心有系统；合乎逻辑、善于分析、客观、公正、有逻辑系统的思考、具有判断能力、坚定。

ESTP 型的人比较少地使用他们的第三、第四功能——情感和直觉。即使在需要这些功能的场合，他们仍然无法有效使用。

1. 作为一个 ESTP 型的人

如果你过多地使用感觉功能，你可能会失去整体的观念、想不出各种可能解决的途径、无法应付太复杂的工作、不喜欢推测未来。

如果你过多地使用思考功能，你可能忽略他人感受、误解别人的价值观、不在意和谐的人、不露感情、悯情较少、不能说服他人。

2. 问题解决方式

主导功能：感觉。

辅助功能：思维。

第三功能：情感。

第四功能：直觉。

工作中选择符合你的主导功能和辅助功能的岗位是非常重要的。第三功能要经过发展锻炼才能合适运用，第四功能可能永远不会在你的职业生涯中起到关键作用，因此你应当避免那种要求长期使用它的工作。

三、ESTP 型的人在工作中的特点

1. 工作中的优势

(1) 敏锐的观察力，对实际信息的出色记忆力。

(2) 明白该做什么的能力，和现实地完成工作的必要条件。

(3) 在发动和促进项目时很愉快。

(4) 精力充沛，你喜欢在工作中充满活力。

(5) 随机应变的能力。

(6) 使工作有趣和兴奋的能力。

(7) 参加团队的乐趣。

(8) 实际、现实，具有观察力和丰富的常识。

(9) 逐步上升的方式，你在工作中创造的生动有趣的气氛。

(10) 适应力，愿意冒险和尝试新事物。

(11) 愿意接受不同和“跟随潮流”的能力。

2. 工作中的劣势

(1) 很难独自工作，尤其是长时间。

(2) 不喜欢事先准备，在组织时间上你有困难。

(3) 有对别人的感觉迟钝、麻木的倾向，或者对人们的感觉过于疏忽。

(4) 无法看到一时不存在的机会和选择。

(5) 缺乏耐心和（或）无法忍受行政细节和手续。

(6) 很难做决定和（或）优先考虑计划。

(7) 易冲动的倾向和易受诱惑或迷惑。

(8) 难以看到事情的长远影响。

(9) 不喜欢过多的规矩和条条框框的官僚作风。

(10) 抵抗制订长远目标，难以达到最后期限。

四、ESTP 型的人适合的岗位特质

作为 ESTP 型的人，职业满足意味着你做的这些工作，具有以下特质：

(1) 自然地与许多人接触和互相影响，每天提供不同和有趣的事。

(2) 运用敏锐的观察力、吸收和记忆事实的能力。

(3) 运用找寻解决问题的方法的能力，运用第一手经验，然后批判地分析这些解决方法，找出最佳方案。

(4) 充满活力、冒险和趣味，事情迅速地发生，被允许冒险和留意新的机会。

(5) 对计划外的情况做出反应，自由地处理，有技巧地磋商满意的解决方案。

(6) 在没有过多的规则和限制的环境中与其他现实而有趣的人一起工作，在完成任务后可以享受自由时光。

(7) 以我自己习惯和认为有必要的方式安排自己的工作，而不是依照别人的标准。

(8) 实际且有逻辑性，我可以运用自己的推理能力找到系统内逻辑上的矛盾和缺陷，并加以改正。

(9) 让我自己应付危机，以坚持的原则和适宜的态度工作。

(10) 涉及真正的人和事，而不是理论和方法，我的努力可以直接产生有形的产品或服务。

五、ESTP 型的人适合的职业类型

1. 销售、服务业

- 警察。
- 消防队员。
- 护理人员。
- 侦探。
- 领航员。
- 调查研究者。
- 管教罪犯的人员。
- 房地产经纪人。
- 急诊医师。
- 运动生理学家、运动医学家。
- 呼吸治疗专家。
- 空中服务员。
- 体育用品销售员。
- 调查保险诈骗人员。
- 私人侦探。

许多 ESTP 型的人发现国内服务部门的职业令人感到满意，因为这些职业具有高度的积极活动、多样性以及与来自不同背景的大量人员接触的机会。这些职业中的大多数要求对迅速变化的形势做出快捷的思考和反应，并在压力下能够保持冷静。ESTP 型的人天生具备好奇心和观察力，他们经常能成为出色的侦探和调查研究人员。

2. 金融

- 个人财务计划者。
- 审计员。
- 股票经纪人。
- 银行业者。
- 投资者。
- 保险推销员。
- 预算分析员。
- 保险代理人、经纪人（推销商）。

ESTP 型的人常常对金融界感兴趣，尤其是当它涉及快速变化的局势，包含着一定冒险之时。对于兴奋事物以及冒险的热爱意味着他们在股票市场中很善于下赌注或“玩”得很好。他们是注重实际和讲求实效的人，喜欢需要解决问题的职业，即使这意味着要使用非常规的途径。金融方面的大多数职业都要求与公众大量的接触，而 ESTP 型人友好和善、易于相处的性格有助于他们认识别人和获得新客户。

3. 娱乐业或体育运动

- 播送体育节目主持人。
- 新闻报道员。
- 承办人。
- 旅游代理人。
- 舞蹈演员。
- 酒吧间侍员。
- 拍卖商。
- 职业运动员、教练。
- 体能指导员、训练者。

这些“娱乐性”的职业提供了大量紧张活动的机会，对于 ESTP 型的人来说，这是他们职业满足感中的基本要素。ESTP 型的人为目前而生活，喜欢令他们活跃和有生气的工作。他们是天生的创导者，然而也热衷于完成冒险和令人激动的事情。许多 ESTP 型的人是体育爱好者，他们擅长以运动为中心内容，包括与别人竞争和训练别人的工作。他们喜欢尽可能多地在别人周围工作，而且他们也会成为具有魅力和说服力的酒吧间掌柜和拍卖商。

4. 技术或商贸

- 木匠。
- 工匠、手艺人。
- 农民。
- 总承包商。
- 建筑工人。
- 厨师长、厨师。
- 电气工程师。
- 电子专家。
- 集成网络专家（电信学）。
- 工业、机械工程师。
- 勘测员。
- 脑电图专家、技术员。
- 放射学专业人员。
- 飞机修理工。
- 海洋生物学家。
- 技术培训者课堂环境。
- 后勤和供给经营人制造业。
- 土木工程师（交通运输基础结构的修理）。

对于 ESTP 型的人来说，商贸的吸引力在于能与实际的事物打交道，以及以有效、经济、熟练的方式利用工具。通常他们有很好的对机械方面技巧的理解力，并能很好地运用自己的双手。只要周围有别人，ESTP 型的人就喜欢独自地工作。他们喜欢这些职业的具体和活跃的特性，其中包括有时在紧张的时间框架中工作的压力（如，农业和烹调）。

5. 商业

- 房地产经纪人。
- 中间商。
- 房地产投资开发者。
- 批发商。
- 零售商。
- 汽车销售商。
- 业务顾问（业务活动）。
- 特许经营者。

通常，许多 ESTP 型的人认为商业世界的限制太多，步伐过慢，很难使人满意。然而，这些职业在程序上更具灵活可变性、个人的自由和多样性，这些都吸引了 ESTP 型的人的兴趣。ESTP 型的人是出色的中间商，他们喜欢在开始一项新的商业计划或成为投资者中发现冒险性。因为他们很善于从他人身上体察微妙的暗示，所以他们能成为出色的销售商。他们喜欢谈判的过程和成为公平的仲裁人，也热衷于保险业或汽车销售中激烈竞争的特点，而且在具有为销售目标设有奖励和奖金的体制下，会做得很好。

六、ESTP 型的人的工作风格

1. 对组织的贡献

（1）为确保工作的进展，通常采取协商并寻求和解的做法。

（2）能够促成事件的发生，并保持整个过程的活力。

（3）关注现实信息，行事通常采取现实的方式，喜欢冒风险。

2. 领导风格

（1）能够受命于危机之中。

（2）在组织工作中，能够说服他人遵从自己的观点。

（3）具有直截了当，坚定果断的特点。

（4）采取最有利的途径行事。

（5）寻求行动和即时结果。

3. 潜在缺陷

（1）在迅速行动时对他人很生硬、率直和不敏感。

（2）过于依赖即兴发挥，而不注意其行动可能产生的影响。

（3）有时为突发问题而牺牲原有计划。

（4）沉溺于物欲。

七、ESTP 型的人适合的工作环境

（1）需要工作环境中存在注重第一手经验的、结果取向的人。

（2）不官僚。

（3）允许有娱乐时间。

（4）工作具有灵活性。

（5）技术导向。

（6）对当前需要做出反应。

八、个人发展建议

现在你对自己的人格类型和动力已经有了一个比较清楚的了解，但这还不够。“如何通过这些信息使你在这份工作上取得更大的成功”，这是关键所在。

运用你的能力非常容易，你成功的秘诀在于：学会三思而行、考虑别人的感觉、善始善终。

个人发展建议是我们咨询师多年测评职业咨询和职业生涯规划的心得体会和经验总结，我们意识到以下的建议中有很多是难以完全照办的，但只要你花时间认真思考，一定会对你有极大的帮助和改变：

发展建议：

（1）需要抑制其独断而忽视他人感情的方面。

（2）需要在迅速决定之前，事先计划，考虑细节，三思而行。

（3）需要发展持之以恒。

（4）需要注意物质享受以外的东西。

ESFP（外倾、感觉、情感和认知）

一、个性特征描述

ESFP 型的人乐意与人相处，有一种真正的生活热情。他们顽皮活泼，通过真诚和玩笑使别人感到事情更加有趣。

ESFP 型的人脾气随和、适应性强、热情友好和慷慨大方。他们擅长交际，常常是别人的“注意中心”。他们热情而乐于合作地去参加各种活动和节目，而且通常立刻能对付几种活动。

ESFP 型的人是现实的观察者，他们按照事物的本身去对待并接受它们。他们往往信任自己能够听到、闻到、触摸到和看到的事物，而不是依赖于理论上的解释。因为他们喜欢具体的事实，对于细节有很好的记忆力，所以他们能从亲身的经历中学到最好的东西。共同的感觉给予他们与人和物相处的实际能力。他们喜欢收集信息，从中观察可能自然出现的解决方法。

ESFP 型的人对于自我和他人都能容忍和接受，往往不会试图把自己的愿望强加于他人。ESFP 型的人通融和有同情心，通常许多人都真心地喜欢他们，他们能够让别人采纳他们的建议，所以他们很善于帮助冲突的各方重归于好。他们寻求他人的陪伴，是很好的交谈者。他们乐于帮助旁人，偏好以真实有形的方式给予协助。

ESFP 型的人天真率直，很有魅力和说服力。他们喜欢意料不到的事情，喜欢寻找给他人带来愉快和意外惊喜的方法。

可能存在的盲点

ESFP 型的人把经历和享受人生置于一个优先的位置，所以有时他们使自己其他的责任受到损害。而且因为他们很容易受诱惑，很难自我约束，所以他们经常性的社交会干扰他们并使他们陷于麻烦之中。ESFP 型的人往往容易分散对完成已经开始的任务的注意力，这使他们变得很懒散。优先考虑工作而不是活动，在工作与娱乐之间寻找一种平衡，这样他们会获得更具广阔前景和长远规划的生活观念，利用易被接受和具有成功性的组织方式和时间管理有利于他们克服天生的禀性。

积极活跃的生活使得他们十分忙碌，无法事先计划。这使他们对于如果能够注意到其来临的征兆则很容易对付的人生变化毫无准备。ESFP 型的人必须尝试预见今后可能发生的事情，制订一个万一情况不愉快时可供选择的计划。

ESFP 型的人往往做决定时没有考虑他们的行动是否符合逻辑。他们信赖自己的个人情感，习惯于排除更加客观的信息。ESFP 型的人对朋友的评价很高，往往只看到他们积极的一面。ESFP 型的人必须后退一步考虑他们行为的起因和结果，工作中应变得更加意志坚强。拒绝并不是像决定是否他们去做那样困难。

二、功能运用

1. 作为一个 ESFP 型的人

2. 问题解决方式

每个人都会用自己的方式进行决策，决策通常来自你的主导功能，并且完全忽视你的第四功能。你的功能运用如下：

主导功能：感觉。

辅助功能：思维。

第三功能：情感。

第四功能：直觉。

工作中选择符合你的主导功能和辅助功能的岗位是非常重要的。第三功能要经过发展锻炼才能合适运用，第四功能可能永远不会在你的职业生涯中起到关键作用，因此你应当避免那种要求长期使用它的工作。

三、ESFP 型的人在工作中的特点

1. 工作中的优势

（1）工作时精力充沛和充满乐趣。

（2）对迅速发生的改变和转变适应良好的能力。

（3）对别人的需要敏感和渴望以真正的方法帮助他们。

（4）喜欢自然，你是个有协作精神的团队成员。

（5）使工作有趣、让人兴奋的能力。

（6）实际且具有丰富的常识。

（7）忠实于你关心的人和组织。

(8) 上进心；在工作中，你创造了一个生机勃勃、充满乐趣的气氛。
(9) 柔韧性和愿意冒险，尝试新事物。
(10) 渴望合作，以真实准确的方式帮助他人。
(11) 清楚地评估目前的资源和情况，并且立刻看到应该做什么的能力。

2. 工作中的劣势

(1) 难以独自工作，尤其是持续的一段时间。
(2) 有以表面价值接受事物和错失进一步暗示的倾向。
(3) 不喜欢提前准备，在组织时间上有问题。
(4) 难以看到目前不存在的机会和选择。
(5) 将失败当做针对个人的批评和负面回应的倾向。
(6) 难以做出决定。
(7) 冲动和容易被诱惑或迷惑的倾向。
(8) 不喜欢过多的条条框框和官僚作风。
(9) 如果涉及个人感情，就难以做出有逻辑的决定。
(10) 抵制确立长期目标和难以达到最后期限的倾向。
(11) 难以律己或律人。

四、ESFP 型的人适合的岗位特质

(1) 让我在实际经验中学习，并由我用在权限内收集到的所有信息和使用常识寻求问题的解决之法。

(2) 让我亲自参加实际任务，与客户直接工作，在户外比室内行动好。

(3) 让我和许多人一起在有活力、友善、充满变化乐趣和自然的环境中工作。

(4) 要求技巧地处理人和矛盾，缓解紧张气氛，帮助团队更协作地工作的能力，以及激励别人的能力。

(5) 让我快速地操纵多样的项目和活动，尤其是那些用得上我的审美观和设计感的。

(6) 让我整个工作日与其他分享我的热情、精力和实际观点的易相处且友善的人一起互相影响。

(7) 让我开展有即时效应的计划，满足我周围人的要求。

(8) 在一个友善、放松、没有隐藏的政治议程的环境中工作。

(9) 奖励我的努力工作和好意图，让我觉得自己的贡献让人欣赏。

(10) 让我有乐趣享受每一天的景象，官僚作风、规矩或限制达到最低程度。

五、ESFP 型的人适合的职业类型

1. 教育及社会服务部门

- 教师（早期儿童教育及初级教育）。
- 儿童护理员。
- 家庭保健人员。

- 体育教练。
- 特殊教育老师。
- 酗酒、吸毒劝诫人员。
- 儿童福利顾问。
- 海洋生物学家。

ESFP 型的人在教育行业常获得职业满足。尤其当他们同小孩一起时，更是这样。初级及学龄前教育有时不太正规和固定化，这就为主动实践创造了机会。ESFP 型的人喜欢传授基本技能，乐于教孩子们如何相处，这对早期教育非常重要。他们喜欢初级学校的活动、能力水平、丰富的学科。ESFP 型的人生气勃勃，本身具备熟练的活动技能，因此，他们喜欢体育和体育教练。ESFP 型的人喜欢体育活动、集体活动、积极的户外活动，他们富于热情、勇气，是称职的教练和教师。

2. 健康护理

- 应急家庭护士。
- 社会福利工作人员。
- 驯犬员。
- 医务助理。
- 牙科专家或牙科助理。
- 领照实习护士。
- 运动专家。
- 最初保健护理医生。
- 家庭保健服务人员。
- 按摩专家。
- 饮食专家或营养学家。
- 紧急医务工作人员。
- 运动生理学家。
- 药剂师。
- 放射专家。
- 呼吸系统专家。
- 营养专家。
- 职业疗法医师。

保健护理和社会福利工作为 ESFP 型的人提供了帮助别人的机会。那些职业要求学会然后重复使用技能。大多数 ESFP 型的人喜欢同别人直接接触和快节奏的生活。紧急家用护士要能对经历危险而受到惊吓的人做出快速反应而且必须有让对象平静的本领。许多 ESFP 型的人喜欢动物，也乐于从事对动物的护理和训练的工作。社会工作领域能让 ESFP 型的人同许多不同的人接触和共事，有助于他们发现和确定可利用的资源。他们轻易地建立关系，从帮助别人过得更舒心的过程中得到满足。

3. 娱乐业

- 旅行代办人或旅游组织人员。
- 摄像师。

- 电影制片人。
- 音乐家。
- 承办人员。
- 特殊事件统筹人员。
- 表演艺术人员、舞蹈演员、喜剧演员。

ESFP型的人喜欢同朋友正式和随意地娱乐。他们通常对美有很强的感受，对新鲜和优美的事物有敏锐的洞察力。一些ESFP型的人喜欢表现自己的技艺，另一些则喜欢娱乐时同别人在一起，ESFP型的人喜欢旅游，同时，由于他们善于倾听游客的不同要求然后找出最佳方案，他们也是好的旅行代办人。他们能适应立刻对付不同事件或同一事情的不同部分，经常在统筹特殊事件时获得满足感。

4. 商业或推销业

- 零售商或零售策划人员。
- 公共关系专家。
- 资金筹措者。
- 劳资关系调查人员。
- 接待员。
- 商业计划人员。
- 多样化管理者（人力资源）。
- 小组协同培训人员。
- 旅行推销人员。
- 保险代办人、经纪人（健康或人寿）。
- 房地产经纪人。
- 体育设备推销或买卖人员。
- 零售推销员。
- 家用保健用品推销员。

ESFP型的人一般不喜欢商业事务，尤其是公司事务，但如果那些工作能提供同别人交往的机会或不受严格的条框束缚，也可引起ESFP型的人的兴趣。他们喜欢房地产推销是因为可在办公室外度过大多数时间，而且可以直接同各种各样的人交往，展示各种各样的居室。他们常喜欢搞公关、筹集资金、调停，从中可以运用他们天生的劝解能力。那些工作能让他们使用他们的人际交往技巧及运用收集信息的能力。许多ESFP型的人被零售业吸引，尤其是他们能发挥对时尚的洞察力的时候。

5. 服务业

- 飞机服务员。
- 秘书、接待员。
- 侍者。
- 旅店老板。
- 花卉设计员。
- 警察、劳改人员（尤其是劳动培训、改造人员和咨询人员）。

服务业吸引ESFP型的人是因为要求使用熟练的人际交往技巧和能力。ESFP型的人热情友好，有使别人放松的能力。他们喜欢饭店和俱乐部的气氛，以及爱交往和慷慨的老板，他们当场适应的特点让他们走到哪都很快乐，据说，聚会常围着 ESFP 型的人转。

六、ESFP 型的人的工作风格

1. 对组织的贡献

（1）带来热情与合作。

（2）为他人呈现组织的光明前景。

（3）提供行动和令人兴奋的事。

（4）联结人和资源。

（5）从容自如地接受他人并与之打交道。

2. 领导风格

（1）通过激发良好的愿望和团队精神进行领导。

（2）良好地处理危机。

（3）善于有效地缓解组织中的紧张和冲突。

（4）关注即时的问题。

（5）善于促进人际间的有效相互作用。

3. 潜在缺陷

（1）可能过分强调主观资料，而在投入之前并没有仔细考虑。

（2）可能花费太多的时间于人际交往而忽略工作任务。

（3）有些虎头蛇尾。

七、ESFP 型的人适合的工作环境

（1）关注目前现实、精力旺盛并易于相处的同事。

（2）生动活泼。

（3）行动导向。

（4）有适应能力的人。

（5）和谐。

（6）人员密集的、有吸引力。

八、个人发展建议

现在你对自己的人格类型和动力已经有了一个比较清楚的了解，但这还不够。“如何通过这些信息使你在这份工作上取得更大的成功”，这是关键所在。

运用你的能力非常容易。你成功的秘诀在于：学会考虑将来的暗示，不要太个人化地看待事情，信守承诺。

个人发展建议是我们咨询师多年测评职业咨询和职业生涯规划的心得体会和经验总结，我们意识到以下的建议中有很多是难以完全照办的，但只要你花时间认真思考，一定会对你有极大的帮助和改变。

发展建议：

（1）在决定时需要照顾逻辑关系。

（2）在管理项目之前需要事先计划。

（3）需要平衡工作努力和社交活动。

（4）需要在时间管理上下功夫。

ENFP（外倾、直觉、情感和认知）

一、个性特征描述

ENFP型的人充满热情和新思想。他们乐观、自然、富有创造性和自信，具有独创性的思想和对可能性的强烈感受。对于ENFP型的人来说，生活是激动人生的戏剧。

因为ENFP型的人对可能性很感兴趣，所以他们了解所有事物中的深远意义，喜欢许多可供选择的事物的存在。他们具有洞察力，是热情的观察者，注意常规以外的任何事物。ENFP型的人好奇，他们更喜欢理解而不是判断。

ENFP型的人具有想象力、适应性和可变性，他们视灵感高于一切，常常是足智多谋的发明人。有时他们不墨守成规，善于发觉做事情的新方法。ENFP型的人为思想或行为开辟新道路，并保持它们的开放。

在完成新颖的想法的过程中，ENFP型的人依赖冲动的能量。他们有大量的主动性，认为问题令人兴奋。他们也从所处的周围其他人中得到能量的输入，能够把自己的才能与别人的力量成功地结合在一起。

ENFP型的人具有魅力、充满生机。他们待人热情、彬彬有礼、富有同情心，愿意帮助别人解决问题。他们具有出色的洞察力和观察力，常常关心他人的发展。ENFP型的人避免冲突、喜欢和睦。他们把更多的精力倾注于维持个人关系而不是客观事物上，喜欢保持一种广泛的人际关系。

可能存在的盲点

由于他们觉得产生想法很容易，所以ENFP型的人每次把精力集中于仅仅一件事上很困难，在做决定时很麻烦。他们了解许多可能性，以致他们很难挑选最好的活动或兴趣去追求。有时他们会做出拙劣的决定，立刻卷入过多的事务之中。仔细地选择把精力集中在哪儿有助于ENFP型的人避免浪费时间和相当的才能。

对于一个ENFP型的人来说，一个计划中有意思的部分是最初问题的解决和引出一些新内容。他们乐于在一个问题最重要和富有挑战性的部分施展自己的灵感。这一阶段过后，他们常常会失去兴趣，缺乏完成已经开始的工作所必要的自我约束。他们很可能会开始许多计划，但完成的却寥寥无几，当ENFP型的人坚持完成单调却又必要的计划时，直到完成前，他们必须付出更多的努力。经常在纸上写出重要的事情或下面的步骤有助于防止他们偏离主题。

通常ENFP型的人不是特别安排有序，他们会得益于学习和运用时间的管理个人组织能力。与更现实和实际的人配合工作，ENFP型的人能做得很好，作为ENFP型的人不喜欢单独工作，尤其是要持续一段时间，所以与别人配合对他们很适合，即使是处于计划中缺乏兴趣的阶段，他们觉得与另外一个人一起工作也比单独工作合意得多。

ENFP 型的人对于细节不是很感兴趣。由于他们对于运用自己的灵感和产生有独创性的事物深感兴奋，所以他们厌烦为了完成一项特别的活动去搜集自己所需要的材料。有时他们仅仅是当场即兴创作，而事先没有计划和准备。因为他们觉得收集材料单调枯燥，所以他们冒着永远超不出“闪亮的思维”阶段，或者一旦开始，永不结束的危险。一直不变的是，他们宁愿推迟处理麻烦的细节，而转移到创新的或不寻常的其他事情上。当他们有意识地参加周围的社会交往，收集一些使他们的创新可以实际运用的、更加现实的想法时，ENFP 型的人会更加卓有成效。

二、功能运用

ENFP 型的人的主导功能是直觉（喜欢推论），辅助功能是情感。他们倾向于：对事情能面面观之、以整体概念看事、富有想象力、尝试新鲜构想、喜欢复杂的工作、喜欢解决新奇的问题；体谅他人感受、了解他人的需要、喜欢和谐的人际关系、易表露情感、喜欢去说服他人。

ENFP 型的人比较少地使用他们的第三、第四功能——感觉和情感。即使在需要这些功能的场合，他们仍然无法有效使用。

1. 作为一个 ENFP 型的人

如果你过多地使用直觉功能，你可能会忽视细节和当前的实际，或在信息并不足够的情况下，过快地进行决策。

如果你过多地关注情感，你可能会表现得不合乎逻辑、不够客观、没有组织系统的思考、不具批判精神地全盘接受、感情用事。

2. 问题解决方式

每个人都会用自己的方式进行决策，决策通常来自你的主导功能，并且完全忽视你的第四功能。你的功能运用如下：

主导功能：直觉。

辅助功能：情感。

第三功能：思考。

第四功能：感觉。

工作中选择符合你的主导功能和辅助功能的岗位是非常重要的。第三功能要经过发展锻炼才能合适运用，第四功能可能永远不会在你的职业生涯中起到关键作用，因此你应当避免那种要求长期使用它的工作。

三、ENFP 型的人在工作中的特点

1. 工作中的优势

（1）你希望打破常规思考，考虑事情发展可能出现的新情况。

（2）敢于冒险、敢于尝试新事物、能克服障碍。

（3）兴趣广泛，对自己感兴趣的东西接受能力强。

（4）对收集自己所需信息有一种天生的求知欲和技能。

(5) 能通观全局，能看出行为和思想之间的潜在含义。

(6) 交际能力强，能激发别人的热情。

(7) 适应能力强，能迅速改变自己的行事速度及目标。

(8) 能洞察别人，能理解他们的需要和动机。

2. 工作中的劣势

(1) 不善于把握事物的轻重，难以决定优先处理哪些事。

(2) 对缺乏独创性的人没有耐心。

(3) 不愿以传统或常规的方式行事。

(4) 易于烦躁或不耐烦，尤其是当工作中的创造性过程结束后。

(5) 讨厌做重复性任务。

(6) 不能容忍与过于严谨的机构或个人工作。

(7) 倾向于关注可能发生的事情，而非实际的或极可能发生的事情。

(8) 你有变得毫无组织的倾向。

四、ENFP 型的人适合的岗位特质

(1) 能让我有机会帮助各种各样的人解决互不相同的问题，而同时我自己也能从中受到灵感的启发。

(2) 允许我创造新奇的观点、产品、服务以及解决问题的方法来帮助别人，并能看到我的计划变成现实。

(3) 这份工作要集趣味性、挑战性、多样性于一体。

(4) 工作中尽可能少地要求我处理培训后续工作、日常琐事，也不要要求我维护一个系统或工程。

(5) 允许我以自己的进度或日程安排我的工作，工作中没有太多规章制度，而应该有自主行动的自由。

(6) 能让我有机会遇到一些新的面孔、学习一些新的技能以不断满足自己的求知欲。

(7) 我的工作必须与我的个人信仰和价值观相一致，并能让我创造对别人有利的机会。

(8) 我工作的环境必须友好、轻松，人们幽默、亲切，且彼此之间没有人际冲突。

(9) 能让我自由发挥我的灵感，并参加一些刺激、有趣的冒险。

(10) 在工作中，我的热情、创造力，以及想象力能得到赏识和回报。

五、ENFP 型的人适合的职业类型

1. 创造性职业

- 记者。
- 编剧或剧作家。
- 专栏作家。
- 性格演员。
- 音乐家或作曲家。

- 新闻广播员。
- 室内装潢人。
- 卡通制作人。
- 艺术家。
- 报道人或编辑。
- 杂志报道人或编辑。
- 信息图片设计师。

这些创造性职业的明显吸引力在于其中有机会不断发展新颖而有创见的方法。ENFP 型的人喜爱创造过程，尤其是它提供了合作及被与他人合作激发自身灵感的机会。工作环境越没有压力越灵活，ENFP 型的人就越喜欢。他们可以独立地把工作做好，但需要经常自发地与他人接触，以保持他们不断地产生创造力，并使他们愉快地工作。

2. 营销或计划

- 公关专家。
- 营销顾问。
- 广告业务经理。
- 广告撰稿人或公共写作人。
- 广告创意指导。
- 战略策划人。
- 报刊宣传员。
- 调研助理。
- 编辑或艺术指导（杂志）。

ENFP 型的人通常是出色的思维广阔的思想家，他们能很容易地看出一个想法、计划或服务对于他人的效果。他们在计划中会考虑别人的需要和关注点，而且经常能想出创新的及富有人情的解决办法，他们喜欢创造性地解决问题，尤其当他们作为一个活泼而精力旺盛的群体的一部分时。ENFP 型的人往往聪明有趣，他们为刊登或播送而撰写广告的时候感到很满意。广告的迅速和不断变化是很有吸引力的。而且作为公关经理，他们能成为机构的出色发言人。

3. 教育或咨询

- 特殊教育老师。
- 双语种教育老师。
- 早期儿童教育老师。
- 艺术戏剧、音乐及英语老师。
- 儿童福利顾问。
- 酒精、毒品禁戒顾问。
- 社会工作者（老年人及儿童日常照顾问题）。
- 发展指导人员。
- 职业顾问。
- 住宅安居指挥人员。
- 民意调查员。

- 主教顾问。
- 康复中心工作人员。
- 社会学家。
- 心理学家。

许多 ENFP 型的人发现对于他人有积极影响力的工作在本质上是令人满意的。他们能成为富于同情心与支持鼓励他人的心理学家，能成为有创造力而热诚的职业顾问，能帮助他们的客户发现新颖而有创见的解决问题的方法。他们关注事物的可能性，尤其是对于别人的可能性，而且他们充满感染力和旺盛精力的风格激励他们的客户试着在生活中进行积极的改变。他们乐于帮助别人发展个人的精神世界，并经常被牧师这类形式的职业所吸引。作为民意调查员，他们是促进机构转变的高效而富于创新的中介人物，作为向导来帮助个人获得可利用的资源。

4. 健康护理或社会服务

- 营养学家。
- 语言病理学家或听觉学家。
- 全面健康医生。
- 按摩治疗专家。
- 雇员辅助计划顾问。
- 理疗专家。
- 法律调停人。

这些健康护理及社会服务领域的工作对于 ENFP 型的人通常是有吸引力的，部分是因为它们能给予人帮助的性质及具有运用创造性方法的机会。而且也因为它们是使人们保持独立和灵活的同时进行自我管理的职业。从事这些职业的 ENFP 型的人感到非常满意，因为他们能在严格的传统框架之外工作（比如拥有各种不同客户的顾问）。

5. 企业家或商业服务

- 顾问。
- 发明家。
- 无形商品或点子的销售员。
- 人力资源经理。
- 人力资源发展训练人。
- 会议安排人。
- 雇佣发展专家。
- 饭店老板。
- 管理顾问（转变管理体制或合作组构建或管理多样化）。
- 公司或小组培训人。
- 人力资源多样化管理人。
- 广告业务管理人或经理。
- 公关专家。
- 营销主管（广播或电视或有线转播业）。
- 调职顾问。

• 环境法律师。

ENFP 型的人是天生的企业家！他们喜欢给自己干活，因为这给予他们自由和灵活，也让他们有机会选择想做的工作及想合作的人。他们通常有丰富的想法并想付诸实践，尤其是那些将影响其他人的想法。许多 ENFP 型的人喜欢在建立合作组、解决冲突或提高工作效率等方面做顾问。

传统的商业世界通常对于 ENFP 型的人没有吸引力，因为他们不喜欢过多的规则、规定或标准操作程序。然而，在传统的机构中，ENFP 型的人群集中于人力资源部做培训员及顾问。他们发现诸如雇员、发展顾问这样的职业可以运用他们事先谋划并提出有利于人们完成工作的创造性方法的能力，同时还能不忘机构的目标。

记住，上述只是可以为具有独特天分的 ENFP 型的人提供满足感的一部分职业领域。

六、ENFP 型的人的工作风格

1. 对组织的贡献

（1）能够看到新的可能性和新的途径。

（2）关注于可能性，尤其是在人的方面。

（3）通过具有强烈感染力的热情为他人打气和鼓劲。

（4）能够引发新的规划和行动。

（5）欣赏他人。

2. 领导风格

（1）用想象力和创新精神进行领导。

（2）喜欢积极参与工作任务的初始阶段。

（3）对于他人的愿望和要求有出色的洞察力。

（4）致力于包容和支持他人。

（5）关注激励人的东西。

3. 潜在缺陷

（1）在一个项目尚未完成的情况下就转向了新的计划或想法。

（2）忽视有关的细节。

（3）过分扩张，尝试太多的事情。

（4）拖拉。

七、ENFP 型的人适合的工作环境

（1）富有想象力、关注可能性的同事。

（2）富于色彩。

（3）参与气氛。

（4）提供变化和挑战。

（5）观念导向。

（6）不受限制。

八、个人发展建议

现在你对自己的人格类型和动力已经有了一个比较清楚的了解，但这还不够。“如何通过这些信息使你在这份工作上取得更大的成功”，这是关键所在。

运用你的能力非常容易，你成功的秘诀在于：把握事情轻重，优先处理重要事宜；集中精力于某一目标；对自己接手的事坚持到底。

个人发展建议是我们咨询师多年测评职业咨询和职业生涯规划的心得体会和经验总结，我们意识到以下的建议中有很多是难以完全照办的，但只要你花时间认真思考，一定会对你有极大的帮助和改变。

发展建议：

(1) 需要设立优先级，考虑轻重缓急，发展持之以恒。

(2) 需要关注重要的细节。

(3) 需要学会审查计划或规划，而不是尝试去做所有看起来有吸引力的事情。

(4) 需要学会并运用时间管理技能。

ENTP（外倾、直觉、思维和认知）

一、个性特征描述

ENTP 型的人喜欢兴奋与挑战。他们热情开放、足智多谋、健谈而聪明，善于许多事情，不断追求增加能力和个人权力。

ENTP 型的人天生富有想象力，他们深深地喜欢新思想，留心一切可能性。他们有很强的首创精神，善于运用创造冲动。ENTP 型的人视灵感高于其他的一切，力求使他们的新颖想法转变为现实，他们好奇、多才多艺、适应性强，在解决挑战性和理论性问题时善于随机应变。

ENTP 型的人灵活而率直，能够轻易地看出任何情况中的缺点，乐于出于兴趣争论问题的某方面。他们有极好的分析能力，是出色的策略谋划者。他们几乎一直能够为他们所希望的事情找出符合逻辑的推理。

大多数的 ENTP 型的人喜欢审视周围的环境，认为多数的规则和章程如果不被打破，便意味着屈从。有时他们的态度不从习俗，乐于帮助别人超出可被接受和被期望的事情。他们喜欢自在地生活，在每天的生活中寻找快乐和变化。

ENTP 型的人富有想象力地处理社会关系，常常有许多朋友和熟人。他们表现得很乐观，具有幽默感。ENTP 型的人吸引和鼓励同伴，通过他们富有感染力的热情鼓舞别人加入他们的行动中。他们喜欢努力理解和回应他人，而不是判断他人。

可能存在的盲点

因为 ENTP 型的人视创造力和革新高于其他的一切，所以有时会忽视按照普遍的方式完成简单的事情，因为它是没有创造性的。对于常规和可预见的事物的强烈厌恶，使得他们很难注意到必要的细节。在他们热情地着手新鲜事物时，有时会忽视必要的准备，一头扎进去得太快。而且一旦解决了主要问题，他们常常会去做一个兴奋人心的冒险，而不是圆满地坚持到看见原先的计划顺利通过。他们应该逐渐地少做出对各种计划的许诺，以便更多地完成自己已经开始的工作。

ENTP 型的人常常说话很快，其他方面全都如此，他们不允许别人发挥作用。他们诚实、公正，但是在准备好的对别人的批评中，却很生硬与不得体。ENTP 型的人必须把别人的想法看做是正确和重要的，即使他们不具有这种想法。ENTP 型的人在迷人、有趣、使人愉快的同时，也会显得虚假。ENTP 型的人必须抵抗想仅仅适应和表现的欲望，而应分享真实的情感。

ENIP 型的人不愿承诺一件事情是由于他们害怕错过更吸引人的其他机会造成的。他们那种对于新的很有前景的事情保持开放并做出回应的愿望令人感到他们不可信赖，对待别人的计划很轻率。全面地考虑他们的行为对于别人的影响会有助于 ENTP 型的人显得更加可靠。

ENTP 型的人天生的敏捷，以及对于即将发生的事的预见能力意味着他们偶然会错误地假设他们知道人们将要说的话，而且可能会一下子就得出意见。花些时间更仔细地注意在他们周围的世界真正将要发生的事情、仔细地聆听他人的信息和反应会帮助他们避免显得傲慢与无礼。

二、功能运用

ENTP 型的人主导功能是直觉（喜欢推论），辅助功能是思考。他们倾向于：探求隐含的原因、可能性或事物的整体；对事实和经验进行逻辑的分析，并做出结论。

ENTP 型的人比较少地使用他们的第三、第四功能——感觉和情感。即使在需要这些功能的场合，他们仍然无法有效使用。

1. 作为一个 ENTP 型的人

如果你过多地关注直觉，你可能错过事物的相关事实、细节或以前的经验。

如果你只使用思考进行判断的话，你可能在需要的时间忘记去称赞他人或忽视你的决策对其他人的影响。

2. 问题解决方式

每个人都会用自己的方式进行决策，决策通常来自你的主导功能，并且完全忽视你的第四功能。你的功能运用如下：

主导功能：直觉。

辅助功能：思考。

第三功能：感觉。

第四功能：情感。

工作中选择符合你的主导功能和辅助功能的岗位是非常重要的。第三功能要经过发展锻炼才能合适运用，第四功能可能永远不会在你的职业生涯中起到关键作用，因此你应当避免那种要求长期使用它的工作。

三、ENTP 型的人在工作中的特点

1. 工作中的优势

(1) 出色的交际才能、能使别人对自己的观点感到兴奋。

（2）急切地“想知道盒子外边的世界”，能想出一些新的可能性。

（3）杰出的创造性解决问题的能力。

（4）探险精神、创新意识以及克服困难的勇气。

（5）兴趣爱好广泛，易于接受新事物。

（6）有“走自己的路，让别人去说吧”的乐观主义激情。

（7）学习新知识的信心和动力都很强大。

（8）天生的好奇心理，快速地搜索所需信息的技能。

（9）能够把握事情的全局，弄清思想和行为的长远影响。

（10）同时处理多个问题的能力。

（11）对别人的需要和意图的知觉。

（12）能灵活地适应新情况，有熟练的变换能力。

（13）在社交生活中不会感到拘谨，能舒适地适应大多数社交场合。

2. 工作中的劣势

（1）难以使自己有条不紊和富于条理。

（2）在区分出应该优先对待的事物以及做出决定方面有一定的困难。

（3）过于自信，可能会不恰当地运用自己的能力和社会经历。

（4）倾向于用“是不是有可能”来看待问题，而不是以可能性、可行性的大小来衡量事物。

（5）很可能不切实际地许诺。

（6）对思维狭窄及思想顽固的人缺乏耐心。

（7）问题一旦解决，兴趣便不复存在。

（8）不喜欢按传统的、公式化的以及例行的方式来办事。

（9）对待细节和后续工作可能缺乏耐心，对自己要求不严格。

（10）对事物很容易感到厌烦，并且可能在不恰当的时候把注意力转移到别的事情上去。

（11）不喜欢重复地做相同的工作任务。

（12）对自己不信任的人耐心不够。

四、ENTP 型的人适合的岗位特质

（1）工作能够充分发挥你的创造性和开拓性，并能得到承认和鼓励。

（2）在快速成长、变化的环境中工作，从事挑战性较大的任务。

（3）有一定的弹性，较为灵活，能够自由的、不受各种死板制度限制地工作。

（4）工作能让你体验到乐趣、活跃和兴奋，不要做重复的、烦琐的、简单的细节工作。

（5）能够让你结识不同的人，与有能力的人或自己尊重的人交往，并开展有意义的合作。

（6）工作能够不断提高自己的能力。

（7）允许你设计或者发起一项计划，但不要深陷乏味的细节。

五、ENTP 型的人适合的职业类型

（1）你非常喜欢那些能够创新、灵活和富于变化的工作，可以与很多人打交道，有一定的冒险性。

例如：管理顾问、培训师、职业顾问、摄影师、记者、城市规划、证券分析、经销人/代理人、风险资本家、企业家、发明家等。

（2）那些可以通过有趣和创新的途径来发展自己想法和观点的领域，那些快节奏、变化丰富的领域会满足你极大的好奇心和启发你积极的想象力。

例如：编辑、广告创意人、公关人员、营销、主持人、制片人、贸易行销人员、作家、信息服务人员等。

（3）你具有开放的眼光，对问题有自己独到的见解，善于预测事态的发展趋势，所以一些规划和开发的工作非常适合你。

例如：战略策划人员、项目开发者、房地产代理/开发、城市规划、投资/财政计划人员等。

（4）那些在高度紧张、激烈的重要场合能够充分发挥、运用你的思想知识，快速发现事情的关键所在的工作也是你需要考虑的范围。

例如：刑侦人员、社会科学者、政治分析者、行政管理人员、教育心理学者等。

六、ENTP 型的人的工作风格

1. 对组织的贡献

（1）喜欢兴奋与挑战，热情开放、足智多谋，健谈而聪明，擅于许多事情，不断追求增加能力和个人权力。

（2）天生富有想象力，他们深深地喜欢新思想，留心一切可能性。他们有很强的首创精神，擅于运用创造冲动。

（3）视灵感高于其他一切，力求使他们的新颖想法转变为现实；他们好奇、多才多艺、适应性强；在解决挑战性和理论性问题时善于随机应变。

（4）有极好的分析能力，是出色的策略谋划者。他们几乎一直能够为他们所希望的事情找出符合逻辑的推理。

2. 领导风格

3. 潜在缺陷

（1）对于常规和可预见的事物的强烈厌恶，使得他们很难注意到必要的细节。

（2）在热情地着手新鲜事物时，有时会忽视必要的准备，一头扎进去得太快。

（3）应该逐渐少地做出对各种计划的许诺，以便更多地完成自己已经开始的工作。

七、ENTP 型的人适合的工作环境

（1）对组织的社会性要求非常高。

（2）喜欢那些经常有外出机会，果断和行动导向的企业文化。

（3）希望每天能与许多人接触，愿意积极的建立起广泛的社会关系网，建立起新的商业机会。

（4）发现或创造新的市场机会的工作环境。

八、个人发展建议

（1）需要关注现在和事实。

（2）需要承认和确认别人的投入和做出的努力。

（3）加强工作的计划性与条理性，完善时间管理，提高工作效率。

（4）需要喜欢在系统中为项目工作和遵守规则。

（5）目前不要考虑在压力大的环境中工作。

（6）适合的时候，主动承担一些工作对你的发展更有利。

（7）尽量思考成熟后再采取行动，碰到困难时，需要坚持。

ESTJ（外倾、感觉、思维和判断）

一、个性特征描述

ESTJ型的人很善于完成任务；他们喜欢操纵局势和促使事情发生；他们具有责任感、勤勤恳恳，信守他们的承诺；他们喜欢条理性并且能记住和组织安排许多细节。他们及时和尽可能高效率地、系统地达到目标。

ESTJ型的人被迫做决定。他们常常以自己过去的经历为基础得出结论。他们很客观，有条理性和分析能力以及很强的推理能力。事实上，除了符合逻辑外，其他没有什么可以使他们信服。

同时，ESTJ型的人又很现实、有头脑、讲求实际。他们更感兴趣的是“真实的事物”，而不是诸如抽象的想法和理论等无形的东西，他们往往对那些认为没有实用价值的东西不感兴趣。他们知道自己周围将要发生的事情，而首要关心的则是目前。

因为ESTJ型的人依照一套固定的规则生活，所以他们坚持不懈和值得依赖。他们往往很传统，有兴趣维护现存的制度。虽然对于他们来说，感情生活和社会活动并不像生活的其他方面那样重要，但是对于亲情关系，他们却固守不变。他们不但能很轻松地判断别人，而且还是条理分明的纪律执行者。

ESTJ型的人直爽坦率、友善合群，通常他们会很容易地了解事物，这是因为“你看到的便是你得到的”。

可能存在的盲点

因为ESTJ型的人对自己和别人都采取一种严格的道德规范，所以当他们把自己的行为标准强加在别人身上时，则会被认为很独裁。他们应该努力变得更灵活和思想开阔一些，这样会避免过于粗鲁。

作为公正和有条理的分析家，ESTJ型的人不会出于自然地考虑他们的决定对别人的影响。他们被视为冷酷而漠然，因而他们应该常常更多地关心自我的情感，对别人的思想和感受也应给予更多的尊重。

ESTJ 型的人天生就挑剔，所以常常不会对周围那些人的特性或贡献表示出欣赏。就此而言，他们必须努力做到更多地关注他人的才能和努力，并给予祝贺和赞扬。

有时 ESTJ 型的人对于自己的计划显得很急切，以致无法停下来倾听别人很有必要的谈话，他们不会很自然地询问“假如，则……”，所以他们常常会漏掉有可能性的价值、含义、联系和形式。防止思维封闭的简单方法是在说话之前等待几分钟，给别人一个提供信息的机会。

ESTJ 型的人常常在没有收集到所有必要的信息之前，或是没有花费时间充分了解情况之前便匆匆地下结论。因此他们必须学会有意识地放慢做出决定的速度；直到他们已经考虑了更多的信息，尤其是一些他们可能忽略的其他方面。

那些已经学会放弃一些他们所追求的控制权的 ESTJ 型的人，以及那些学会看清生命中存在“灰色区”（而不只是黑白分明地看待事物）的 ESTJ 型的人更有适应能力，更容易成功。

二、功能运用

ESTJ 型的人主导功能是思考（喜欢事实），辅助功能是感觉。他们倾向于：对事实和经验做出符合逻辑的结论；注意细节、重视实际、能记住琐碎细节、耐得住烦闷的工作、有耐性、细心有系统。

ESTJ 型的人比较少地使用他们的第三、第四功能——直觉和情感。即使在需要这些功能的场合，他们仍然无法有效使用。

1. 作为一个 ESTJ 型的人

如果你过多地使用思考功能，你可能在需要的时间忘记去称赞他人，或忽视你的决策对其他人的影响。

如果你过多地使用思考功能，你可能失去整体的概念、想不出各种可能解决的途径、不信直觉、不求创新、无法应付太复杂的工作、不喜欢预测未来。

2. 问题解决方式

主导功能：思维。

辅助功能：感觉。

第三功能：直觉。

第四功能：情感。

选择符合你的主导功能和辅助功能的岗位是非常重要的。第三功能要经过发展锻炼才能合适运用，第四功能可能永远不会在你的职业生涯中起到关键作用，因此你应当避免那种要求长期使用它的工作。

三、ESTJ 型的人在工作中的特点

1. 工作中的优势

（1）注重实践，关心结果。

（2）能强有力地承担自己的义务；必要的时候能够快刀斩乱麻、意志坚定。

（3）能够自始至终地关注着公司（或组织）的目标。

（4）办事精确、很少出差错，有要把工作做好的强烈愿望。

（5）有很好地遵循已经建立起的工作安排和工作程序的习惯。

（6）能够敏感地觉察出不合逻辑、不连贯、不现实以及不称职的人或事。

（7）很好的组织能力，能很客观地做出决定。

（8）相信传统模式的可取之处，并能够遵循传统模式。

（9）很强的责任心，别人可以信任你去实现自己的诺言。

（10）清楚明白的工作伦理，对效率和成果的追求。

（11）通情达理，正视现实。

2. 工作中的劣势

（1）对不遵循工作程序和忽略重要细节的人有点不耐烦。

（2）不愿意尝试、接受新的和未经考验的观点和想法。

（3）对变动感到不安，排斥革新。

（4）对低效率的或需花很多时间才能完成的程序或工作缺乏耐心。

（5）只考虑眼前需要而不顾长远利益。

（6）有为了实现自己的利益而无视别人的需要的趋向。

（7）难以看到将来的可能性。

（8）对于方针或决定将会对别人造成什么样的影响缺乏敏感。

（9）不喜欢听相反的意见，可能频繁地打断别人的发言。

四、ESTJ 型的人适合的岗位特质

（1）让我系统地工作、组织和整理事实、原则或人事档案；为了一个合乎逻辑的目标而有效地利用时间和资源。

（2）在处理具体的、直接的、有明确属性的任务时能运用我高超的办事技能和强大的推理能力。

（3）是通过公平、合理、清晰和客观的标准来衡量和评估的。

（4）在一个友好的气氛中和其他刻苦认真的人们一起工作，而且他们不把个人问题带到工作中来，也不盘问我工作的个人感受。

（5）有着现实、有形的属性；有实在的应用价值和明确的运行结果。

（6）要有明确的发展前景和清晰的汇报等级制度。

（7）让我成果丰硕；去安排和组织一些必要的步骤和资源，遵循一定的工作程序，有权规定最后的期限，并能够在此前完成任务。

（8）在一个稳定和可预测的环境中工作，但是也能让我和很多人在一起做很多事情。

（9）需要和许多人一起来共同完成，使我能支配自己和他人。

（10）让我有决定权、很大的管理权力和很多的职责任务；而且，我的观点、意见和经历很受关注和重视。

五、ESTJ 型的人适合的职业类型

1. 销售或服务

- 保险代理。

- 丧葬承办者。
- 厨师。
- 陆军军官。
- 教师（贸易、工业、技术）。
- 政府雇员。
- 保安人员。
- 体育商品、设备经销商。
- 药品经销商。
- 电信防护员。
- 警察、监护官、管教官。
- 销售员（有形的东西如计算机、不动产）。

这些职业允许 ESTJ 型的人在现实生活中从事一些实际的、具体的工作。这些职业中的大多数都需要遵守一些原则和标准，还需要与公众打交道。ESTJ 型的人喜欢处于一个“有权”的位置，他们喜欢发号施令。经营不动产则给他们提供机会使他们能够迅速取得有形的结果。

2. 科技或物理

- 计算机系统分析家。
- 审计员。
- 总承包商。
- 农场主。
- 建筑工人。
- 药剂师。
- 临床医师。
- 会计学内部审计员。
- 技术教员。
- 脑电图技术专家、技师。
- 工程师（机械领域和应用领域）。
- 律师帮办（注：律师的专职助手）。

这些领域能够发挥 ESTJ 型的人技术和机械方面的才能，每一种工作都需要他们收集、组织、分析事实资料，然后进行演绎和推理。每一种工作都需要一种有逻辑的、系统化的工作方式，这正是 ESTJ 型的人所特有的。他们就喜欢在整齐、有条理的环境中工作，他们不能忍受工作中的混乱状态和效率低下。

3. 管理

- 银行高级职员、贷款员。
- 项目经理。
- 职员总管。
- 行政官员。
- 工厂监督人。
- 数据库经营者。
- 购物代理人。

- 信贷分析员。
- 制定规章制度的官员（regulatory compliance officer）。
- 预算分析员。
- 管理人（社会保健服务）。
- 信息主管。
- 管理顾问（企业运行）。
- 后勤供给经理。
- 银行经理、贷款员。
- 信贷分析员、顾问。

管理领域非常适合 ESTJ 型的人，因为他们喜欢处于有权力的位置。ESTJ 型的人都是优秀的管理人员，因为他们喜欢发布命令，喜欢做决定和指导别人。同时，他们对所服务的机构都非常忠心。管理工作需要不断地与人打交道，需要有对别人的工作进行指导、管理和评价的能力。

4. 专门领域

- 牙医。
- 内科医生（普通医学）。
- 股票经纪人。
- 法官。
- 行政领导。
- 教师（技术、贸易）。
- 公司财务律师。
- 电气工程师。
- 最初保健护理医生。
- 工业工程师。
- 律师帮办。
- 药剂师。
- 土木、机械、冶金工程师。

这些特定职业的吸引力在于它们能使 ESTJ 型的人在一些已经建立起来的、传统的、具有一定权力的机构中工作。牙科和医学是需要技术的职业，通常包括一些具体工作，工作对象是人或其他有形的东西，如牙齿和牙床（对牙医来说）、人体（对临床医生而言）。这些职业利用了 ESTJ 型的人演绎推理的能力和解释因果关系的能力。ESTJ 型的人喜欢遵循一定的程序办事，这些程序是根据他们自己或其他他们所敬佩的人的经验建立起来的，通常都是非常有效的。

六、ESTJ 型的人的工作风格

1. 对组织的贡献

（1）事先看到缺点。

（2）注重逻辑分析。

（3）能够组织具体项目和工作任务。

（4）能监控工作进程，把握工作进展。

（5）一步一步地贯彻实施计划。

2. 领导风格

（1）直截了当地寻求领导职位，并迅速地负起责任。

（2）试图确保观点、计划和决策都建立在牢固的事实基础上，运用并主动调整已有的经验解决问题。

（3）一针见血地看到问题的核心。

（4）决策迅速。

（5）尊重等级制度。

3. 潜在缺陷

（1）做决定过快，而可能忽视工作发展的可能性。

（2）工作中忽略细枝末节。

（3）可能忽视工作中的人及情感交流的价值。

七、ESTJ 型的人适合的工作环境

（1）组织化的、结构化的工作环境，其中存在工作勤奋努力的人。

（2）任务导向。

（3）提供稳定性和可预测性。

（4）集中于工作效率。

（5）在实现目标后有及时的支持和奖励。

八、个人发展建议

现在你对自己的人格类型和动力已经有了一个比较清楚的了解，但这还不够。“如何通过这些信息使你在这份工作上取得更大的成功”，这是关键所在。

运用你的能力非常容易，你成功的秘诀在于：放慢节奏、多为别人着想、要能灵活变通。

个人发展建议是我们咨询师多年测评职业咨询和职业生涯规划的心得体会和经验总结，我们意识到以下的建议中有很多是难以完全照办的，但只要你花时间认真思考，一定会对你有极大的帮助和改变。

发展建议：

（1）在决策前，需要考虑问题的各个方面，包括人的因素的影响。

（2）需要督促自己仔细考虑变动所带来的得失。

（3）需要做出特殊的努力以夸赞别人的成绩。

ESFJ（外倾、感觉、情感和判断）

一、个性特征描述

ESFJ 型的人通过直接的行动和合作积极地以真实、实际的方法帮助别人。他们友好、

富有同情心和责任感。

因为 ESFJ 型的人把他们同别人的关系放在十分重要的位置，所以他们往往健谈、受人欢迎、有礼貌、渴望取悦他人。他们具有和睦的人际关系，并且付出很大的努力以获得和维持这种关系。事实上，他们常常理想化自己欣赏的人或物。ESFJ 型的人往往对自己以及自己的成绩十分欣赏，因而他们对于批评或者别人的漠视很敏感。通常他们很果断，表达自己坚定的主张，乐于事情能很快得到解决。

ESFJ 型的人很现实，他们讲求实际、实事求是和安排有序。他们参与并能记住重要的事情和细节，乐于别人也能对自己的事情很确信。他们在自己的个人经历或在他们所信赖之人的经验之上制订计划或得出见解。他们知道并参与周围的物质世界，并喜欢具有主动性和创造性。

ESFJ 型的人十分小心谨慎，也非常传统化，因而他们能恪守自己的责任与承诺。他们支持现存制度，往往是委员会或组织机构中积极主动和乐于合作的成员，他们重视并能保持很好的社交关系。他们不辞劳苦地帮助他人，尤其在遇到困难或取得成功时，他们都很积极活跃。

可能存在的盲点

ESFJ 型的人高度重视和睦的关系，所以他们往往避免冲突，而不是毫不含糊地处理问题。有时他们过多地重视和在意所关心的见解和情感。在紧张或痛苦之时，他们对事实情况茫然无知。他们必须学会坦诚率直地处理冲突，确信在最困境的情形中，他们对于别人的情感具有天生的敏感，这种敏感会为他们提供必要的圆通。

ESFJ 型的人往往会忽视自己的情感，因为他们渴望帮助别人，使别人高兴。他们很难拒绝别人或向别人请求帮助，这是因为他们不希望冒犯或使别人失望。通常他们很难提出或接受建设性的意见，因为他们很个人化地去处理事务。当他们找不到改变生活的办法时，就会很悲观失望。暂时退后一步思考问题，判定一些目标，这样会使他们得到新的前景。

在努力帮助别人的过程中，ESFJ 型的人有时会以专横和盛气凌人的态度表达他们的观点。因而，在帮助别人之前，最好看一看别人是否希望得到建议或帮助。

ESFJ 型的人经常在还有充分的时间去收集一些不明确的资料的情况下，并考虑他们行动的后果之前，便匆匆地做出决定。他们缺少灵活性，往往不会去寻找解决问题的新办法或不同办法。推迟做决定，更多地对解决问题的新颖方法采取欢迎的态度，这样才会使自己有更好的资料基础，更好地做出决定。

二、功能运用

ESFJ 型的人主导功能是情感，辅助功能是感觉。他们倾向于：体谅他人的感受、了解他人的需要、喜欢和谐的人际关系、易表露情感、喜欢去说服他人；注意细节、重视实际、能记住琐碎细节、耐得住烦闷的工作、有耐性、细心有系统。

ESFJ 型的人比较少地使用他们的第三、第四功能——直觉和思维。即使在需要这些功能的场合，他们仍然无法有效使用。

1. 作为一个 ESFJ 型的人

如果你过多地使用情感功能，你可能在会表现得不合乎逻辑、不够客观、没有组织系统的思考、不具批判精神地全盘接受、感情用事。

如果你过多地使用感觉功能，你可能会失去整体的概念、想不出各种可能解决的途径、不信直觉、不求创新、无法应付太复杂的工作、不喜欢预测未来。

2. 问题解决方式

主导功能：情感。

辅助功能：感觉。

第三功能：直觉。

第四功能：思维。

工作中选择符合你的主导功能和辅助功能的岗位是非常重要的。第三功能要经过发展锻炼才能合适运用，第四功能可能永远不会在你的职业生涯中起到关键作用，因此你应当避免那种要求长期使用它的工作。

三、ESFJ型的人在工作中的特点

1. 工作中的优势

(1) 有很大的精力和动力来完成任务、创造成果。

(2) 能够有效地和别人协作，并且和他人建立起友好和睦的人际关系。

(3) 处理事实和细节问题时，具有客观的态度和得天独厚的天资才能。

(4) 善于培养和帮助他人；对于别人良好的行为举止能够给予赞扬，并使他们更加发扬光大。

(5) 果敢坚决，稳定可靠。

(6) 能够维护组织一向的道德价值观念和工作原则。

(7) 灵活的组织技能和明确的工作道德。

(8) 信奉工作在一个传统、稳定的组织里有其自身的优点和长处。

(9) 乐意遵循已制订的规章制度例行公事和工作程序。

(10) 通情达理，正视现实。

2. 工作中的劣势

(1) 不愿意尝试、接受新的和未经考验的观点和想法。

(2) 对于别人的异议和批评耿耿于怀，不喜欢在紧张的气氛中工作。

(3) 可能只关注眼前需要，而对于长远利益重视不够。

(4) 难以适应新境况，在不同工作任务之间来回切换时会有困难。

(5) 容易表现得过于敏感，逃避难堪的场合。

(6) 不愿意长时间独自工作，极其想要和别人在一起。

(7) 会轻易地把个人喜好表露出来。

(8) 可能由于情感方面的负担而疲惫不堪。

(9) 在掌握的信息和资料还不够的情况下便草率做出决定。

(10) 只关注具体的细节之处，而不能整体地把握一个情况或者事物的长远影响。

(11) 容易固执已见、武断地做出决定。

(12) 不愿意听取和接受反面的观点和意见。

(13) 得不到赞扬或欣赏之辞的时候，可能会灰心丧气。

(14) 只考虑眼前的需要，不愿意为事情做长远打算。

四、ESFJ 型的人适合的岗位特质

(1) 能让我与别人建立并维持友好、真诚的人际关系，通过切实、有形的方式来帮助他们提高生活质量。

(2) 能给他人带来切实的利益；让我有时间来学习和精通必要的技能，然后把它们运用到工作中来为他人提供服务。

(3) 能让我具有一定的影响力；工作时能和许多人打交道，领导他们为了一个共同的目标而和谐地合作。

(4) 有明确的工作要求，工作表现是运用明确的、确定的成文标准来衡量的。

(5) 是在一个和谐、合作的气氛下进行的；与同事、上司、客户、病人等人彼此之间不会发生冲突和不和。

(6) 为了保证我的任务能够出色地完成，我能自主地做出一些决定，并运用一些高效的方法。

(7) 每天都能让我有大量的与别人交往的机会，而且我能够成为决策过程的重要成员。

(8) 为了确保事情顺利高效地进展，我能够安排自己以及周围其他人的工作。

(9) 是在一个友好的气氛中进行的；别人对我的工作成就表示赞赏，我能体会到认可和支持，我和同事之间是朋友关系。

(10) 是在一个有章可循的环境中进行的，所有的指令和要求都是公开和清晰的；而且权威受到充分的重视。

五、ESFJ 型的人适合的职业类型

1. 保健

- 医师助理、牙医助理。
- 言语病理学家。
- 运动生理学家。
- 家庭医生。
- 护士。
- 牙医。
- 医用秘书。
- 验光师。
- 饮食学家、营养学家。
- 按摩治疗专家。
- 验光师、配镜技师。
- 药剂师、制药技师。
- 呼吸系统治疗专家。

• 兽医。
• 领照实习护士。
• 家庭健康护理人员。
• 最初保健护理医师。
• 理疗专家。
• 家庭健康社会工作者。

保健领域对 ESFJ 型的人的吸引力主要是它们能够允许 ESFJ 型的人以一种直接的方式去帮助他人。无论是内科医生、护士或其他类似的职业，ESFJ 型的人都喜欢通过学习技能帮助他们的病人生活得更加容易，减少痛苦和创伤。这些领域要求有较强的实际操作能力和严格遵守运行程序的标准，这正是 ESFJ 型的人所擅长的两件事。这些保健领域的职业还可以使 ESFJ 型的人与病人及同事建立并维护亲密的关系。

2. 教育

• 小学教师。
• 特殊教育工作者。
• 儿童照管人员。
• 家庭经济教师。
• 运动教练。
• 双语教学老师。

ESFJ 型的人的教育方式常常是介入个人感情的，并且善于举例。ESFJ 型的人非常喜欢对低年级学生和有特殊需要的学生进行教育，因为他们认为帮助别人掌握一些基本的知识和技能是非常有意义的。直接与小学生们打交道满足了 ESFJ 型的人天性中的能量和热情。在学校环境中，常常有许多规章和制度，这是 ESFJ 型的人所喜欢的，他们能在这里找到满足感。很多 ESFJ 型的人喜欢运动，因此他们愿意教给别人一些运动技巧。他们希望在工作中能有重要的地位。

3. 社会服务或咨询

• 社会工作者。
• 社区福利工作者。
• 专业志愿者。
• 宗教教育者。
• 顾问。
• 律师帮办。
• 女雇员问题咨询顾问。
• 儿童福利顾问。
• 戒毒和戒酒咨询顾问。
• 社会工作者（老人和儿童的日常照料问题）。
• 牧师、神父、拉比（注：犹太教负责执行教规、律法并主持宗教仪式的人员或犹太教会领袖）。

ESFJ 型的人都是社区活动的有力支持者，他们经常自愿建立并维护市民组织。因此，他们可以从类似的社会工作中找到职业满足感。帮助个人或家庭解决问题，使他们成为社会积极的一部分，这对很多 ESFJ 型的人而言可是非常有意义的。他们与人轻松交往的能力和为团体服务的精神使他们容易在社区活动中得到满足感。顾问、宗教教育者、牧师这些职业之所以吸引 ESFJ 型的人是因为他们喜欢以一种特殊的、深刻的方式去帮助别人。ESFJ 型的人天性倾向于传统和保守，因此他们喜欢在固定结构的、有传统价值观念的团体中贡献他们的力量。

4. 商务

- 公关业务经理。
- 私人银行家。
- 销售代表（有形商品）。
- 电话推销员。
- 办公室经理。
- 零售商。
- 接待员。
- 保险代理（家庭）。
- 管理顾问（人力资源、培训）。
- 信贷顾问。
- 经营策划者。

商业世界为 ESFJ 型的人提供了和许多人打交道的机会以及通过勤奋工作达到自己目标的机会，他们喜欢商业活动中的快节奏和活力，他们喜欢与顾客或客户打交道。当工作中涉及私人关系时，如房地产或私人银行，很多 ESFJ 型的人都能获得成功。因为他们善于与别人建立积极向上的关系并且能够维持这种关系。

公关和推销需要杰出的人际交流技巧，这正是大多数 ESFJ 型的人所具有的。这两种职业都需要密切关注细节，把整个计划贯彻到底。ESFJ 型的人的组织才能在这些领域得到了充分的发挥。

最后，销售领域也是 ESFJ 型的人经常能获得大量成功的地方。因为他们能够利用他们的交际能力、他们的机智和他们的敏感充分满足顾客的需求。他们通常喜欢卖有形商品，他们不喜欢销售诸如概念、思想或复杂系统等无形的商品，他们对零售非常感兴趣，因为这个行业可以使他们与公众接触，使他们的能力不断增强并且由于特定的商品而受益。

5. 销售或服务

- 飞机服务员。
- 顾客服务代表。
- 殡仪馆管理人员。
- 高级理发师或美容师。
- 旅店老板或老板娘。
- 酒席承办者。
- 资金筹集人。
- 旅行推销员。
- 环境旅游专家。
- 不动产代理或经纪人。

- 翻译。
- 家谱学家。
- 家庭保健用品销售员。
- 体育设备、商品销售员。
- 营销经理（无线电、电视、广播电缆工业）。

ESFJ 型的人经常喜欢从事服务行业，主要是因为这个行业可以使他们直接与其他人打交道，使他们为他人提供服务，帮助他人减轻痛苦或者生活得更好。顾客服务代表的工作为他们做到这些提供了机会。ESFJ 型的人在困难的时候是坚定不移、值得依靠的，他们经常在有危机的时候站出来承担具体事务。殡仪馆管理人员在工作中必须对他人的需求表现出极大的敏感和关心。

作为飞机服务员，ESFJ 型的人喜欢工作对象的变化、旅行和与人打交道。大多数 ESFJ 型的人都是热情而殷勤的，他们在饭馆或承办事务中是出色的老板或老板娘。ESFJ 型的人喜欢销售，并且擅长销售，特别是对于有形的、具体的商品。通过销售，他们可以与顾客建立长期的良好关系。

6. 职员工作

- 秘书。
- 接待员。
- 办公室机器操作员。
- 簿记员。
- 打字员。

大多数 ESFJ 型的人除了具有文职工作所需要的与人交往的技巧以外，他们还有熟练、灵巧的操作能力。一旦他们学会了一项技术，他们就永远也不会忘记。ESFJ 型的人可以没有任何差错地完成例行的工作，他们还具有作为一名簿记员所需要的处理数字的能力。这类工作最吸引 ESFJ 型的人的地方是他们可以感到自己是集体的一员，他们可以与同事们并肩工作，孤立对 ESFJ 型的人来说是令人沮丧的。

六、ESFJ 型的人的工作风格

1. 对组织的贡献

（1）与他人良好地协同工作，尤其是在团队方面。

（2）密切关注人的需要和要求。

（3）尊重规范和权威。

（4）能够按时准确地完成任务，有效地处理日常工作。

2. 领导风格

（1）通过自己个人对他人的关注进行领导。

（2）通过各种良好的关系获得良好意愿。

（3）让组织成员对工作状况都能够清晰明了。

（4）在组织中设立努力工作和持之以恒的榜样。

（5）拥护组织的传统。

3. 潜在缺陷

（1）回避冲突，只管无关痛痒的事。

（2）由于渴望取悦于他人，将自己组织的优势地位看得很轻。

（3）可能以为组织成员都能够认识到什么才是人和组织所需要的。

（4）可能忽视工作发展的可能性和愿景。

七、ESFJ型的人适合的工作环境

（1）认真、合作和乐于帮助他人的同事。

（2）目标导向的人和系统。

（3）组织化的。

（4）友好的。

（5）有所尊重的同事。

（6）有敏感的、善解人意的人。

（7）根据事实办事。

八、个人发展建议

现在你对自己的人格类型和动力已经有了一个比较清楚的了解，但这还不够。“如何通过这些信息使你在这份工作上取得更大的成功”，这是关键所在。

运用你的能力非常容易，你成功的秘诀在于：办事情时要不紧不慢、考虑眼前并不存在的可能性、不要随便地把事情视为是对自己的人身攻击。

个人发展建议是我们咨询师多年测评职业咨询和职业生涯规划的心得体会和经验总结，我们意识到以下的建议中有很多是难以完全照办的，但只要你花时间认真思考，一定会对你有极大的帮助和改变。

发展建议：

（1）需要学会如何看待和管理冲突。

（2）需要努力倾听其他人的愿望和要求。

（3）需要考虑其决策的逻辑与全局影响。

ENFJ（外倾、直觉、情感和判断）

一、个性特征描述

ENFJ型的人热爱人类。他们认为人和感情关系是最重要的，而且他们很自然地去关心别人。他们以热情的态度对待生命，感受与个人相关的所有事物。由于他们很理想化，按照自己的价值观生活，因此ENFJ型的人对于他们所尊重和敬佩的人、事业和机构非常忠诚。他们精力充沛、满腔热情、富有责任感、勤勤恳恳、锲而不舍。

ENFJ型的人具有自我批评的自然倾向。然而，因为他们对他人的情感具有责任心，所以ENFJ型的人很少在公共场合批评人。他们敏锐地意识到什么是（或不是）合适的行为。

他们彬彬有礼、富有魅力、讨人喜欢、深谙社会。ENFJ 型的人具有平和的性格与忍耐力，他们长于外交，擅长在自己的周围激发幽默感。他们是天然的领导者，受人欢迎而有魅力，他们愿意成为出色的传播工作者，常常有利用自己口头表达的天赋。

ENFJ 型的人在自己对一种情况的感受的基础上做决定，而不是这种情况事实上如何。他们对显而易见的事物之外的可能性，以及这些可能性以怎样的方式影响他人感兴趣。

ENFJ 型的人天生具有条理性，他们喜欢一种有安排的世界，并且希望别人也是如此。即使其他人正在做决定，他们还是喜欢把问题解决了。

ENFJ 型的人显得富有同情心和理解力，愿意培养和支持他人。他们能很好地理解别人，有责任感和关心他人。由于他们是理想主义者，因此他们通常看到别人身上的优点。

可能存在的盲点

ENFJ 型的人具有如此的同情心与关切之心，以至于对一些问题和他人的情感涉入过多。有时他们选择的事业并不值得他们倾注所有的时间和精力。当一些事情完成得不是很好时，他们会觉得不知所措、失望和理想破灭。这会使他们退缩，感到自己不被欣赏。ENFJ 型的人需要学会接受自己和他们所关心的人的缺点。他们还需要了解怎样“挑选他们的战场”和怎样保持现实的期望。

由于他们对和睦友好强烈的渴望，ENFJ 型的人能够忽视自己的需求和真实的问题。因为回避冲突，所以他们有时维持一种缺乏诚实和平等的人际关系。ENFJ 型的人非常在意别人的情感，以至于当情况涉及批评或伤害感情时，他们能视而不见重要的事实。学会如何接受和处理作为人际关系中必不可少的冲突，对于 ENFJ 型的人来说是重要的。

因为他们满怀热情，急切地开始下一次挑战，所以 ENFJ 型的人有时会做出错误的臆断或过于急促地做决定，而没有收集到所有重要的事实。他们需要放慢速度，更仔细地注意计划的细节。直到等到知晓所有的信息，他们才能避免犯错误。

ENFJ 型的人对于情感因素关注的程度到了对他们行为的必然结果视而不见的地步。努力关注涉及他们决定的事实而不仅仅是人，这会很有帮助。

ENFJ 型的人对于赞扬有着很好的反应，但却很容易被批评所伤害，这些批评使他们很易怒。他们当面受到甚至是最无恶意或动机良好的批评时，反应是激动、感到受伤害或生气。ENFJ 型的人的确应该停下来，退后一步，在做出反应前努力客观地了解情况。少一些敏感能够使 ENFJ 型的人听到一些包括建设性批评的、重要而有帮助的信息。

ENFJ 型的人是如此的理想化，以至于他们习惯于以他们对事物的希望是怎样，便怎样去看待事物。他们易受理想化的人际关系的影响，易于忽视与他们所认为的相矛盾的事实。ENFJ 型的人没有学会面对自己无法认同的事实，结果他们忽视了自己的问题，而不是去寻找解决的方法。一般来说，ENFJ 型的人需要努力警觉。

二、功能运用

ENFJ 型的人主导功能是情感（关注情感），辅助功能是直觉。他们倾向于：体谅他人的感受、了解他人的需要、喜欢和谐的人际关系、易表露情感、喜欢去说服他人；探求隐含的原因、可能性或事物的整体。

ENFJ 型的人比较少地使用他们的第三、第四功能——感觉和思维。即使在需要这些功能的场合，他们仍然无法有效使用。

1. 作为一个 ENFJ 型的人

如果你过多地关注情感，你可能会表现得不合乎逻辑、不够客观、没有组织系统的思考、不具批判精神地全盘接受、感情用事。

如果你过多地使用直觉功能，你可能会表现得不注重细节、不注意实际、不耐沉闷、不合逻辑、把握不住现在、骤下断语。

2. 问题解决方式

主导功能：情感。

辅助功能：直觉。

第三功能：感觉。

第四功能：思维。

工作中选择符合你的主导功能和辅助功能的岗位是非常重要的。第三功能要经过发展锻炼才能合适运用，第四功能可能永远不会在你的职业生涯中起到关键作用，因此你应当避免那种要求长期使用它的工作。

三、ENFJ 型的人在工作中的特点

1. 工作中的优势

(1) 优秀的交流及表达能力。

(2) 天生的领导才能及凝聚力。

(3) 热情奔放及有较强的寻求合作的能力。

(4) 坚决果断，有组织能力。

(5) 渴望推陈出新。

(6) 与别人感情交融，能预见别人的需要，能真诚地关怀别人。

(7) 兴趣广泛，头脑灵活。

(8) 能统观全局，能洞察行为与意识之间的联系。

(9) 鞭策自己做出成绩，达到目的。

(10) 对自己所信仰的事业尽职尽责。

2. 工作中的劣势

(1) 不愿干预与自己价值观相冲突的事。

(2) 容易把人际关系理想化。

(3) 很难在竞争强、气氛紧张的环境下工作。

(4) 对那些没效率或死脑筋的人没有耐心。

(5) 逃避矛盾冲突，易于疏忽不愉快的事。

(6) 在没有收集足够证据前，易于仓促做决定。

(7) 不愿训诫下属。

(8) 易于因轻率犯错误。

(9) 易于满足小范围管理，决不放弃控制权。

四、ENFJ 型的人适合的岗位特质

（1）能让我与我的同事、客户、雇主建立并维持亲密的、互助的人际关系。

（2）允许我对于我所负责的项目中出现的问题自己创造性地解决，同时我的努力能让我有所回报。

（3）能让我看到我的工作有很好的前景，我所做的贡献得到别人的赏识，同时我自身及我的事业能得到发展，我的进步得到同事的鼓励。

（4）能让我成为另一群富有创造精神的人的一员，同时我还很充实，且有成就感。

（5）允许我有足够的时间探求解决问题的创造性方法，然后与支持我、关心我的人分享。

（6）我的工作环境是积极且富有挑战性的，而且在工作中我有权同时操纵多个项目。

（7）在工作中，我能充分发挥我的组织和决策能力，对我自己负责的项目有自主权，并对其承担一定责任。

（8）我的工作变化性很强，且允许我有时间对它有条不紊地进行规划。

（9）我的工作环境轻松，人们之间没有冲突，也没有相互猜忌。

（10）让我有机会接触新观念，并允许我探究一些新方法，能让别人生活得更美好。

五、ENFJ 型的人适合的职业类型

1. 交流性职业

- 广告销售主管。
- 公共关系专家。
- 对外交流董事。
- 作家、新闻工作者。
- 娱乐表演者、艺术家。
- 资金筹备人。
- 招聘人员。
- 娱乐业导演。
- 电视制片人。
- 新闻广播员。
- 政客。
- 信息制图设计人。
- 营销经理（电台、电视、有线播放行业）。
- 编辑（杂志）。

ENFJ 型的人是熟练的交流者。他们善于理解他人，使他人高兴，因此他们常常具有足够的老练和外交手段。他们有时候更喜欢口语而不是书面语言，但许多 ENFJ 型的人也是很好的作家。他们乐于通过接触和会见人们来了解事情或问题所包含的有关个人的方面，收集种种信息。广告、公共关系和融资领域的工作常常是令人满意的，尤其当一个 ENFJ

型的人推崇其中涉及的产品、服务或目标，或者当环境不是太具竞争性或充满冲突的时候。

ENFJ 型的人可以迅速地与顾客、客户以及同事建立关系，能够成为具有说服力和效率的代理人、制作人、招聘人员和政界人士。他们是天生的具有超凡感召魅力的领导者，以促进大大小小群体之间的交流为乐。

2. 咨询顾问

- 心理医生。
- 职业顾问。
- 牧师、教士。
- 翻译、口译。
- 雇员帮助顾问。
- 便利促进人。
- 私人顾问。
- 公司公共活动顾问。
- 酒精和毒品戒禁顾问。

许多 ENFJ 型的人从帮助他人通过自我了解而获得幸福和满足的职业中得到自己的满足感。他们乐于帮助客户了解个人的问题，克服困难。ENFJ 型的人通常热情、富于同情心，是有影响力的治疗医生。他们常喜欢从事牧师的工作，这样可以与他人分享自己的价值观念，帮助自己和他人发挥全部潜力。他们可以很容易地看到可行的选择或解决办法，帮助他们的客户也了解到同样的情况。

3. 教育或社会服务职业

- 教师（卫生健康、艺术、戏剧、英文）。
- 学院的系主任。
- 大学教授（人文学科）。
- 儿童福利工作者。
- 图书馆管理员。
- 社会工作者。
- 特殊教育教师。
- 双语种教育老师。
- 老年人社会工作者。
- 住宅安居指导人员。
- 非营利性组织的指导者。
- 早期教育教师。

ENFJ 型的人常常从事教育，因为这一职业可以给予他们直接与人们打交道从而帮助他人成长和发展的机会。他们喜欢教授那些能够着重于事物的意义并通过解释与表达来讲授的科目。他们需要和谐而合作的工作环境，能够容纳所有的看法，鼓励人们公开分享各自的看法和情感。

社会服务性机构也常常吸引 ENFJ 型的人，因为它们提供了以改善自己与他人的生活质量为工作目标的机会。他们喜欢做领导者，尽可能多地驾驭他们的工作，喜欢看到他们的努力带来积极的结果。

4. 健康护理职业

- 全面健康医生（可替代药物）。
- 饮食学家、营养学家。
- 语言障碍病理学家、听觉病理学家。
- 职业治疗医生。

在迅速扩大的保健行业，这些职业很好地利用了 ENFJ 型的人的观察、诊断以及处理对象整体的能力，ENFJ 型的人通常对心理学的、感情的以及精神的疾病原因很感兴趣，常常着迷于新型以及替代性的各种治疗方法。他们喜欢职业疗法以及语言病理学所具有的创造性地解决问题的因素。

5. 商业或咨询职业

- 开发人力资源的培训员。
- 推销培训员。
- 招聘人员。
- 旅游代理人。
- 小型企业经理。
- 项目设计人。
- 销售经理。
- 调职顾问。
- 公司或工作小组的培训员。
- 生态旅行专家。
- 管理顾问（多样化管理、组建工作小组）。

咨询行业中有许多不同的工作为 ENFJ 型的人提供了职业满足感，这样的工作在与他人保持密切联系的同时也能使人保持独立性。ENFJ 型的人是出色的表达者和培训员，尤其当面对个人或团体开展工作而帮助他们提高效率的时候。他们富于创造力且精力充沛，是新方案和新服务的设计者，但这仅仅是在这些方案对于他人有益的情况下。他们喜欢在小一些的公司或机构里担任经理职务，这样他们可以具有积极主动的影响力，而以寻求新工作方法过程中出现的种种变化和机会为乐，同时他们仍然可以拥有一定的控制权力。

六、ENFJ 型的人的工作风格

1. 对组织的贡献

（1）关注与周围人员的关系。

（2）乐于领导和推动促进团队。

（3）鼓励合作。

（4）能够发现他人的价值。

（5）具有较强的对新事物的好奇心和洞察力。

2. 领导风格

（1）用极大的热情进行领导。

（2）在管理人和项目上采取参与立场。

(3) 对下属的需求能够做出反应。

(4) 要求组织采取与其价值相吻合的行动。

(5) 善于激发新的变化。

3. 潜在缺陷

(1) 将他人理想化，在冲突时只关注无关紧要的问题。

(2) 可能为了人际关系而忽视任务，尤其是任务的细节问题。

(3) 在判断决定时，更多地采用个人的主观评判，可能忽视逻辑性和现实性。

七、ENFJ 型的人适合的工作环境

(1) 致力于使事情变得更有益于他人的同事。

(2) 人员导向。

(3) 支持性和社会化。

(4) 具有和谐精神、鼓励自我表现、固定的、有序的。

八、个人发展建议

现在你对自己的人格类型和动力已经有了一个比较清楚的了解，但这还不够。"如何通过这些信息使你在这份工作上取得更大的成功"，这是关键所在。

运用你的能力非常容易，你成功的秘诀在于：放慢你匆忙的脚步、适当放弃某些控制权、客观对待周围的一切。

个人发展建议是我们咨询师多年测评职业咨询和职业生涯规划的心得体会和经验总结，我们意识到以下的建议中有很多是难以完全照办的，但只要你花时间认真思考，一定会对你有极大的帮助和改变。

发展建议：

(1) 需要防止盲目的信任和赞同。

(2) 需要有成效地管理冲突。

(3) 需要像关注人一样关注任务的细节。

(4) 需要仔细倾听外界的反馈信息。

ENTJ（外倾、直觉、思维和判断）

一、个性特征描述

ENTJ 型的人是伟大的领导者和决策人。他们能轻易地看出事物具有的可能性，很高兴指导别人，使他们的想象成为现实。他们是头脑灵活的思想家和伟大的长远规划者。

因为 ENTJ 型的人很有条理和分析能力，所以他们通常对要求推理和才智的任何事情都很擅长。为了在完成工作中称职，他们通常会很自然地看出所处情况中可能存在的缺陷，并且立刻知道如何改进。他们力求精通整个体系，而不是简单地把它们作为现存的接受而已。ENTJ 型的人乐于完成一些需要解决的复杂问题，他们大胆地力求掌握使他们感兴趣

的任何事情。ENTJ 型的人把事实看得高于一切，只有通过逻辑的推理才会确信。

ENTJ 型的人渴望不断增加自己的知识基础，他们系统地计划和研究新情况。他们乐于钻研复杂的理论性问题，力求精通任何他们认为有趣的事物。他们对于行为的未来结果更感兴趣，而不是事物现存的状况。

ENTJ 型的人是热心而真诚的天生的领导者。他们往往能够控制他们所处的任何环境。因为他们具有预见能力，并且向别人传播他们的观点，所以他们是出色的群众组织者，他们往往按照一套相当严格的规律生活，并且希望别人也是如此。因此他们往往具有挑战性，同样艰难地推动自我和他人前进。

可能存在的盲点

由于 ENTJ 型的人渴望向下一个目标挑战，或向更大的目标前进，所以有时他们草率地做决定。偶尔放慢速度会有机会收集所有相关的资料、考虑行为的实际后果和有关个人的后果。他们一旦做出决定就立刻行动，而不是停下来重新检查细节和形势的现实情况。

因为 ENTJ 型的人按照很有条理的方式生活，所以当他们无法理解别人的需求和情感的理由时，就会对这些情感感到粗鲁、迟钝、缺乏耐心和麻木。ENTJ 型的人好争论，难以接近，经常不欢迎别人清楚明白的建议，他们与其等着接受必然的批评，不如去聆听周围人们的情况，并对周围人的贡献表示感激。事实上，作为一条原则，ENTJ 型的人应该有意识地努力，在确信自己的想法之前，停下来去聆听别人的意见，从而避免武断专横的行为。

ENTJ 型的人承认忽略或不表达自己的情感时，发现自己在感情上反应激烈。如果他们发现某个人，尤其是他们尊敬的人，对他们的能力表示疑问，更容易感情激动。他们对貌似无足轻重的情况会有粗暴的反应，这种爆发会伤害接近他们的事物。当 ENTJ 型的人给自己时间去考虑和理解自己真正的感觉如何时，会更加快乐和引人注目。与其任感情左右自己的人格类型，不如给感情一个积极的发泄途径，这样才会真正地充分控制感情，从而处于一种愉快和力求达到的境界。令人惊讶的是，ENTJ 型的人实际上不如他们自信的风度所表现的那样老练和有能力。允许自己从别人那里得到合理而有价值的帮助，他们将会增加个人的能力和成功的概率。

二、功能运用

ENTJ 型的人主导功能是思考（喜欢事实），辅助功能是直觉。他们倾向于：对事实和经验做出符合逻辑的结论；探求隐含的原因、可能性或事物的整体。

ENTJ 型的人比较少地使用他们的第三、第四功能——感觉和情感。即使在需要这些功能的场合，他们仍然无法有效使用。

1. 作为一个 ENTJ 型的人

如果你过多地使用思考功能，你可能在需要的时间忘记去称赞他人，或忽视你的决策对其他人的影响。

如果你过多地关注直觉，你可能错过事物的相关事实、细节或以前的经验。

2. 问题解决方式

主导功能：思考。

辅助功能：直觉。

第三功能：感觉。

第四功能：情感。

工作中选择符合你的主导功能和辅助功能的岗位是非常重要的。第三功能要经过发展锻炼才能合适运用，第四功能可能永远不会在你的职业生涯中起到关键作用，因此你应当避免那种要求长期使用它的工作。

三、ENTJ型的人在工作中的特点

1. 工作中的优势

(1) 能看到事情的可能发展情况及潜在含义。

(2) 有创造性解决问题的天资，能客观地审查问题。

(3) 有追求成功的干劲和雄心。

(4) 自信且有天生的领导才能。

(5) 对于在工作中胜任和胜出有强烈动机。

(6) 标准高，工作原则强。

(7) 能创造方法体系和模式来达到你的目标。

(8) 敢于采取大胆行动，有不达目的不罢休的势头。

(9) 能逻辑地、分析地做出决定。

(10) 擅长于从事技术性工作，学习新东西时接受能力强。

2. 工作中的劣势

(1) 对那些反应不如你敏捷的人缺乏耐心。

(2) 唐突、不机智、缺乏交际手段。

(3) 易于仓促做决定。

(4) 对一些世俗小事没有兴趣。

(5) 有想要去改变那些根本没有必要改善的事物的倾向。

(6) 不愿花时间适当地欣赏、夸奖同事或别人。

(7) 对那些既定问题不愿再审查。

(8) 易于过分强调工作，从而损害了家庭的和谐。

四、ENTJ型的人适合的岗位特质

(1) 让我领导、控制、组织以及完善一个机构的运行体制，以便它有效地运行并达到计划目的。

(2) 允许我从事长远策略计划，创造性地解决问题，以及对各种不同问题设计出富有创意且符合逻辑的解决方法。

(3) 我的工作是在一个组织性强的环境中完成的，而且在那里我和我的同事要在一些明确的指导方针下工作。

(4) 我的工作能鼓励并刺激我的求知欲，同时允许我从事复杂且通常比较棘手的问题。

（5）给我机会遇到并与各种不同的人交往，他们必须是有能力、有趣且实力强大的人。

（6）给我在机构内不断前进、提高并展示自己才能的机会。

（7）我的工作有刺激性、挑战性及竞争性，在工作中我是公众注意的焦点，同时我的成就要看得见、被认同，且能够得到一定的回报。

（8）允许我与别的有才智、有创造性、有抱负以及有理想的人工作，而且他们的能力是我所佩服的。

（9）让我设立一定目标，并为实现它们而奋斗，允许我运用自己的组织技能来使我自己及别人集中精力于更大的目标，而同时我自己所有的目标都能及时、有效地实现。

（10）能让我以我的政策来管理并监督别人，运用逻辑、客观的标准及利用每个人的才能，但不必处理人际冲突。

五、ENTJ 型的人适合的职业类型

1. 商业

- 经理。
- 高级主管。
- 办公室经理。
- 行政管理人。
- 人事经理。
- 销售经理。
- 营销经理。
- 网络一体化专家（电信）。
- 技术培训人员。
- 信息服务和新业务开发人。
- 后勤顾问（生产）。
- 广告业务经理。
- 管理顾问（电脑、信息服务、营销，机构重组）。
- 营销经理（广播、电视、有线播放行业）。
- 媒体策划或买主。
- 国际销售和营销人员。
- 特许权所有人。
- 销售经理（制药业）。
- 管理人（健康服务）。

ENTJ 型的人往往喜欢在商业领域工作。他们喜欢处于权力、控制和领导位置。作为商业经理，他们能够运用思维能力来制订随时适应变化的计划，规划出实现目标的最佳过程。ENTJ 型的人使用直接管理方式，能够做出坚决而尚属公平的决定，为雇员制定工作政策。他们喜欢周围的人独立、注重结果，不需太多的监督和干涉就能完成工作。因 ENTJ 型的人有能力影响他人而且能轻松地与人交往和联络，他们通常会晋升为机构的最高领导。

2. 金融

- 个人财务设计人。
- 经济分析家。
- 抵押经纪人。
- 信用调查员。
- 股票经纪人。
- 投资银行家。
- 公司财务律师。
- 国际银行家。
- 经济学家。

ENTJ 型的人通常在金融领域做得很出色。他们喜欢赚钱，也喜欢和别人的钱打交道。他们喜欢这一领域的竞争性，能够轻易地快速控制局面。这些职业使 ENTJ 型的人能够发挥预测趋势、为自己和客户设计机智途径来充分把握机会的能力。他们不喜欢细节化、按部就班的工作，但他们可以把这些事情交给一个合格的助手去做。

3. 咨询或培训

- 商业顾问。
- 管理顾问。
- 教育顾问。
- 项目设计人。
- 管理培训人。
- 就业开发专家。
- 劳工关系顾问。
- 电信安全顾问。
- 公司、工作小组培训人。

咨询行业所具有的变化和独立性对 ENTJ 型的人很有吸引力，近年来，这一领域发展迅速，使 ENTJ 型的人能有机会满足他们所具有的企业家精神，使他们得以与各种各样的商业背景下的各种人打交道，而且能得到与投入的工作相符合的回报。ENTJ 型的人往往能够出色地进行商业或管理顾问工作，成为能够激励他人的出色的培训员。他们常常能够通过创造性的设计和生动灵活的学习班来开创有组织而且充满挑战的环境。他们总是喜欢承担新的工作项目，乐于教导雄心勃勃的人们如何提高自己的能力。

4. 专业性职业

- 律师。
- 法官。
- 心理学家。
- 科学（社会科学）教师。
- 化学工程师。
- 知识产权律师。
- 生物医学工程师。
- 精神病学家。

- 环境工程师。

这些专业提供了 ENTJ 型的人在职业生涯中寻求的地位和影响力。ENTJ 型的人通常喜欢法律领域，能够成为成功的从业律师和法官。心理学和精神病学的智力挑战吸引许多 ENTJ 型的人，复杂的化学工程行业和日益发展的生物医学工程领域也有同样的吸引力。教育领域中，ENTJ 型的人通常愿意教授高年级学生，尤其是中等教育、成人教育以及高等教育。他们喜欢将他们的知识运用于他们周围的世界，常常从事那种可以让他们把教育责任扩展到其他领域的职业，如政治家或政治顾问。

六、ENTJ 型的人的工作风格

1. 对组织的贡献

（1）善于通过仔细思考分析，提出新的计划和方法。

（2）强调组织的结构化和程序化。

（3）通常在必要时能够迅速负起责任。

（4）善于直接处理由混乱和无效率引起的问题。

2. 领导风格

（1）精力充沛、行动导向。

（2）为组织提供长期的预见。

（3）必要时直接管理并铁面无私。

（4）喜欢担任和负责管理工作。

（5）尽力加快组织的进展步伐。

3. 潜在缺陷

（1）在关注事情时无视人的需要。

（2）无视实际要求和局限。

（3）太快地做出决定，表现得没有耐心和集权。

（4）忽视和压抑自己情感。

七、ENTJ 型的人适合的工作环境

（1）关注于解决负责问题、独立的、结果导向的同事。

（2）目标导向，有效的系统和人。

（3）挑战。

（4）奖励果断。

（5）有铁面无私的人。

（6）结构化的。

八、个人发展建议

现在你对自己的人格类型和动力已经有了一个比较清楚的了解，但这还不够。“如何通

过这些信息使你在这份工作上取得更大的成功”，这是关键所在。

运用你的能力非常容易，你成功的秘诀在于：放慢你行动的节拍、注重细节、体谅他人的需要。

个人发展建议是我们咨询师多年测评职业咨询和职业生涯规划的心得体会和经验总结，我们意识到以下的建议中有很多是难以完全照办的，但只要你花时间认真思考，一定会对你有极大的帮助和改变。

发展建议：

（1）需要区分人的因素并欣赏他人的贡献。

（2）需要在埋头苦干之前，仔细检查可以利用的、实际的人与情境资源。

（3）在决策前，需要花时间三思问题的所有方面。

（4）需要学会认同和看重感情。

附录三 体验式职业生涯规划课程教学的理论与实践

体验式教学是以体验为学习方式从而使学生在体验中达到对知识的学习与亲身体验有机结合的一种教学方式。体验式职业生涯规划课程的教学使学生在生动的场景中进行学习，会使学生终身受益。体验式职业生涯规划课程教学可采用的教学形式主要有游戏体验、生活体验、角色体验、比赛体验和调研体验等。

长期以来，我国的就业指导课总是以知识传授为主，课堂教学中教师向学生们单向灌输多，学生主动参与少。由于职业能力是一种特殊的能力，所以其形成和提高就必须通过学习者的亲身参与来获得。学习者自身的角色体验是十分重要的。本文拟根据体验式教学理论，结合高职学生的实际，探索体验式教学在高职院校学生职业生涯规划课程教学中的实际应用。

一、体验式教学及其理论来源

1. 什么叫体验式教学

体验式教学是以培养学生使之具有独立、自主和创新精神，以学生的自我体验为主要学习方式，力求在师生互动和学生的亲身体验的过程中达到认知与体验有机结合的一种教学方法。

2. 体验式教学的理论来源

20世纪80年代，大卫·科尔博在前人研究基础上提出了体验式学习模型，强调亲身体验在学习中的重要性。体验式教学由四个阶段构成：“具体体验（做）—观察与反思（观察)—抽象概念的形成与总结（总结与领会）—实验（实践运用)”。这是一个系统整合的学习过程。“具体体验”是一个广义的概念，它可以是课堂上的一个场景，也可以是班级的一次活动，还可以是学生的社会实践。它通常将学生置身于特定的场景或者事件之中，学生通过自己的感官从中获得体验。在这个过程中，学生对自己的观察或对自己从观察来的记录进行反思，进而归纳、得出相应的结论。整个过程将学习、转变及成长结合起来。它强调的是“做中学”及对资源的共享与应用的重要性。至此，体验式教学有了科学的理论作为指导。体验式学习圈结构如图所示：

二、在职业生涯规划类课程中开展体验式教学的必要性

职业生涯规划课程的教学内容主要包括生涯意识启蒙、自我探索、工作世界探索、职业生涯发展与决策、求职面试指导以及生涯能力等，课程中非常重要的教学目标是引导学生认识自我与发现自我，从而渐进地帮助学生探索“我喜欢什么”“我擅长什么”“我适合

什么”以及“我想要什么”等。这一教学目标的实现有赖于创设一种开放式的课程情境，以使学生能够积极地参与其中。由此可见，职业生涯规划课程的教学应该是经验式和开放式的。如果采取传统的教学方式，就很容易使该课程的教学变成空洞的说教，就达不到预期的效果。

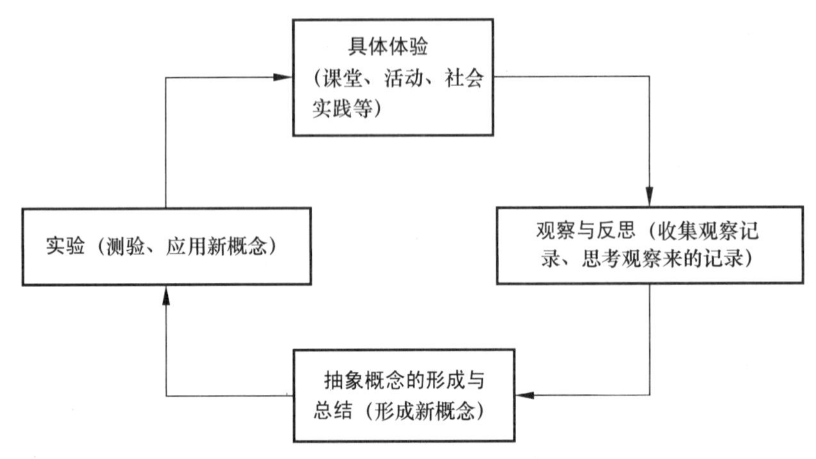

体验式学习圈结构图

体验式教学通过创设活动情境，通过让学生进行相应角色的扮演等，营造出一种社会活动氛围，使学生从中互相交流，从中反省自己，深化自己的认识，从而学习到做职业生涯规划所需要的技巧和方法，练习制定职业生涯规划的步骤等。体验式教学灵活多样的教学形式为职业生涯规划课程教学的开展提供了新的视角。

三、体验式职业生涯规划类课程教学的功能

据专家的测试，采用传统的教学模式，学生只会被动地接受教师所传授的知识，只能吸收课堂教学内容的30%～50%，并且随着时间的推移这些已被学生接受的知识还会逐渐被遗忘。但是运用体验式教学法，使学生在生动活泼的场景中进行学习，就会使学生产生深刻的印象，就使学生将认识转化为一种习惯，使学生终身受益。

1. 激发学生的学习意识，使学生从“要我学”变成“我要学”

传统教学以教师为中心，以理论讲授为主，在传统教学中，教师是教学活动的中心，学生只需上课专心听讲和记好笔记即可。体验式职业生涯规划课以学生为中心，强调学生从中进行自主探究，将学生置身于教学活动中心的位置，要求学习者完全投入于活动之中，甚至自主确定自己应该学习什么。教师与学生之间的关系因而变成了一种新型的双向互动的关系。在这种情况下，就容易激发起学生自主学习的意识，从而使学生的学习由被动变成主动的学习过程，把“要我学”变成“我要学”。

2. 以生涯探索活动为载体，能促使学生达到“认知”与“情感”的统一

从心理学的角度看，大学生的自我教育活动是通过认知—情感—意志—行为的过程实现的。在这个过程中，学生是自己行为的主体，教师通过给学生参与活动和展示自己的机会，使学生处于主动实践和积极探索的状态。通过课外活动、社会实践或对典型案例的分析等活动，学生不仅获得了经验和体验，同时也获得了主动学习的快乐，所以就利于使学生达到认知和情感的统一。

3. 突出实践教学，倡导独立思考，有利于培养学生的创造能力和自省能力

体验式教学为学生提供一种生动的社会情境，可使学生在真实的情境中对人们的行为、对周围的环境、对相关的事件进行仔细观察，这即是在社会中学，在“做”中学。在这个过程中，学生要调动自己全部的感官和思维系统，要全身心地投入进去，从而学会动手、会观察、会倾听、会表达与会创造。在这个过程中，教师通过给学生布置个人或者小组作业的形式引导学生积极地、有目的地进行观察和思考。比如：结合对人物的访谈、结合实地的实习，学生对自己的目标职业工作的性质内容、应尽的职责、能力、工作环境、薪酬待遇以及是否能满足自己在兴趣方面的要求等有了一个较为全面的了解，从而也会促使他们认识自己和目标职业要求之间存在的差距，从而也更为主动地进行自己的职业生涯准备。无疑，这很有助于培养学生的创造能力和自省能力。

四、体验式职业生涯规划类课程教学采用的形式

1. 游戏体验

游戏活动易于使学生产生学习兴趣，也有助于学生从中获得较深刻的体验。例如，在给学生讲述“兴趣探索”单元时，教师可以为学生设计某种“岛屿畅游”游戏活动。可以以霍兰德的职业人格理论为依据，设计出一种活动，在活动中以霍兰德的“职业六边形”为依据，在教室设置六个岛屿：实用岛、研究岛、艺术岛、社会岛、企业岛与事务岛。然后，让学生在这六个岛屿中进行尝试与探索，从中发现自己的兴趣及最适合自己的岛屿。依据霍兰德的理论，每一个岛屿分别都有与个体相适合的职业范围。通过这类游戏，学生会一步一步地探寻到自己的兴趣和适合自己的职业，从而对自己的职业适配性进行更深入的思考。

在设计这种游戏时，教师应注意设计出一种生动而有效的活动以充分激发学生学习的热情，最好设法能很快地就吸引住学生的注意力。在几年的实践中，我们在每一个模块中都精心设置了相应的活动，然后将学生分成若干个小组并引导学生通过小组活动来分享感受，比如，通过“工作价值拍卖会”和“价值观市场”等活动来促进学生更好地了解相关工作的价值之所在，通过“家庭职业树”让学生认识到家庭环境对于自己的职业选择的影响，通过“循环沟通”和“信任跌倒”等活动来增强学生之间的信任感，等等。

2. 生活体验

陶行知先生说：“社会即学校，生活即教育。”生涯规划大师舒伯讲：“大学生处于生涯的探索时期，他们所处的环境、事件在生涯发展中起重要作用。”因此，我们在“规划”课程的教学中应鼓励学生不断地进行生活的积累，鼓励学生在更真实、更广阔的环境中去体验和感悟。比如在讲授能力的探索与培养时，教师就应鼓励学生通过参加各种学生社团活动、志愿者服务活动、暑期兼职活动等多方面地接触社会、扩大眼界、培养兴趣、提高自己的能力。有了更为丰富的体验后，再将自己的体验拿出来向小组成员或向全班同学展示，让其他同学分享自己的成就，会使彼此之间都能发现自己的闪光点和潜能。在此基础上总结交流时，这种积极的情感感受更会强化彼此的自我效能感。在此基础上，教师对学生的这种情感感受的来源、强度和持久性进行分析，然后再对学生进行恰当的引导，会使学生处于良好的情绪状态之中，会使全体学生都能积极而乐观地投入到新的学习活动之中去。

3. 角色体验

在职业生涯规划课程中，有不少是关于职场适应、职业能力提升的教学内容。对这些教学内容可以运用角色扮演的方式来进行教学。角色扮演的目的是让学生扮演一种不属于自己的角色，从而获得对该角色的体验。根据教学的需要，教师可以设计某种心理剧，让学生扮演其中相应的角色，然后由大家讨论，指出其中的成功与不到之处，或再由其他成员将他们认为是比较合适的方式表演出来，以使表演者和观看者都能从中受到教育。比如，“模拟面试”活动就可让学生从中发现在面试中应注意的事项，而“模拟职场”活动则可以让学生能发现在职场中有可能遇到的问题和解决的办法，等等。应该注意的是，参与角色扮演的学生，为了能有较为精彩的展示，必须进行认真的准备、必要时还要查阅相关资料，要使自己对要扮演的角色有一个充分的认识。

4. 比赛体验

通过生涯规划培训与竞赛，通过对职场情境的模拟等可以使学生将所学的知识融合起来。比如，在生涯规划比赛中，学生既要用到自己所学的知识和相关信息、又要用到演讲表达、沟通交往与团队合作的技能。通过对未来职业的分析，可以培养自己的抗压能力与克服困难的能力，从而将所学课程内容融为一体。在准备讲演稿、在与同学讨论、在倾听评委评价的过程中，学生将自己已经学过的理论与知识要进行梳理、整合与再认识。要将所学知识与自己的个人经验结合起来，这无疑会促进学生对所学知识的领悟。

5. 调研体验

调研体验是指安排或鼓励学生参加相关的调研活动，在活动中给每个学习小组布置特定的调研任务，如对某企业的考察、对某人物的访谈或对某专业领域人才需求状况的调研等。学习小组通过调查，通过把调查中收集到的资料进行整理和分析，撰写出调查报告，然后选派代表在课堂上做主题演讲。学生通过这一过程，把自己在体验中学习到的知识进一步加以内化，然后，就会形成自己对相关问题的认识，同时也从中培养了自己“表达沟通”与“团队合作”的能力。

6. 实习体验

实习体验即重视学生在实习过程中的自我教育与自我指导。实习体验体现在以下几个环节中：1）在实习之前学生要对自己进行自我评价，要仔细考虑自己的长处和短处、考虑自己的生涯目标以及本次实习的预期目标，预先为实习做好准备；2）对实习目标组织的情况进行尽可能多的了解，同时也了解指导老师对本次实习中学生应达到目标的期望及主要要完成的任务等；3）在实习中按要求进行认真记录，实习后认真总结目标完成情况，向教师递交自己的体验报告，同时也与同学分享各自的体会。

五、体验式教学的流程

体验式教学流程设计，包括导入—体验—分享—交流—总结—实践等几大阶段，根据体验式教学理念分别设计教与学的活动，通过规范化流程设计体现课堂教学“体验与互动”“观察与反思”“整合与应用”的三大特点。使教学变成学生的主动过程，教师的角色更是一个引导者和教练。

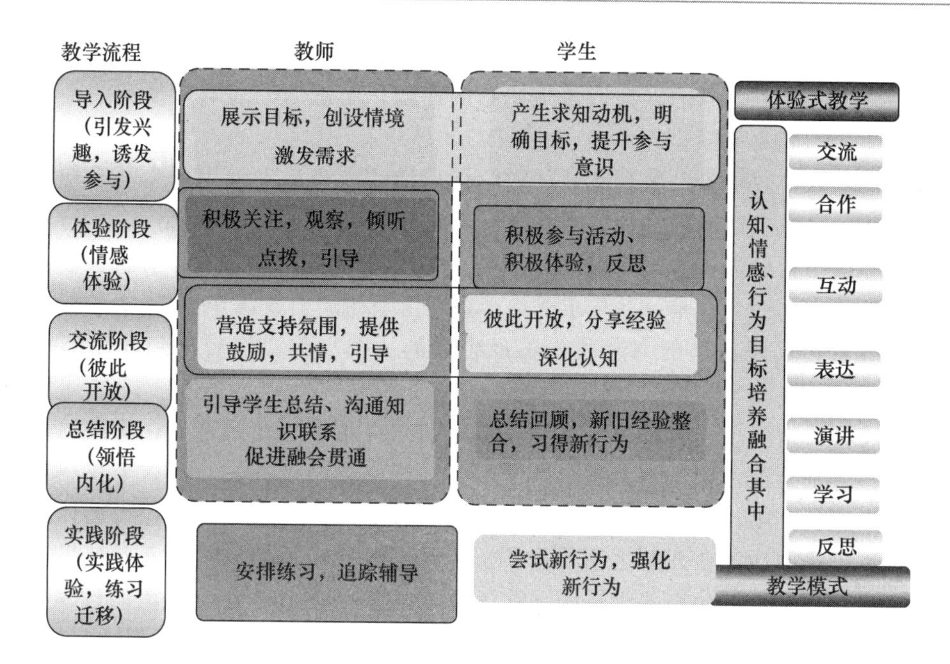

体验式教学的流程

体验式教学实例：

生涯游戏——兴趣探索

教师：创设情境——热身与导入。

（播放轻缓的背景音乐）

引导语：请放松，深呼吸，然后回忆三个自己感到非常愉快的事情，那时的你特别愉快、忘了时空和自己。请仔细回想当时的场景和细节以及自己的感受。

1. 两人一组讨论：从这些画面中你的感受是什么？其中哪些情节是特别感到忘我而快乐的？这些兴趣和你的职业相关吗？

学生 1 反馈：特别感到愉快的是和同学们打牌，那时好多人一起，特别热闹，好开心！

教师：那么你感到开心的原因是？

学生 1 反馈：似乎是很多人一起、气氛好。

学生 2 反馈：我觉得打牌也很开心，主要是我经常赢，打牌嘛，就要有赢输才好玩？

教师反馈：那你喜欢的是？

学生 2 反馈：好像、好像是竞技的部分。

在热身导入环节中，教师通过邀请学生分享快乐情境引出兴趣的概念，兴趣与职业发展的关系，激发学生了解自身兴趣的强烈动机。两人一组进行交流，分享从画面、情境中的感受，乐趣等。教师可加深学生对自身兴趣的领悟。

2. 体验与分享交流——通过兴趣岛游戏引出霍兰德的职业兴趣理论，提供模拟情境，鼓励学生参与，体验，交流感受。

霍兰德的“职业兴趣岛游戏”是以霍兰德的职业人格理论为依据，设计实践活动，如“探索乐园——寻找最适合自己的岛屿”。在活动中以霍兰德的职业六边形为依托，在教室中设置六个岛屿：实用岛、研究岛、艺术岛、社会岛、企业岛、事务岛。学生在六个岛屿中进行探索尝试，发现自己的兴趣以及最适合的岛屿，而每一个岛屿依据霍兰德的理论都有与个体相适合的职业范围。

在设计情境时，教师借助生动有效的教学情境活动充分激发学生的生涯求知欲望、求知兴趣和热情，为教学活动的继续展开并取得成效打下基础。具体流程是：

（1）教师提出指导语："恭喜你！你获得了一次免费度假游的机会，有机会坐豪华游轮去下面六个岛屿中的一个。唯一的要求是你必须在这个岛屿上待满至少70天的时间，请不要考虑其他因素，仅凭自己的兴趣找出你最想去的一个岛屿。然后坐到开往那个岛屿的船上。"

（2）描述具体情境、提出游戏要求：教师分别介绍六个岛屿的特点，提供的具体情境是有六条船，分别开往六个岛屿，每个同学需要选择一条船坐进去。然后坐在一条船上的同学们要选出船长，船长组织这些游客交流，要求每个人都说出自己为什么选择去这个岛屿，如果说不出来的话，在开船之前要重新选择，否则船开了还说不出就要被扔到海里喂鲨鱼。在这个过程中可以允许同学转船（重新选择职业环境）。学生在交流的过程中会互相影响，促进进一步的思考。是否坐对了船，自己的兴趣和目标与岛屿相像吗？如果不是，自己想去哪个岛屿？（交流感受，反思，从而进一步澄清自己的霍兰德代码。）这项活动可以促使学生对自己的霍兰德代码所代表的兴趣类型的感悟得以提高，对生涯体验的感受得以加深，增进对生涯、角色的认知以及相互之间思想、情感的共鸣。

（3）分享交流：每一小组选组长来组织本小组的交流分享体验活动，充分发挥学生的主体作用，让每一位同学都表达自己的内心体验，为什么选择这条船，在这条船上的感受，向往这个岛屿的原因，彼此交流，使学生通过亲身经历、亲身感受对自我及周围的事物有深入的了解。教师在学生交流的基础上适当引导，澄清。如：A船的特质是什么，是浪漫吗，是艺术吗？E船的同学描绘了一个充满财富、竞争、冒险的场景，A船的同学要不要去E船。如果不想去，原因是什么？有的同学会讲到："有钱固然好，但自己更喜欢浪漫，艺术的情境，更愿意与音乐，文学为伴等。"那么这些兴趣与哪些专业、职业相关？通过分享交流让同学们看到个人的兴趣特质与不同环境特质是否适配。学生在前一阶段思维方式引导的基础上探究问题，既有规范性，又有灵活性。

3. 总结——教师对学生的体验活动进行评述，在评述的基础上介绍六种人格类型的兴趣特点、优势、劣势，适合的职业类型与人格类型特质；并引出霍兰德职业性向理论，介绍霍兰德理论的六角形模型，重点介绍适配性、一致性和区分性理论。促进学生对知识与已有体验的联结，看到霍兰德理论在实践应用中的价值。

4. 实践拓展——提供更多的兴趣探索游戏。如我最敬佩的人，我最喜欢的科目，我的白日梦，我的兴趣坐标，我的愿望。要求学生课后完成并思考：答案中有什么共同点？是否可以归纳为什么主题或者关键词？这些词和霍兰德的哪些类型相对应？并进一步考虑与职业的相关性，哪些职业可以满足兴趣？

示例2："角色饼图"的练习，步骤是这样的：

1. 写出自己目前所扮演的全部生活角色，然后按照投入的时间与精力大小画一个饼图。

2. 如果你的生活可以朝着你理想的方向发生改变，那么，把你理想的角色分配再画一个饼图。

3. 对照现实的饼图和理想的饼图，看看有什么因素妨碍了你的理想实现？或者你准备做什么可以让你的理想尽可能实现？

学生 LH 的分享：自己没有做好女儿的角色，陪父母的时间太少了；给自己的锻炼和休闲时间也太少了。对于是什么因素妨碍她实现理想的角色饼图，学生说是环境和工作压力，紧接着她又说：现在就是多挣钱，好将来实现自己理想的饼图。

……

教师的总结：的确，我们常常把期望放在未来：等将来挣够了钱，我一定陪爸爸妈妈好好出去玩一下；而忘却了现在我们的父母就需要我们的关怀，而我们现在就可以做个好儿女。这里主要不是时间和金钱的问题，而是意识的问题。同学们觉得可以做些什么改变呢？

六、体验式教学应注意问题

(1) 班级人数不宜太大：教学班级人数太大影响课程效果。人数过多，影响一是不好组织，一些同学得不到关注和反馈就会失去对课程的兴趣；二是彼此之间互相影响，一些不想学习的、参与意识不足的同学的状态会影响态度积极的同学。一般而言，一个班的人数控制在 40 人左右较为理想。

(2) 课前的准备工作要充分，计划要明确、完整，要熟悉教学内容，了解和研究学生。在教学中安排的团体活动的目的性要明确，安排的活动的最终目的是在活动结束后，大家一起讨论和分享。

(3) 创建一种和谐、平等的课堂学习氛围。体验式教学实施要求师生之间彼此敞开胸怀，互相接纳和开放，整个过程始终保持一种积极的互协、互助、共同探索、携手同行的氛围。教师在这个过程中，要为学生提供关心、信任、同感的情绪支持，创设一种民主、和谐、平等、合作、令人愉快的学习氛围，这样可以使师生之间实现充分的互动。

(4) 教师角色转换：体验式教学对教师提出了很高的要求，而且在教学中，教师的知识性和权威性也受到挑战，这就要求教师不断提高自身素质，探索钻研的精神，努力拓宽获取各种信息的渠道，掌握先进的教学方法和手段，要深入研究学生的心理特点和思维规律，驾驭整个教学过程。要提高自身的人格魅力和综合素养，努力成为一名“专家型”职业发展与就业指导教师。只有在学生中有较高的威信，才更利于学习活动的开展。

基于体验式学习的职业发展与就业指导课程能形成互相接纳、互助互帮的学习氛围，提高学生的学习兴趣，以及沟通合作等可迁移能力，会收到比较好的教学效果。

附录四　基于后现代生涯咨询理论的职业生涯规划比赛辅导

近几年来，作为一项普及职业生涯规划知识的活动，各高校都非常重视职业生涯规划比赛活动，每年举行校际、省际职业生涯规划比赛。近年来，我们担任职业生涯规划比赛的辅导老师，辅导各专业学生参加比赛，在生涯理论的运用上走过了从“职业匹配论”到“后现代生涯咨询理论”的整合过程，也积累了一些指导经验。

一、后现代生涯咨询理论模型概述

后现代生涯咨询理论模型是以建构主义为基础的。生涯建构系统理论创立者乔治·凯利认为，人就是“借着方格式的系统，建造出他的世界观、现实感，人在这个系统进行修改，缔造自己的王国”。“后现代主义是对实证科学的一种反动思潮，回避了内在感觉与外在真实的论证，转而寻找互动的观点。人类思考的目的由追求唯一的真理，转移到认可多元的观点，认为文化和语言提供了我们实存世界的认知，观点之间的对话蕴藏着无穷的知识或真理。”后现代生涯咨询理论采用质性评估，“评估的焦点是来询者对于自己经验以及经验发生脉络所建构的经验”，该理论不再关心问题本身，而是重点关注问题的解决，关注来访者内在能量的激发，以及对未来目标的明确、期待和行动。

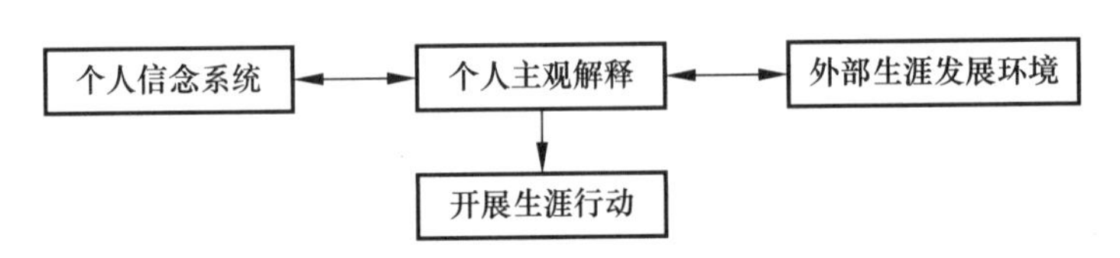

后现代建构主义理论模型

二、后现代生涯咨询理论主要流派

后现代生涯咨询理论主要流派包括故事叙说取向的咨询模型、焦点短期解决技术的咨询模型、TA 咨询模型、合作取向咨询模型等。后现代生涯咨询理论认为世界没有真理，真理来自观察者的解释，现实透过语言凸显意义。后现代生涯理论相信没有一个真实客观的自己，所谓自己就是自己的主观观念。这和特质因素论纯客观的量化自我有本质的区别，也不同于生涯发展理论通过人的社会性认识达到对自我的把握，而是通过个人对现实的对象和经验的认识，形成自我独特的文本，个人从不同的视觉去改写文本，创造出不同的生命意义。

例如叙事咨询是通过咨询师和来访者重新编写生涯故事文本，帮助个人从新的故事中重新发现生命的意义，达到克服障碍的目的。来访者可以不必纠结过去，不必固守狭隘观念，不必困于问题，自己可以积极面对未来的不确定，主宰自己的生活。焦点咨询以寻找解决问题的方法为导向，启发个体生命力量，增强自我解决问题的能力。

三、后现代生涯咨询理论在职业生涯规划比赛中的运用

（1）后现代的生涯咨询理论认为评估的焦点是个体的经验，每个人的经历都是独特的，每个人都有自己“眼中的世界”。一个人的生涯主题在生命的故事中得到呈现。因此，辅导教师可以以“生涯故事”探索为轴，综合运用叙事的理论与技术，如生命线练习、角色楷模、生涯幻游、价值方格等技术引导学生，从学生的经历和成长中探寻他们的兴趣、性格、能力、价值观。在探索的过程中要避免模式化、机械化和静态化。如果通过探寻能够发现影响学生成长的关键故事脉络，学生会产生一种“豁然开朗”“柳暗花明”的感觉。

（2）后现代的生涯咨询理论认为真理来源于解释，语言凸显意义，观点之间的对话蕴藏着无穷的知识或真理。因此，指导教师要使用各种技术与学生开展对话，重要的是让学生充分地述说与表达。在述说与表达的过程中学生就有可能梳理出职业人格的特质是如何影响生命脉络的，领悟到过去的经验对自己产生了什么样的影响，从而使过去、现在、将来联结起来，看到这些流动的特质与未来职业选择的关系。在这样的共构下，逐渐生成职业生涯规划的比赛文本。因此，文本不是剪切复制而来的抄袭品，而是学生基于“师生对话”而生成的反思记录。学生有了觉察和反思，就可能带着新的认知、觉察与体验看到更多正向、积极的意义，从而更有能量面对未来的挑战。

（3）后现代的生涯咨询理论重视“优势资源”与“引发行动”。教练技术是后现代咨询理论的一种，其核心理念在于“来访者是有能量解决问题的”，“改变一定会发生”，“小的改变可以带动大的改变”等，这提示辅导教师要熟练运用各种教练技术，如生涯平衡轮、闪光时刻、度量衡问题、空间维度发问等激发学生的正能量，使学生找到自己的优势和资源，看到改变的可能性，完成当下的改变。

从某种程度上讲，职业生涯规划比赛中辅导学生的过程就是生涯咨询的过程，如果指导教师怀有对学生充分的信任与接受、以助人成长为使命，乐于付出、不懈地学习相关技术，就可以在辅导的过程中慢慢地、一点一点地走入学生的生命，了解学生的困扰与问题，梳理其中的脉络，“每一个来访者心中都有答案”，当学生的心声真正被听到，当学生的生命脉络真正被拨动，指导教师收获的是真正的“内心的成功”，而并不仅仅在于学生获奖。

2012 年学生职业生涯规划比赛辅导实例

成长经历述说——“关于宅的故事”

故事述说：从小到大，家庭对我在某些方面上的自由束缚，使我无法在童年时期结交到很多好友，使我天生外向开朗的性格被约束成孤僻内敛。然而，这种束缚使我在“宅”的过程中，却拥有更多的想法，收获了想象力。于是，我找到了我“宅”的意义：在宅的过程中以自娱自乐的方式来填充自己的时间空白，寻找乐趣。在这个过程中，我也体会到

“模仿”的重要性，使我现在能够在模仿的基础上自我创新。当然，通过小时候的卖菜，我培养了我的营销能力的幼苗；通过学做老师，培养了我的传授和教育能力；通过做菜，我学会了厨艺；通过学做演员，我提高了自己的表演能力。（辅导老师可以给予鼓励，虽然宅，可是自己都能够那么丰富的安排好生活，很厉害啊！）

学生反思——从小开始，我就很“宅”，虽然在一定程度上限制了我的自由，但是，我在“宅”的过程中不断增强了自己的思考能力、想象能力与模仿能力等，同时，我更加渴求和珍惜自由。

故事述说：我从出生到现在，我爸对我影响确实很大，从我小时候对我的鼓励和采取开放的态度到读小学起逐渐采取严苛方式进行管制以及打击我的自信心，使我肩上一直有一副沉甸甸的担子压着，每天都要担心老爸是不是又要说我。不过，老爸的这种管教出发点大多是好的，只是方式不太正确合理。我只是希望老爸能静下来真诚和我沟通，听我说说自己内心的想法，真正地理解我，当然要给我更多的自由空间。老爸一直希望我和他一样做一名技术工作者，可是，每个人都有自己的人生规划，您可以传授经验，但是不能强制左右我的人生，这点希望老爸能够理解。（辅导老师可以引导学生，如果你是爸爸，在内心里他想对你说什么，爸爸的这些做法是怎么影响你的呢？）

话又说回来，老爸对我的积极作用还不少。他对我的严苛管制使我对自由更加渴望，使我学会挣脱烦琐的家庭规则寻找理想自由；他向我灌输的现实经验使我更好地步入社会现实。

学生反思——回想起来，老爸虽然总是喜欢把自己的想法强加给我，而且经常约束我的自由和“剥夺”我的喜好，使我压力不小。由于意见不合，所以经常会出现矛盾和争执。不过老爸在学习和生活上对我严格要求，也使我学会规范自己，做一个文明守纪的好学生。

上述案例是笔者辅导过的一个职业生涯规划比赛作品，在咨询中我部分地运用了叙事取向的生涯咨询技术。辅导中通过故事叙说的形式让学生充分地表达自己面临的生涯问题，使学生认识到“父亲和自己的冲突”可以从多个角度来看，具有不同的意义。当学生从不同的层面去叙说这件事情时，就有可能看到过去没有看到的故事，从而有机会打开了心中的“结”。当学生以一种崭新的视角看他生命中的“问题”时，“问题”就不再是“问题”，而有机会被释放，重新建构新的意义。学生自身的痛苦有机会被接纳、理解、重新认知时，他看待问题的视角变得积极、宽泛起来，学生由此得到一个很重要的、新的认知：“凡事都要从多个角度看”，“没有绝对的对与错”。他开始学习以新的视角来处理关于“父子关系”“换位思考”等类似的问题，这是叙事取向生涯咨询的一个运用。学生通过和指导教师的交流、对话生成了反思性的成长经历文本。

四、辅导教师应注意的问题

1. 澄清职业生涯规划比赛真正的目的是引导学生清晰自我、规划人生

职业生涯规划比赛是一个平台，可以有效地帮助学生认识自我，了解职业，学习相关的生涯知识，产生行动的动力。这就要求教师在指导学生时把握比赛的真正目的。教师可以以“获奖”为动力激励学生，但不能够把“获奖”作为唯一的目的。如果辅导老师一开始就比较功利化，希望学生出成绩，就不可避免地把这种情绪传递给学生，使学生在比赛中始终一味地关注结果，以赢得奖项为目的。目的性、功利心过强会促使一些学生过度关注表象而忽略内在探索。比如，在文本中堆集一些奖项、证书，标注些光辉的成绩，用过度包装显示自己的强大。如果指导教师以标榜学生的“厉害”为手段，帮助学生过度地包装，职业生涯规划比赛就成了“选秀”而失去本真的意义。另一个负面的作用是使学生的压力过大，容易在比赛后期出现负面的心理问题。

2. 避免职业生涯规划比赛辅导中的“测评过度”与“贴标签”现象

有部分指导教师没有系统地学习过生涯规划理论，只是把往年学生获奖的作品抛给学生，让学生按模板做就行了，或者让学生用测评系统做些测评，把结果拼凑在报告里，而不能够做相应的澄清与解释，致使有些学生过分依赖测评结果。认为测评结果就是“自己”，或者认为“不是自己也没关系”“怎么和职业相配就怎么描述就行了”，“评委认同给高分就行”。这样做一是不负责任，二是极易误导学生。职业生涯规划教育的核心目标是希望让学生看到真正“真实的自己”而不是“假扮的自己”，职业生涯规划教育要引导学生找回“原本的我”，而不是让学生把职业生涯规划作为束缚自己的枷锁，给自己随意贴上几个类型的标签。在指导中，辅导教师不能仅仅关注学生测评的结果，只给结论、不作深入的澄清和讨论。教师要认识到生涯规划比赛是帮助学生深入地探索自己，发现资源与可能性的过程，探索的过程比找出“适配的职业”更重要。而文本的撰写是帮助学生了解自己、分析自己、挖掘自己、认识自己、战胜自己的过程，是不能随意给学生模板的。这就要求指导教师有较深厚的职业生涯规划理论基础与实际的咨询辅导经验。

3. 努力创建“鼓励学生”“支持学生”“接纳学生”的和谐关系与安全氛围

指导过程中，师生关系是教练式的，也就意味着指导老师的“鼓励”“支持”“接纳”“信任”比指导更重要，因为“被接纳”“被理解”的氛围会让被指导者有解决问题的动力，也更愿意在指导老师的陪伴下深层次地探索自我。所以辅导过程中指导教师应重视关系的建立，适时地给予学生赞美与鼓励，尤其比赛的过程通常要经历初赛、复赛、决赛三个阶段，历时半年，学生要付出很多努力、反复修改文本，有的老师不顾学生心理需求、动不动就批评否定，让学生自我价值感降低，对比赛就会产生抵触、抱怨的情绪。指导教师要及时对学生的付出给予肯定，对学生一点一滴的进步给予反馈。通常，当被辅导的学生感到指导教师是真的关心自己、真的接受自己的一切时，对话就可以朝向比较深的层次过渡，学生真正的困惑就有可能呈现了。

ML：在辅导中我觉得得到老师的鼓励和支持很重要，会让我有动力去解决问题。这个问题就不是问题了。主观能动性是依赖外界正能量注入的，需要外界的动力，激发内在的原生动力，才能突破自己。而咨询的过程似乎更是释放自己的过程，咨询过程的安全性很重要。

附录五　职业生涯规划咨询案例

我该不该转专业?

(引自《大学生生涯规划咨询案例教程》2008.6 北京大学出版社，方伟)

职业规划师：庄明科。

来询者情况：王荣，本科一年级、法学专业。

主要职业困惑：是不是该转专业?

一个电话让她陷入焦虑

对于大多数刚入大学的新生来说，大学生活是多姿多彩的，但王荣的这种兴奋仅仅持续了几天，之后变得沉默、焦虑，整天为以后就业担忧，甚至惶惶不可终日，起因是父母给她打来的一个电话。

王荣是法学院大一的新生，原来填报志愿的时候觉得当法官、当律师很风光，于是选了法律专业。在法学院的学习真正开始之后，她才真正开始关注这个专业的各个方面。不过大学的新鲜感也还是让她对自己的前途有信心。这个时候，父母打来一个电话，说最近法律专业不太好就业，很多法院基本上处于饱和状态，对于人才的需求不是很多，让她多想办法。父母的担忧也让她开始为自己的将来感到着急。本来以为考上了大学，可以轻松一下了，没想到仍需要为将来的就业而烦恼。

王荣逐渐产生了转专业的念头。想转到一个目前就业比较好的专业，但她对各个专业的就业前景根本不了解。于是，王荣预约了职业咨询，来寻求专业帮助。

了解了王荣的大致情况，我开始对她进行咨询。

“你觉得自己适合目前的专业吗?”

“其实对于法律专业我还是比较喜欢的，现在之所以想到转专业，主要是考虑到将来的就业。听很多人说现在法律人才趋于饱和，所以我比较担心将来找工作会比较困难。”

王荣的担心是从父母“听说”的消息来的，但事实是不是这样呢？从学校就业指导中心的工作就能很容易地了解学生就业的形式和状况。尽管目前大学生就业形势总体来说越来越严峻，但法学院的学生每年的就业情况还是非常乐观的。社会对法学学生的需求量非常大。随着经济的发展，公司对于法律人才的需求量也逐渐增多。另外，虽然北京、上海等经济发达地区大学生就业竞争非常激烈，存在供大于求的状况，但是中西部地区对于人才的需求却是非常强烈的，大学生到这些地区就业，也可以做出一番事业。为了让她更直观地看到目前法学院的就业状况，我打开了法学院从 2001 年开始的毕业去向统计表。

最近几届法学院的毕业生不是去了法院，就是去了著名的律师事务所，或者到大公司任职，还有一些去了国外著名的法学院继续深造，看到这些直观的数据，王荣心头的石头总算落了地，对自己的专业也充满了信心。她顺理成章地开始考虑如何规划自己的大学生活。

规划前先探索自己

“我觉得师兄师姐的就业都挺好的，那我该怎么样来规划好我的大学生活，最终像他们那样有美好的前程呢?”

我说：“人生规划其实是一个比较专业的问题，需要按照一个科学的流程来对自我进行规划。”

王荣听得很认真。我向她介绍了一个完整的职业规划需要哪些步骤，以及这些步骤的意义。

王荣是一个喜欢自我探索的人，职业规划测评正好能够帮助她进行深入的探索，同时，我也让她参加了我们的新生职业辅导工作坊项目，对她进行了系统的职业规划的培训，培训的过程中王荣写下了我们这些专业人士都很赞赏的自我探索报告。

王荣的自我探索报告

1. 性格

根据性格测试的结果，我的性格类型是INFP，能量倾向上是内向的，接受信息的方式是直觉型，处理信息的方式是情感型，行动方式是知觉型。

事实上，我觉得这种非此即彼的性格类型划分并不符合我的实际性格表现。我的性格是多层次的，比如，在能量倾向方面，我通常在心中思考问题，更愿意在经过挑选的小群体中分享个人的情况，但是，我也喜欢成为注意的中心，而且反应快；在感觉或者直觉的选择中，我既善于理解字面以外的含义，对一切事情都要寻求一个内在意义，也注重听到、看到、触到、嗅到的具体感受，既自觉不自觉地挖掘深层的内在意义，又注重可测量的真实可靠的事。处理信息方面，我既是思考型也具备情感处理倾向。我喜欢逻辑的分析，决策时也善于运用感觉和直觉。在行动方式上，我喜欢理性生活，但倾向于让生活有条不紊。可以说，我的性格是偏内向、直觉、情感和知觉型，但又在一定程度上滑向另一端。

总的来说，我是敏感的，内向的，感觉能力很强，但又乐于与人交往交流，喜欢思考问题，逻辑地分析问题，倾向于梳理条理。

2. 职业兴趣

我做的六岛游戏的职业兴趣探索，探索结果用霍兰德三字码表示为RSA，即实用性、社交型和艺术型。根据霍兰德的六边形图形分析，R与S对角，S与A相邻，很难从三者的结合和调和中得出比较适合的职业兴趣倾向。这也似乎对应了以下性格分析中的混合和矛盾。我既善于与物打交道，解决事务性的问题，又可以适应社会交往，有责任感而且关心他人的利益，善于协调和沟通。不过，我的理解是，每个人的性格不可能是单向的，更多的人是各种性格的综合体。我的性格倾向和职业兴趣涉及面很广。可匹配的工作类型很多，我的适应性很强，很具柔韧性，这是我的优势。总的来讲，我的职业兴趣在于，分析和解决实际的问题，并在工作中与人沟通，关心他人的利益，且能实现自身对于社会的价值感。

3. 价值观

我的职业价值观探索结果是，我崇尚工作的独立、工作的专业性和职业性。追求成就，注重关系、赞誉、赏识以及别人的肯定。我希望工作的时间是可以灵活调配的，工作环境应当有利于我发挥主观能动性。我对职业给我带来的物质满足并不看重，薪酬水平一般即可。而我最突出的职业价值观是追求成就，即在工作中能提升自己的专业能力，并得到同行的认可。所以，我希望我的职业是专业性非常明显的，在某个专业领域内有所作为是我对职业生涯的期待。

4. 能力

在课堂上和课后的盘点中，我总结自己的技能主要有以下方面：

自我管理技能方面，我选择的主要有：有责任感的，认真的，努力的，公平的。可迁移技能上，我选择的主要有：善于与人交流、快速学习的能力、找出关键问题的能力、反应快，能适应新环境，具有较高的领悟别人意思的能力，也有耐力，并且逻辑分析的能力强。

我将具备的专业知识技能有：法律专业知识（通过司法考试，取得法律执业资格），英语的工作语言运用能力，基本的计算机操作能力。

由王荣的自我分析可看到，她学会了系统地对自己的特点进行分析，既结合了测评的结果，同时也有自己的思考。总体来说，王荣喜欢帮助别人，有较好的人际沟通能力，追求成就的欲望比较强烈。当然最了解自我、最有资格评价自己的人还是她自己。

探索职业，实施行动

在完成了自我探索之后，我们开始进行职业探索。王荣说，她比较感兴趣的职业是法官。为了能更深入地帮助王荣，我让她回去对法官的职业进行系统的了解。

在王荣回去做“功课”的同时，作为职业规划师的我也在网上对该职业进行初步的了解。我们学生就业指导中心主任是法学博士，通过和他进行细致的交流，我对法律相关的职业有了更为深入的了解。搜集职业信息的能力是职业规划师应具备的能力，掌握丰富的职业信息是一个职业规划师成功帮助他人的重要前提。

第二次来到咨询室的时候，王荣带来了一份“法官”的职业探索报告。

王荣的职业探索报告

目前我感兴趣的职业是法官。

作为法官，其工作内容在于运用法律的专业知识，对提交到法院的争议进行法律分析，对诉争事实进行认定，对诉讼当事人之初的法律上的权利义务关系进行分配。法官要解决的争议是社会生活方方面面的问题，法官需要分析问题，解释法律，运用现有的法律规则、已有法律原则解决问题。法官代表国家做出审判，是社会公正和正义的象征。

现在，法官的工作报酬不突出，但是社会地位比较高，法官的工作不要求他具有很强的交际能力，不需要很广的社会关系网络。

一个法官应当具备以下条件：

（1）接受过系统的法律知识教育，能够运用法学方法分析具体案件；

（2）取得法律执业资格；

（3）对社会生活有经验性的了解和理解；

（4）有深厚的学术和理论功底；

（5）一定的外语水平；

（6）健康状况良好。

接着我们开始了职业探索咨询。

在探索职业的过程中，我们可以看出王荣搜集的信息相当丰富。但职业人对职业的探索和认识需要一个过程。作为大一的一名同学确定一个职业是最恰当的选择吗？“当你把所有的精力关注在一个职业时，是否意味着过早地关上对其他职业探索的大门？”我对她说明了自己的小小担心，请她思考。

王荣想了想说：“其实我也怕错过更适合自己的职业。我对律师这个职业也探索过，这个职业对于人的要求和法官职业对于人的要求差不多，但律师这个职业要求影响人的愿望要强一些，我感觉自己在这方面弱一些，当然四年的过程中人可能会发生一些改变，我也会再继续关注这个职业。”

通过交流，王荣也逐渐得出了自己的职业选择。她把自己的职业锁定在法官这个职业上。

在做出了职业选择之后，我们一起探讨，设定了行动方案。

王荣的行动方案

要达到职业目标，需要职业技能的全方面提高，使自己更加适合该职业的要求，需要做的事情有：

（1）通过专业知识的学习，加深学术和理论功底；

（2）通过实习等方式，多接触社会的各个方面包括经济生活的方方面面，了解和关注社会生活中的热点问题。

因此，我定了如下的目标：

（1）短期的目标是：通过本科阶段的学习，掌握法律的专业知识，通过司法考试取得法律执业资格；熟练掌握英语，通过六级考试；提高计算机的应用水平，熟练使用各种办公软件；参加学生会或者社团，并努力成为骨干，从而提高自己的组织协调能力；争取到法院实习，提高自己的实际工作的能力。

（2）中期的目标是：本科毕业后，进入法官的职业队伍，进行实际工作的训练和工作经验的积累。

（3）长期的目标是：在毕业五年内成为一名杰出的法官。从不知所措到有了明确的短期中期长期目标，这前后经历了三次咨询。但对于王荣来说，一切还刚开始。王荣说，通过规划她进一步清楚了自己的职业发展路径，并能更有效地过好每天的生活。

案例评析：

在本案例中，王荣在开始阶段对自己所学的专业没有信心，并一度有了转专业的念头。这在大一的学生中也是比较常见的。这时候需要分析转专业背后的原因是否是合理的，由于信息的不对称，很多新生对于专业存在着很多偏见，作为职业咨询师，就需要消除这些偏见。另外，大一的职业规划一方面是树立职业目标，另一方面是对大学生活的规划。职业规划使大学生活与职业目标紧密地结合在一起，真正达到学以致用的目的。

求职前先挖掘出真实的自我

（引自全球职业规划师网站）

职业规划师：

来询者情况：余平，信息技术专业大四学生。

主要职业困惑：自我认识不清楚，求职择业没目标，自信心不足，求职行动存在盲目性。

余平是一个文静、有礼貌的孩子，学习成绩优异。她告诉我，“以前是个很被动的人，经常都是别人告诉我该做什么，适合做什么”。余平的困惑是从大三开始的，“我找不到自己发展的方向，不清楚自己能做什么样的工作，想做什么样的工作，适合在哪些行业发展，对自己的潜能也认识不清楚。随着毕业一天天临近，面对着严峻的就业形势，我很迷茫，很紧张，丧失了自信。”

我要余平先介绍一下家庭背景及对自己成长的影响。余平说因为是独生女，自小体质又差，父母对她疼爱有加；余平的爷爷曾当过当地中学的校长，对她寄予了厚望。通过余平的讲述，我可以感受到余平是一个懂事、乖巧的孩子，在学习中时时把家人的期望当做学习的动力，一直保持较强的学习动机，学习成绩也一直保持优异。我告诉她，我们每个人都生活在一定的社会关系中，但是进行职业选择时必须认真挖掘真实的自我，才能寻找到真正属于自己的天空。

在职业兴趣探索阶段，我与余平一起做起了全球职业规划师（gcdf）分类卡游戏。在长达30分钟的时间里，我的任务主要是观察，观察余平选择不同卡片进行分类时的神态、表情。在她表示完成时，我又就个别卡片的分类位置提出自己的疑问，引导她重新思考、重新确认放置栏目。从余平选择的职业名称卡片看，“感兴趣”一类s型典型职业占绝大多数，包括：外语老师、数学老师、小学老师、物理老师、舞蹈老师、营养学家、健康顾问、心理学家、职业咨询师、心理咨询师，等等。

通过对一些职业的解释、引申，我初步确定了余平比较感兴趣的工作性质、内容、环境是：教导、帮助别人；陪伴他人成长；简单、单纯的人际环境；注重自我成长等。她在“感兴趣”一栏曾经选择了“餐饮经理”一职，开始我有点困惑，因为这一职业一般人更多的是从经营、管理、营销这一角度来考虑，她说：“主要是因为这个职业能按自己的兴趣和顾客的需求，创新菜式，给顾客提供美食的享受。”于是我指出她之所以选择这个职业，其实关注点是在于自己拥有主动权，在于感受到自己的服务给他人带来便利、舒适、享受后的心理体验。对这点余平表示赞同。

进行价值观探索时，余平确定“非常看重”的8个价值观主要有：工作节奏平缓，保障，身份，稳定居所，认可，帮助他人，平衡性，家庭。她比较希望未来的职业、工作能让她兼顾自己的家庭，不希望因为工作而影响家人的生活，也不希望因为工作变换太频繁而导致正常、规律的生活方式被打破。同时，她也比较看重如何通过专业、能力来获取别人的尊重、认可。

余平表示对这些价值观的认识已比较明确以后，我和她玩起了放弃的游戏。我先举了自己曾经做过的放弃游戏的感想，告诉她这是一个非常有意义、同时可能会很痛苦的过程，必须“忍痛割爱”舍弃一些本来对自己非常重要的东西，而这一过程正是澄清内心深处坚持的价值观的时候，然后请她认真地一步一步地放弃她“非常看重”的这些价值观。余平非常配合，我可以感受到她确实在进行激烈的思想斗争，结果，余平最后才放弃的是“家庭”，之前是“平衡性”和“帮助他人”。

接下来的几次咨询面谈中，我们继续进行了能力探索和工作世界探索等工作，每一次余平都能按照要求完成任务，最后我通过讲解一些求职策略、求职技巧，帮助余平逐步明确了自己的求职方向和策略，并一起制订了实施计划。

案例分析：

求职择业过程中，大学生存在的普遍问题是对自我的定位不准确、不清晰，导致无法确立适合自己的求职目标，在日益激烈的就业市场竞争中往往随大流、盲目应聘，美其名曰“不放弃任何一个就业机会”。作为职业规划师，我提醒同学们，应客观认识自我，认真进行自我探索，充分挖掘自我潜能，明确自身优劣势，分析客观环境，准确进行自我定位，科学制订求职计划，这样才能提高求职应聘的针对性、实效性和成功率，从而及早开始属于自己的职业生涯、实现自己的职业理想。

文科毕业生没有“一技之长”?

职业规划师：许林杰。

来询者情况：乐学，信息管理与信息系统专业大四学生。

主要职业困惑：身在工科院校，却学了文科专业，认为自己没有专业优势，没有一技之长，不知道什么样的工作更适合自己。

乐学在电话中非常明确地说：“我是一名文科生，不知道找工作时需要具备什么样的能力，我不知道我的竞争优势在哪里。”乐学的问题，可以说是大四文科毕业生中具有的共性问题，文科生不像具备一定专业技能的工科生，在毕业时往往会产生类似的困惑和苦恼。

乐学如约来到咨询室，圆圆的面庞带着几许自信和热情，可以感觉到这是一个乐观向上的孩子。当我让他谈谈大学的收获时，乐学开心地笑了起来，非常骄傲地说：“我带领的班集体获得了北京市先进班集体的荣誉，我带领的一支团队，在国际、国内大赛中都取得了非常好的成绩。对于这些我都非常自豪……”乐学的口才非常好，对每一个细节的表述都非常清楚，更重要的是，他一直保持着轻松的状态，这让我非常满意，因为这更利于来访者达到目标。

谈到他的困惑时，乐学放慢了语速，他说：“再成功的事情，也要成为过去，面临着找工作，我越来越迷茫，自信心也一点点地从我心中褪去。我不像学计算机或通信的同学有一技之长，我觉得自己具备的能力，好像同学都具备。没有专业优势，没有一技之长，我该怎么办呢?”他一直在重复着“一技之长”这个词，“对学计算机的同学来说，如果让他们做管理，他们一样可以的，跟他们比，我几乎没有什么能力。”

于是，我问他：“你认为什么才是能力?”他说：“我认为能力就是一项技术，其他还有与人交往的能力等，我认为自己并没有多大的竞争力。”看来，热情、乐观、勤奋、好学的乐学，自信心是因为没有“一技之长”而一点点消失的，我必须帮他从对自己“能力”的误解中走出来。我想到了他引以为豪的那支团队，我问他：“你在团队中担任什么职务?”听到我问这个问题，他又开始露出他可爱的笑容，他说，曾担任团队CEO，主管公司战略决策的制定和执行；曾担任财务总监和营销顾问以及队长。我进一步引导他，“为什么队友让你担任这么重要的职位?”他开始沉思了起来,他正在整合各种信息,努力地总结自己,这对于他来说是非常重要的。我没有打断他,只是静静地等待他给出答案。

他说:“首先我是团队的发起人,其次我自身的组织协调能力强,有一定的领导力,第三,我自我感觉善于激励队友,而且能提出很多想法并能有效征求大家的意见。”说完这些,他长出了一口气,我知道,这样总结对于他来说是不易的,我对他点点头,他笑了。“这些是不是你的能力所在?”他点头表示认可。“在社会工作中,这样的能力是不是非常重要?”我接着问他。“当然喽!”他不假思索,脱口而出。我们会心地笑了。

接下来,我使用非标准化测评工具(一种用于测试职业能力的卡片)对他进行了测试。测试结束后他说:“之前我对技能的定义有一个困惑,觉得不拥有一门稀缺的能力不能算掌握了一种技能。比如掌握一门外语,一项编程语言……总之是比较看得见的技能。相对来说,组织技巧、协调能力不算技能。因为靠这些技能,要成为大师,很难,需要条件,而且替代性很强,你能,别的人也可以。所以我对于自己的技能有些困惑,而且对于自己没有一项专业技能感到担心。现在我发现原来这些是非常重要的技能!”他的脸上露出阳光般灿烂的笑容。“看起来你掌握的你非常愿意使用而且非常熟练的技能不是很多……”我话还没说完,他就说:“是,一些技能我非常想拥有,我还需要很多的努力!”

我知道,这时的乐学不需要过多地引导了,他已经找到问题所在,而且找到了努力的方向。

案例分析:

大学生毕业后找工作面临着越来越大的竞争与压力,特别是对于一些文科生来说,在毕业前夕会因为自己没有一项专业技术能力而失去找工作的自信,从而焦虑、彷徨,甚至产生无助感。咨询师可以帮助他们澄清认识,从而认识自我,在激烈的就业市场中找到自己的竞争优势,更重要的是,应该在大学期间树立大学生的职业规划意识,让他们不仅认识自我,而且要发展自我、发展职业技能、挖掘职业兴趣,为毕业后找工作打好一场有准备之战。

澄清价值观:10个→5个→1个

职业规划师:陈蕊。

来询者情况:雯,测控技术与仪器专业二年级学生。

主要职业困惑:不确定自己应该如何选择职业方向,外企职员?高校教师?还是公务员?

雯是我曾经带过的学生,从电话中我了解到她刚刚结束在联合利华的实习,实习期间主要任务是向各个超市推销一种洗衣粉。企业主管觉得她各方面表现突出,希望她毕业后能选择联合利华,但是雯觉得这种工作和自己所学的专业完全没有关系,有些犹豫。雯的父母都是公务员,希望她也能考取公务员,而她非常尊重的两位亲戚则认为留在高校当老师更适合她。

雯于2001年考入哈尔滨工业大学测控技术与仪器专业,各方面表现非常都优秀。咨询开始,雯就迫不及待地问:“老师,你说我该怎么办啊?他们说的都挺有道理的!”短短一两句话,她先后叹息了三次。面对雯的情况,我觉得应该先引导她对价值观进行澄清,然后引导其对未来职业进行探索。

我让雯从发展清单中选出10项重要的价值因素，此时，她没有了急切，变得沉稳而投入，她选出了灵活性、升迁机会、团队合作、轻松愉快、能力、创造力、领导、成就感、影响力、身份。雯对这10个词的解释是：工作不受时间限制，工作性质灵活；能通过努力往上走，获得他人的认可；愿意在和谐、轻松愉快的团队中工作；希望工作和生活两种状态分开；希望自己很有能力；不喜欢做重复、繁重的工作；希望别人会敬畏她，尊重和接纳她的观点；通过努力证明自己行；希望自己低头看别人，不希望自己被别人低头看。

为了让她清晰明确地认识到自己最核心的价值观，我让她从这10项因素中选出5项重要的。她选出灵活性、团队合作、能力、成就感、身份。接着我让她在这5项中选择一项放弃，她说太为难了。我告诉她必须选出一项并在纸上重重地划掉。她轻咬着嘴唇思考了半天，最后选择放弃成就感，我让她继续选择必须放弃的，雯又划掉了团队合作、灵活性、能力。在纸上只剩下“身份”这个词时，雯陷入短暂的沉思。

她开始意识到自己对身份如此看重，其他的一些价值观选择都是在追求这个核心的身份。

在引导雯对未来职业探索时，我让雯对比了外企职员、公务员、教师的优势和劣势。雯的内容提炼是：外企的优势是工作环境好、公平竞争、培训制度完善、留给别人是专业的形象、个人提升快、发展空间大，劣势是进入高层难、压力大、累；公务员的优势是稳定、有休闲时间、自己支配工作、福利好，劣势是生活平凡、消磨人的斗志；教师的优势是受人尊敬、接触的人学历层次高、和学生在一起心态年轻、有假期、时间自由满足表现欲，劣势是收入低。

我觉得雯现在需要整理思路，于是拿出生涯细目表，让其选择自己认为重要的因素，完成平衡单。雯提出公务员不是她想要的生活，只在外企和高校之间做选择。根据平衡单，基于前面的探讨，我觉得雯开始有了清晰的向往，于是我采取了生涯幻游的方式，引导雯想象10年后的模样。

在《one day in spring》的背景音乐中，雯想象10年后的清晨：自己睁开眼睛，看到房间到处洋溢着淡粉色，脚踩在地毯上温馨而舒适。穿上从衣柜中挑出的一套白色职业装，看到镜子中的自己很精神、很漂亮。餐桌上，面包、牛奶、煎蛋放在精致的餐具中。从家里出来，坐在自己的汽车中，回头注视着草坪中安静的家，心情愉快。公司是一座时尚感极强的现代化高层建筑，穿过诸多敞开的写字间来到自己独立的办公室，阳光通过大玻璃窗暖暖地倾洒在每一个角落。上午进行了几项工作：和领导通电话交流了工作情况，并接到领导新安排下来的工作，然后会见客户、找下属谈话。中午在环境优雅的自助西餐厅和同事共进午餐，聊着感兴趣的话题。下午处理事情，看文件，安排进度。下班后，买一束花回到家中，和家人共进晚餐。想象结束后，雯确定，自己内心还是非常向往到外企工作。

案例分析：

价值观澄清是对自身需要的一种梳理，是决策的依据。它决定了对于一个人，什么是重要的，什么是不重要的，什么是有意义的，什么是无聊的。如果价值观和工作相吻合，那么在工作中就会付出源于内心的投入和主动；如果不相吻合，就会感到疲惫和无奈。了解什么对自己是最重要的，什么价值是自己确实应该坚持的，才会知道如何建立成功的基础，如何做出有效的决定。

参考文献

[1] 钟谷兰，杨开. 大学生职业生涯发展与规划［M］. 上海：华东师范大学出版社，2008.

[2] 陈敏. 大学生职业生涯发展与管理［M］. 上海：复旦大学出版社，2008.

[3] Rorbert. D. Lock. 把握你的职业发展方向［M］. 北京：中国轻工业出版社，2006.

[4] 冯函秋. 大学生职业发展与就业指导［M］. 北京：科学出版社，2008.

[5] 保罗·D·泰戈尔. 不必火星撞地球［M］. 北京：机械工业出版社，2006.

[6] 曹鸣岐. 职业生涯规划［M］. 北京：高等教育出版社，2008.

[7] 曹广辉. 职业生涯规划与择业［M］. 北京：高等教育出版社，2008.

[8] 陶青松，闻学. 高职大学生职业生涯与发展规划［M］. 合肥：中国科学技术大学出版社，2008.

[9] 来谰. 大学生职业发展与训练手册［M］. 杭州：浙江大学出版社，2007.

[10] 阚雅玲，吴强，胡伟. 职业规划与成功素质训练［M］. 北京：机械工业出版社，2009.

[11] 刘德恩，包昆锦. 职业生涯规划——学习，就业与创业指导［M］. 北京：北京师范大学出版社，2006.